틀리기 쉬운 일본 한자어 700

틀리기 쉬운 일본 한자어 700

발 행 일 2012년 6월 20일 초판 인쇄
2012년 6월 25일 초판 발행

지 은 이 홍 민 표
펴 낸 이 김 진 수

펴 낸 곳 **한국문화사**
등 록 1991년 11월 9일 제2-1276호
주 소 서울특별시 성동구 아차산로 3(성수동 1가) 502호
전 화 (02)464-7708 / 3409-4488
전 송 (02)499-0846
이 메 일 hkm7708@hanmail.net
홈페이지 www.hankookmunhwasa.co.kr

책값은 뒤표지에 있습니다.

ISBN 978-89-5726-970-1 93730

틀리기 쉬운 일본 한자어 700

홍민표 지음

한국문화사

머리말

일본어학습에서 가장 어려운 항목 중의 하나가 한자어습득이라고 할 수 있다. 특히 같은 한자문화권인 한국인학습자에게 일본어 한자어는 쉬울 것으로 생각하는 사람이 많지만 의사소통에서 많은 오류를 범하는 것이 바로 한자어이다. 그것은 일본어도 한국어와 같은 한자를 사용한다는 선입견이 강하기 때문에 회화나 작문에서 한국식 한자어를 그대로 사용하는 경우가 많기 때문이다. 물론 한국어에서 사용되는 한자어가 일본어한자와 자체(字体)가 다른 경우는 있지만 일본어에서도 그대로 사용되는 것이 많다. 그러나 미묘하게 다른 한자어도 많다. 한국어에서 사용되는 한자어가 일본어에서도 그대로 사용되는 것이 많지만, 미묘하게 다른 한자어도 많다. 예를 들어, 우리는 약혼(約婚)이라고 하지만 일본어에서는 반대로 「婚約」라고 하며, 찬반(贊反)도 일본어에서는 「賛否」라고 한다. 그리고 우리는 귀가(帰家)라고 하지만 일본어에서는 「帰宅」라고 하며, 요즘 같은 무더위를 우리는 폭염(暴炎)이라 하는데 일본어에서는 「猛暑(맹서)」라는 한자어를 사용한다.

이 책은 이와 같이 한국식 한자어를 그대로 사용하면 일본에서는 통하지 않는 한자어 700여개를 한권의 책으로 묶은 것이다. 그리고 해당 한자어가 사용된 예문과 함께 <정답 및 해설>란에서 해당 한자어와 관련된 다양한 내용을 설명 및 해설해 놓은 것이 이 책의 큰 특징이다. 부디 본서가 일본어를 공부하는 한국인학습자뿐만 아니라 한국어를 공부하는 일본인학습자에게도 큰 도움이 되길 기대한다.

본서가 완성되기까지는 많은 분의 도움을 받았다. 우선 <정답 및 해설>란의 내용을 감수해 준 같은 학과의 虎尾憲史교수님과 교정 작업을 꼼꼼히 살펴준 김명옥선생님께 진심으로 감사드리며, 편집과정에서 헌신적으로 도와준 금윤정선생과 이영옥, 윤경애 대학원생에게도 특별히 감사한 마음을 전한다. 끝으로 일본어 출판 사정이 열악한 가운데에서도 본서의 출판을 쾌히 맡아주신 한국문화사의 김진수 사장님과 김태균 편집부장님께도 진심으로 감사드린다.

2012년 여름
폭염 속에서
저자 씀

일러두기

(1) 본서는 <일상생활><의식주>를 비롯한 10개의 분야 및 <기타>로 구성되어 있으며, 해당 분야별 한국인 학습자가 틀리기 쉬운 한자어 및 해당 한자어에 대한 <정답 및 해설>을 제시하였다.

(2) 본서는 각 분야별로 표제어가 <가나다> 순으로 제시되어 있으며 표제어 밑의 박스에 해당 표제어의 한국어 예문과 일본어 번역문이 각각 제시되어 있다. 단, 일본어 번역문의 경우, 한국어 표제어에 해당하는 일본 한자어는 밑줄로 되어 있어 학습자가 스스로 일본 한자어를 적어보고 박스 상단 오른쪽 끝에 적혀 있는 <정답 및 해설>의 쪽수에서 확인을 하는 문제집 형식으로 구성되어 있다.

(3) <정답 및 해설>란뿐만 아니라 본문에서도 해당 한자어와 관련된 한일 양국의 언어 또는 사회문화적인 내용을 자세히 설명해 놓았다.

(4) <기타>에서는 한일 양국의 사자성어와 속담 등을 비교, 설명해 놓았다.

(5) <찾아보기>는 <표제어>찾아보기와 <정답 및 해설>의 찾아보기로 나누어 해당 한자어를 바로 찾을 수 있도록 각각 쪽수를 표기해 놓았다.

| 차 | 례 |

일상생활

학교 · 교육

의식주

개인감정

생로병사

문화 · 스포츠

환경 · 교통

사회 · 직업

경제 · 금융

정치 · 행정

기타

일상생활

✪ 생활, 가재도구

1 곤충채집망 昆蟲採集網

정답 및 해설 19쪽

○ 어렸을 때는 곤충채집망을 사용해서 곤충을 잡곤 했었지.

○ 幼い頃には ______ を使って虫を捕まえたものだ。

• 幼(おさな)い 어리다　• 捕(つか)まえる (도망가려고 하는 것을) 붙잡다
• 「ものだ」는 과거 회상의 의미

2 벽면TV 壁面TV

정답 및 해설 19쪽

○ 벽면 TV의 가격저하가 멈추지 않는다.

○ ______の値崩れが止まらない。

• 値崩(ねくず)れ 가격 파괴　• 止(と)まる 멈추다

3 벽시계 壁時計

정답 및 해설 19쪽

○ 할아버지의 집에 있는 벽시계는 60년 전에 산 것이라고 한다.

○ 祖父の家にある________は、60年前に買ったものだという。

• 祖父(そふ) (자신의) 할아버지(남의 할아버지는「お祖父(じい)さん」)

4 보온병 保溫甁

정답 및 해설 19쪽

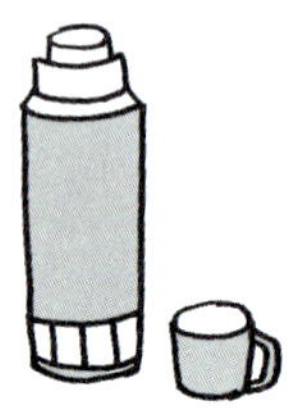

○ 보리차를 보온병에 넣고 소풍 때 들고 갔다.

○ 麦茶を________に入れて、遠足の時に持っていった。

• 麦茶(むぎちゃ) 보리차　• 遠足(えんそく) 소풍　• 持(も)つ 들다

5 소지품 所持品

정답 및 해설 19쪽

○ 도난이 많이 발생하기 때문에 소지품에는 주의를 해 주세요.

○ 盗難が多発しているので、________には気をつけてください。

• 盗難(とうなん) 도난　• 多発(たはつ) 다발　• 気(き)をつける 정신 차리다

6 순간온수기 瞬間温水器

정답 및 해설 19쪽

○ 순간온수기는 (찬)물을 뜨거운 물로 바꾸어 공급하는 기구를 말한다.

○ ______とは水を湯に変えて供給する器具のことである。

• 供給(きょうきゅう) 공급 • 器具(きぐ)

7 식기세척기 食器洗滌器

정답 및 해설 19쪽

○ 식기세척기는 고온, 고수압으로 세척하기 때문에 식기의 재질에 따라서는 맞는 것이 있고 맞지 않는 것이 있다.

○ ______は高温、高水圧で洗浄するため、洗うものの材質によっては向き不向きがあります。

• 高温(こうおん) 고온 • 洗浄(せんじょう) 세척 • 材質(ざいしつ) 재질 • 向(む)き不向(ふむ)き 적절 부적절

8 양산 陽傘

정답 및 해설 19쪽

○ 자외선이 강하기 때문에 양산을 쓰고 쇼핑하러 나갔다.

○ 紫外線が強いので______をさして買い物に出かけた。

• 紫外線(しがいせん) 자외선(적외선은「赤外線(せきがいせん)」) • 出(で)かける 외출하다

• 差(さ)す(우산 등을) 쓰다(「まかげを差(さ)す」 손바닥으로 햇볕을 가리다)

9 우산 雨傘

정답 및 해설 20쪽

○ 최근에는 우산, 지팡이, 구두주걱 등을 멀티로 수납할 수 있는 우산꽂이도 있습니다.

○ 最近は______、杖、靴べらなどをマルチに収納できる______立てもあります。

• 杖(つえ) 지팡이 • 靴(くつ)べら 구두주걱 • 収納(しゅうのう) 수납

10 자동응답전화 自動應答電話

정답 및 해설 20쪽

○ 단, 월 990엔의 자동응답전화 서비스에 가입할 필요가 있습니다.

○ ただし、990円/月の______サービスへの加入が必要です。

• 加入(かにゅう) 가입

11 자명종시계 自鳴鐘時計

정답 및 해설 20쪽

○ 아침 일찍 일어날 수 있도록 자명종시계를 맞추어 놓았다.

○ 朝早く起きられるように、________をかけた。

• 起(お)きられる 일어날 수 있다(가능)

12 전자제품 電子製品

정답 및 해설 20쪽

○ 전자제품의 종류와 고르는 방법을 쉽게 알 수 있도록 소개한 간단한 책자.

○ ________の種類や選び方のポイントを紹介した早分かり本。

• 種類(しゅるい) 종류 • 選(えら)び方(かた) 선택방법 • 早分(はやわ)かり 빠르고 쉽게 이해할 수 있도록 만든 해설서

13 전화번호부 電話番號簿

정답 및 해설 20쪽

○ 집 근처에 좋은 병원이 없는지 전화번호부에서 찾아보았다.

○ 家の近くに良い病院がないか、________で探してみた。

• 探(さが)す 찾다(보통 없어진 것을 찾는 것은 「捜す」, 필요한 것을 찾는 것은「探す」로 표기함)

14 청소기 清掃機

정답 및 해설 20쪽

○ 이불을 말린 후에 청소기를 사용하면 죽은 진드기를 빨아들일 수가 있다.

○ 布団を干したあと、________をかけると死滅したダニを吸い込むことができる。

• 干(ほ)す 말리다 • 死滅(しめつ) 사멸 • 吸(す)い込(こ)む 빨아들이다, 흡입하다

15 탁상시계 卓上時計

정답 및 해설 21쪽

○ 결혼축하 선물로 두 사람의 이름이 적혀있는 탁상시계를 받았다.

○ 結婚祝いに二人の名前入りの________をもらった。

• 結婚祝(けっこんいわ)い 결혼축하선물 • 名前入(なまえい)り 이름이 새겨진

16 환풍기 換風機

정답 및 해설 21쪽

○ 끓이는 요리를 할 때는 환풍기를 돌리는 것이 좋다.

○ 煮込み料理をするときは、________を回したほうが良い。

• 煮込(にこ)み料理(りょうり) 끓이거나 삶은 요리 • 回(まわ)す 돌리다

✪ 편의 시설

1 남녀혼탕 男女混湯
정답 및 해설 21쪽

○ 이 온천은 남녀혼탕이기 때문에 수영복 착용을 부탁합니다.
○ この温泉は________ですので、水着の着用をお願いします。

• 温泉(おんせん) 온천 • 水着(みずぎ) 수영복 • 着用(ちゃくよう) 착용

2 대중목욕탕 大衆沐浴湯
정답 및 해설 21쪽

○ 옛날에는 대중목욕탕에 자주 다녔다.
○ 昔は________によく通った。

• 昔(むかし) 옛날 • 通(かよ)う 다니다

3 자동발매기 自動發賣機
정답 및 해설 21쪽

○ 식권은 자동발매기에서 구입해 주세요.
○ 食券は________で買ってください。

• 食券(しょっけん) 식권 • 買(か)う 사다

4 미장원 美粧院 /미용실 美容室
정답 및 해설 21쪽

○ 인기 있는 미장원/미용실은 예약을 하지 않으면 커트도 할 수가 없다.
○ 人気の________は予約をしないと、カットもしてもらえない。

• 人気(にんき) 인기 • 予約(よやく) 예약

5 서점 書店
정답 및 해설 22쪽

○ 역 앞의 서점에서 옛날 동창생이 일하고 있다.
○ 駅前の________で昔の同窓生が働いている。

• 駅前(えきまえ) 역전 • 同窓生(どうそうせい) 동창생 • 働(はたら)く 일하다

6 세면장 洗面場

정답 및 해설 22쪽

○ 세면장에서 손을 씻고 나서 밥을 먹으세요.

○ ______で手を洗ってからご飯を食べなさい。

• 洗(あら)う 씻다　• ご飯(はん) 밥

7 야채상 野菜商

정답 및 해설 22쪽

○ 과일은 슈퍼보다 야채상(가게)에서 사는 것이 싸다.

○ 果物はスーパーより________で買うほうが安い。

• 果物(くだもの) 과일

8 이발소 理髪所

정답 및 해설 22쪽

○ 오늘은 이발소에 가서 머리를 짧게 자르고 왔다.

○ 今日は________に行って、髪を短くしてきた。

• 髪(かみ) 머리

9 전당포 典當鋪

정답 및 해설 22쪽

○ 필요 없게 된 귀금속류는 전당포에 가지고 가면 비싸게 구입해 준다.

○ 要らなくなった貴金属類は_______に持っていくと、高く買い取ってくれる。

• 要(い)る 필요하다　• 貴金属類(ききんぞくるい) 귀금속류　• 買(か)い取(と)る 사다, 매입하다

10 정육점 精肉店

정답 및 해설 22쪽

○ 근처 정육점의 고로케는 최고로 맛있다.

○ 近所の________のコロッケは最高においしい。

• 近所(きんじょ) 근처　• 最高(さいこう) 최고

11 화원 花園

정답 및 해설 23쪽

○ 학생시절에 화원에서 아르바이트를 했었다.

○ 学生の頃________でアルバイトをしていた。

❂ 시간, 날짜

1 법정공휴일 法定公休日

정답 및 해설 23쪽

○ 현재 일본의 1년간 법정공휴일은 15일이다

○ 現在、日本の一年間の________は15日である。

• 現在(げんざい) 현재

2 내일 来日

정답 및 해설 23쪽

○ 내일 오후 2시에 회사로 찾아뵙겠습니다.

○ ________の午後2時に、会社に伺います。

• 午後(ごご) 오후

• 伺(うかが)う 여쭙다, 찾아뵙다(「聞く」(듣다), 「尋ねる」(묻다), 「訪ねる」(방문하다)의 겸양어)

3 내후년 来後年

정답 및 해설 23쪽

○ 나는 그와 내후년에 결혼할 예정입니다.

○ 私は彼と________結婚するつもりです。

• 結婚(けっこん) 결혼

4 이후 以後

정답 및 해설 23쪽

○ 오후 6시 이후에 이 문은 폐쇄됩니다.

○ 午後6時________この門は閉鎖されます。

• 午後(ごご) 오후 • 閉鎖(へいさ) 폐쇄

5 일자 日字

정답 및 해설 23쪽

○ 문서는 작성일자가 중요한 의미를 갖는 경우가 적지 않습니다.

○ 文書は作成________が重要な意味を持つことが少なくありません。

• 文書(ぶんしょ) 문서 • 重要(じゅうよう) 중요 • 意味(いみ) 의미

6 일주일 一週日

정답 및 해설 24쪽

○ 이번 주는 일주일이 굉장히 길게 느껴진다.

○ 今週は＿＿＿＿＿がとても長く感じられる。

• 今週(こんしゅう) 이번 주　• 感(かん)じる 느끼다

7 재작년 再昨年

정답 및 해설 24쪽

○ 재작년은 교토를 여행했는데 작년에는 아무데도 가지 않았다.

○ ＿＿＿＿は京都に旅行したが、去年はどこにも行かなかった。

• 京都(きょうと) 교토　• 旅行(りょこう) 여행　• 去年(きょねん) 작년

8 전전주 前前週

정답 및 해설 24쪽

○ 그를 마지막으로 만난 것은 전전주(지지난주)이었다.

○ 彼に最後に会ったのは＿＿＿＿＿のことだった。

• 最後(さいご) 마지막　• 会(あ)う 만나다

9 전주 前週

정답 및 해설 24쪽

○ 전주(지난주)에 막 구입한 옷이 세탁했더니 줄어들고 말았다.

○ ＿＿＿＿買ったばかりの服が、洗濯したら縮んでしまった。

• 服(ふく) 옷　• 洗濯(せんたく) 세탁　• 縮(ちぢ)む 오그라들다, 줄어들다

10 정기휴일 定期休日

정답 및 해설 24쪽

○ 매주 수요일은 정기휴일이다.

○ 毎週水曜日は＿＿＿＿＿です。

• 毎週(まいしゅう) 매주

11 황금연휴 黄金連休

정답 및 해설 24쪽

○ 금년 황금연휴에는 해외여행을 가고 싶다.

○ 今年の＿＿＿＿＿は、海外旅行に行きたい。

• 海外(かいがい) 해외　• 旅行(りょこう) 여행

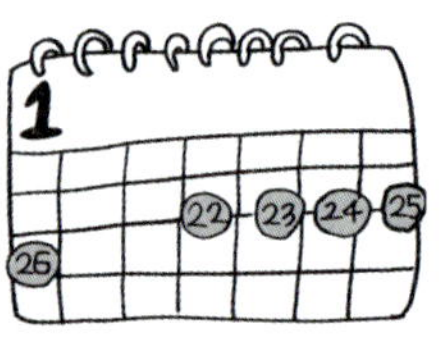

❂ 비율, 순서

1 대폭적 大幅的
정답 및 해설 24쪽

○ 오늘 아침 주가가 대폭적으로 하락했다.

○ 今朝、株価が________に下落した。

• 株価(かぶか) 주가 • 下落(げらく) 하락

2 미비 未備
정답 및 해설 24쪽

○ 신청내용의 잘못이나 미비가 있는 경우에는 무효로 하겠습니다.

○ 申請内容に間違いや________があった場合は無効にします。

• 申請内容(しんせいないよう) 신청내용 • 間違(まちが)い 틀림 • 無効(むこう) 무효

3 비율 比率
정답 및 해설 25쪽

○ 이 고등학교 학생의 비율은 남자가 40%이고 여자가 60%이다.

○ この高校の学生の________は男子が40%で女子が60%だ。

• 高校(こうこう) 고등학교 • 男子(だんし) 남자 • 女子(じょし) 여자

4 사전답사 事前踏査
정답 및 해설 25쪽

○ 다음 주 소풍의 사전답사 때문에 선생님이 수업을 하지 않았다.

○ 来週の遠足の________のために、先生が授業を休んだ。

• 来週(らいしゅう) 다음 주 • 遠足(えんそく) 소풍 • 授業(じゅぎょう) 수업

5 여전 如前
정답 및 해설 25쪽

○ 여전히 높은 지지율이 계속되고 있습니다.

○ ________高い支持率が続いています。

• 支持率(しじりつ) 지지율

6 인원수 人員數
정답 및 해설 25쪽

○ 내일의 콤파(회식)에 참석하는 인원수는 전부해서 10명이다.

○ 明日のコンパに来る人の________は全部で10人だ。

7 일회용 一回用

정답 및 해설 25쪽

○ 일회용 라이터가 싸고 편리하기 때문에 항상 가지고 있다.

○ ______ライターが安くて便利なので、いつも持っている。

8 재차 再次

정답 및 해설 25쪽

○ 가스 밸브를 잠갔는지 재차 확인을 하고나서 외출했다.

○ ガスの元栓を閉めたか、______確認してから出かけた。

• 元栓(もとせん) 가스, 수도 등의 배관선에 부착되어 있는 밸브 • 閉(し)める 잠그다, 닫다

• 確認(かくにん) 확인

9 적당량 適當量

정답 및 해설 25쪽

○ 건강유지에는 무엇보다도 적당량의 음주가 중요하다.

○ 健康維持には何よりも______の飲酒が重要である。

• 健康(けんこう) 건강 • 維持(いじ) 유지 • 飲酒(いんしゅ) 음주 • 重要(じゅうよう) 중요

10 준비 準備

정답 및 해설 25쪽

○ 계약까지 개인이 준비하는 서류는 다음과 같습니다.

○ 契約までに個人で______する書類は次のとおりです。

• 契約(けいやく) 계약 • 個人(こじん) 개인 • 書類(しょるい) 서류

11 차례 次例

정답 및 해설 26쪽

○ 차례대로 이름을 부를 테니까 대답해 주세요.

○ ______に名前を呼ぶので、返事をしてください。

• 返事(へんじ) 대답, 답장

정답 및 해설

◈ 생활, 가재도구

1 곤충채집망(昆蟲採集網) → 捕虫網

- 구어체에서는 단지 「網」 또는 「虫取り網」라고 하는 경우가 많다.

2 벽면TV(壁面TV) → 薄型TV

- 우리나라에서는 '벽걸이형TV'로 많이 알려져 있다.

3 벽시계(壁時計) → 掛け時計/柱時計

- 일본어에서는 「掛け時計」라고 하는 것이 일반적이지만 「壁掛け時計」라고 해도 의미는 통한다. 그러나 「掛け」를 붙이지 않고 「壁時計」라고만 하면 벽에 시계가 들어있다는 의미로 받아들일 수 있다.

4 보온병(保溫甁) → 魔法瓶

- 사전에서 「魔法瓶」을 찾으면 「保温瓶」이라고 적혀 있으나 일반적으로 「魔法瓶」을 사용한다.

5 소지품(所持品) → 手持ち品

- 「お手回り品」이라고도 한다. 전차 내에서 「お手回り品にお忘れ物がないようご注意下さい(소지품에 분실물이 없게 주의해 주세요)」라고 하는 방송이 자주 들린다.

6 순간온수기(瞬間溫水器) → 給湯器

- 일본어에서도 「給湯器」를 예전에는 「瞬間湯沸し器」라고 했기 때문에 「瞬間温水器」라고 해도 의미는 통하지만 현재는 「給湯器」라고 하는 것이 일반적이다.

7 식기세척기(食器洗滌器) → 食器洗い機

- 「食器洗い機」를 줄여서 「食洗機」라 하고, 식기 건조기는 「食器乾燥機」라 한다.

8 양산(陽傘) → 日傘

- 양산을 「日傘」라고 하는 것처럼 우산은 「雨傘」(보통 줄여서 「傘」)라고 한다. 요즘은 양산과 우산을

겸한 「晴雨兼用傘」도 많이 선호한다.

9 우산(雨傘) → 傘

- 우산의 종류로서 접는 우산은 「折りたたみ傘」, 비닐우산은 「ビニール傘」, 그리고 가부키에 종종 등장하는 방수용 기름종이(油紙)로 만든 일본 고유의 우산은 「和傘」라고 한다. 그리고 금속제 골격에 비단이나 나일론 등을 씌워 만든 서양식 우산을 「洋傘」 또는 「コウモリ傘(박쥐가 날개를 편 모양의 우산)」라 한다.
- '우산을 쓰다'는 「傘を差す」라고 하며 「傘立て」는 우산꽂이를 말한다.

10 자동응답전화(自動應答電話) → 留守番電話

- 보통 줄여서 「留守電」이라 한다.

11 자명종시계(自鳴鐘時計) → 目覚まし時計

- 「目覚まし時計」를 줄여서 「目覚まし」라고도 하고 외래어인 「アラーム・クロック(alarm clock)」도 사용한다.
- 「枕時計」라고도 한다.

12 전자제품(電子製品) → 電気製品

- 일본어에서 「電子製品」이라고 하면 마이크로컴퓨터(micro computer)가 사용되는 하이테크 전기제품을 말한다.
- 「家庭用電気製品」을 줄여서 「家電製品」이라 하고 냉장고나 세탁기처럼 흰색 계통으로 생활과 밀접하게 관련되어 있는 가전제품을 일반적으로 「白物家電」이라 한다.

13 전화번호부(電話番號簿) → 電話帳

- 일본어에서 「電話番号簿」가 사용되는 경우는 비교적 소그룹의 멤버만을 적은 경우이며, 전화회사가 만드는 두꺼운 「電話帳」를 「電話番号簿」라고 하는 경우는 없다.

14 청소기(淸掃機) → 掃除機

- 일본어에서 「清掃機」라고 하면 청소를 하기 위한 대형 기계를 의미한다.

15 탁상시계(卓上時計) → 置時計

- 「置時計」는 탁상시계뿐만 아니라 거실의 마루에 놓는 대형 시계도 포함된다.

16 환풍기(換風機) → 換気扇

- 「換風機」라는 말은 일본에서 사용되지 않는다.

◈ 편의시설

1 남녀혼탕(男女混湯) → 男女混浴

- 일본에서 「混湯」이라고는 하지 않는다.
- 관련어휘로서 「男湯(남탕)」「女湯(여탕)」「殿方用(남자용을 정중하게 부르는 말)」「婦人用(부인용)」「大浴場(대목욕탕」「露天風呂(야외온천목욕탕)」「足湯(족욕)」 등이 있다.

2 대중목욕탕(大衆沐浴湯) → 銭湯

- 「公衆浴場」라고도 한다.
- 일본어에서 「沐浴」는 태어나 얼마 되지 않은 아기를 대야의 더운 물로 씻는 것이나 종교적 행동으로서 몸을 정화시키는 것을 가리키는 경우가 많다.
- 물속에서 공기를 내뿜어 생기는 작은 거품으로 살갗을 자극하면서 하는 목욕을 「泡風呂(거품/기포목욕)」라고 하고 찬물로 하는 목욕을 「水風呂」라 하는데 일반적으로「ジャグジー(Jacuzzi)」라고 하면 거품(기포) 목욕을 의미한다.

3 자동발매기(自動發賣機) → 券売機

- 「自動発売機」라는 말도 있이나 「券売機」가 일반적이다.
- 관련어휘로서 「切符(표)」「乗車券(승차권)」「特急券(특급권)」「指定席(지정석)」「自由席(자유석)」「グリーン車(그린차)」「新幹線(신칸센)」「在来線(재래선)」 등이 있다.

4 미장원美粧院/미용실美容室 → 美容院

- 관련어휘로 「美容室」 「パーマ屋」 「ビューティー・ショップ」 「ヘア・サロン」「洗髪」「ブロー(blow, 드라이기로 머리를 세팅하는 것)」「染髪(머리염색)」「毛染め(머리염색)」「エクステ('hair extension'

의 줄임말로서 본인의 모발에 인조헤어를 섞어 헤어스타일을 다양하게 변화시키는 테크닉을 말하며, 일본어로는 つけ毛(げ)라고 한다)」 등이 있다.

5 서점(書店) → 本屋(ほんや)

- 서점 간판은 한국과 같이 「○○書店(しょてん)」으로 되어 있는 곳도 많다.
- 「書店(しょてん)」은 가게의 정식명칭에 사용되어 크기에 관계없이 사용되지만 「本屋(ほんや)」는 비교적 작은 서점을 가리키는데 사용되는 경우가 많다.
- 고서점은 「古本屋(ふるほんや)」라고 한다.

6 세면장(洗面場) → 洗面所(せんめんじょ)

예 ▪ 「ぬるま湯(ゆ)で洗顔(せんがん)する。(미지근한 물로 세수하다)」

7 야채상(野菜商) → 八百屋(やおや)

- 관련어로서 「青果商(せいかしょう)」 「青物屋(あおものや)」 등이 있다.

8 이발소(理髪所) → 床屋(とこや)

- 「理容室(りようしつ)」라고도 한다.

9 전당포(典當鋪) → 質屋(しちや)

- 「質」와 「七」의 발음이 동일하다는 이유로 「質屋(しちや)」는 「七屋(ななつや)」라 하기도 하고 「一」과 「六」의 합이 「七」이 된다고 해서 「一六銀行(いちろくぎんこう)」 또는 「六一銀行(ろくいちぎんこう)」라고도 한다.

10 정육점(精肉店) → 肉屋(にくや)

- 「書店(しょてん)」과 마찬가지로 가게의 명칭으로서 「田中精肉店(たなかせいにくてん)」 등으로 사용되지만 일상 회화에서는 「肉屋(にくや)」가 일반적이다.
- 「鶏肉(かしわ)」는 닭고기의 속칭, 「桜(さくら)(桜肉(さくらにく))」는 말고기(馬肉(ばにく))의 속칭으로 통용된다.
- 「挽肉(ひきにく)」는 잘게 갈은 고기(メンチ, ミンチ), 「合挽肉(あいびきにく)」는 소고기와 돼지고기를 섞어서 잘게 갈은 고기를 말한다.

11 화원(花園) → 花屋(はなや)

- 「花園(はなぞの)」는 일본어에도 있는 말이지만 꽃이 피는 초목이 많이 있는 정원이나 공원의 의미로 사용되므로 「花屋(はなや)」의 의미와는 다르다.
- 일본에서 꽃집은 일반적으로 「花屋(はなや)」「フラワーショップ」「生花店(いけばなてん)」이라고 한다.
- 「꽃말」은 「花言葉(はなことば)」 또는 「花詞(はなことば)」라고 한다.

◈ 날짜, 시간

1 법정공휴일(法定公休日) → 祝日(しゅくじつ)

- 미국의 법정공휴일은 10일인데 비해서 일본의 「祝日(しゅくじつ)」는 15일로서 비교적 많은 편에 속한다.

2 내일(來日) → 明日(あした)/明日(あす)

- 보통 격식 차린(formal) 장면에서는 「明日(あす)」, 격식 차리지 않은(informal) 장면에서는 「明日(あした)」를 사용한다.
- 「明日」은 「あした」「あす」「みょうにち」 등으로 읽는다.
- 일본어에서 「来日」은 '일본에 온다'는 의미로 받아들일 수 있다.

3 내후년(來後年) → 再来年(さらいねん)

- 「翌々年(よくよくねん)」이라고도 한다.

4 이후(以後) → 以降(いこう)/以後(いご)

- 「以後」와 「以降」는 「三時以後/以降は家にいます」처럼 '그때부터 나중'이라는 공통점이 있지만, 「以降」는 「明治維新以降、日本の近代化は急速に進んだ」처럼 그 이후 특정 사항이 계속되는 경우에 사용한다. 즉 「以降」는 어느 시간부터 시간의 경과에 중점을 두는데 비해서 「以後」는 「10時以後は外出を禁止する」처럼 기준시간을 포함해 그 이전(以前)이 아니라 그 이후(以後)라는 것을 나타내기 때문에 「今後」의 의미가 강하다.

5 일자(日字) → 日付(ひづけ)

- 월일은 「月日(つきひ)」, 년월일은 「年月日(ねんがっぴ)」로 읽는다.

6 일주일(一週日) → 一週間

- 「交通安全週間(교통안전주간)」에는 「週間」을 사용한다.

7 재작년(再昨年) → 一昨年

- 「一昨年」 또는 「前々年」이라고도 한다.

8 전전주(前前週) → 先々週

- 「前々週」라고도 한다.

9 전주(前週) → 先週

- 「前週」라고도 한다.

10 정기휴일(定期休日) → 定休日

- 줄여서 「定休」라고도 한다.
- 점포 앞에는 「本日定休日」라고 게시하는 예가 많다.

11 황금연휴(黃金連休) → 大型連休

- 「大型連休」나 「黃金連休」는 한일 양국에서 모두 사용한다. 단, 일본에서는 「大型連休」를 많이 사용하고 한국에서는 「黃金連休」를 많이 사용하는 경향이 있다. 외래어 「ゴールデンウイーク」도 한일 양국에서 모두 사용한다.
- 징검다리 연휴는 「飛び石連休」라고 한다.

◈ 비율, 순서

1 대폭적(大幅的) → 大幅

- 일본어에서 「大幅的」이라고는 하지 않는다.

2 미비(未備) → 不備

- 일본어에 「未備」라는 말은 사용하지 않으며 유사어로서 「不揃い」가 있다.

3 비율(比率) → 割合/比率

- 「比率」는 한일 양국에서 사용되지만 일본에서는 주로 「割合」를 사용하는 경우가 많다.

4 사전답사(事前踏査) → 下見

- 사전답사의 의미로 「現地調査」 「実地調査」 「下検分」 「下調べ」 등도 사용된다.

5 여전(如前) → 依然

- '전과 다름없다'는 의미로서 사용된다.

예 ▪ 依然として不景気だ。(여전히 불경기이다)

6 인원수(人員數) → 人数

- 「員数」 「人数」 「頭数」 「人員」 등은 「人数」의 유의어로 사용된다.

7 일회용(一回用) → 使い捨て

- 일본어의 「一回用」은 1회용 교통카드나 소화기와 같이 1회 사용하면 효력이 없어지는 것에 관해서 말하고, 사용한 뒤 재이용할 수 없는 것에 대해서는 「使い捨て」라고 한다. 따라서 일본어로 1회용 라이터는 「使い捨てライター」라고 한다.

8 재차(再次) → 再度

- 유사어로서는 「再び」 「今一度」 「もう一度」 「いま一度」 「今一度」 등이 있다.

9 적당량(適當量) → 適量

- 「適当量」도 의미는 통하겠지만 일반적으로 「適量」를 사용한다.
- 「酒は百薬の長(술은 적당량만 마시면 어떤 약보다 몸에 좋다는 의미)」

10 준비(準備)-用意/準備/支度

- 일본어의 「準備」는 「大会を準備する(대회를 준비하다)」처럼 필요한 물건을 갖추어 놓을 뿐 아니라 그것을 위해서 조직을 운영하는 하는 것을 포함한 종합적이고 포괄적인 것을 의미하며, 「用意」는 「当日は上履きを用意してください(당일은 실내화를 준비해 주세요)」처럼 필요한 물건을 미리 준비한다는 의미를 나타낸다. 「支度」는 필요한 물건을 갖추어 구체적인 행동을 한다는 의미를 나타낸다. 예를 들어

「食事の支度をする」는 재료를 갖추어 조리한다는 뜻이다.

11 차례(次例) → 順番

• 「次例」라는 말은 일본에서 사용하지 않으며 유의어로는 「順々」「順次」「順繰り」「順序」 등이 있다.

학교 · 교육

초, 중, 고교

1 교감 校監

정답 및 해설 41쪽

○ 연수회의 대상은 교장과 교감을 비롯하여 학교의 운영책임자입니다.

○ 研修会の対象は校長と ______をはじめ学校の運営責任者です。

• 研修会(けんしゅうかい) 연수회　• 対象(たいしょう) 대상　• 運営(うんえい) 운영　• 責任者(せきにんしゃ) 책임자

2 교무실 教務室

정답 및 해설 41쪽

○ 교무실은 선생님들의 집무의 중심이 되는 장소입니다.

○ ______は、先生がたの執務の中心となる場所です。

• 執務(しつむ) 집무　• 場所(ばしょ) 장소

3 교복 校服

정답 및 해설 41쪽

○ 1970년부터 현재까지의 교복의 역사를 사진과 함께 소개해 드립니다.

○ 1970年から現在までの________の歴史を写真と共にご紹介いたします。

• 現在(げんざい) 현재　• 歴史(れきし) 역사　• 共(とも)に 함께, 같이　• 紹介(しょうかい) 소개

4 교사 教師

정답 및 해설 41쪽

○ 교사 면허를 취득할 수 있는 대학으로의 진학이 많아졌습니다.

○ ______免許が取れる大学への進学が多くなりました。

• 免許(めんきょ) 면허　• 進学(しんがく) 진학

5 기간제 교사 期間制教師

정답 및 해설 41쪽

○ 대학을 졸업하고 중학교의 기간제교사가 되었다.

○ 大学を卒業してから中学の________になった。

• 卒業(そつぎょう) 졸업　• 中学(ちゅうがく) 중학교

6 소풍 消風

정답 및 해설 41쪽

○ 이번 소풍에서 좋았던 점은 보호자 여러분에게도 참가를 호소한 것입니다.

○ 今回の________でよかったことは、保護者のみなさんにも参加を呼びかけたことです。

• 今回(こんかい) 이번 • 保護者(ほごしゃ) 보호자 • 参加(さんか) 참가 • 呼(よ)びかける 호소하다

7 시간표 時間表

정답 및 해설 41쪽

○ 각 학년의 시간표를 참고로 선택과목을 확인해 보세요.

○ 各学年の________を参考に選択科目を確認してください。

• 学年(がくねん) 학년 • 参考(さんこう) 참고 • 選択(せんたく) 선택 • 科目(かもく) 과목 • 確認(かくにん) 확인

8 여고생 女高生

정답 및 해설 42쪽

○ 휴대전화, 프리쿨러, 가라오케를 여고생이 친구와 커뮤니케이션을 하기 위한 3개의 필수품이라 한다.

○「ケータイ、プリクラ、カラオケ」は________が友達とのコミュニケー ションをとるための三つの必需品である。

• 必需品(ひつじゅひん) 필수품

☞「プリクラ」는「プリントクラブ(Print Club)」의 약자로 '스티커 사진기' 상품명인데, 한국에서는 보통 '스티커 사진' 정도로 번역되고 있다.

9 (유치원/보육원) 입학 入學

정답 및 해설 42쪽

○ 보육원에 입학을 희망하는 분은 24일까지 신청해 주세요.

○ 保育園に________を希望される方は24日までにお申込みください。

• 保育園(ほいくえん) 보육원 • 希望(きぼう) 희망

10 2학년 3반 2學年 3班

정답 및 해설 42쪽

○ 우리학급 2학년 3반은 밝고 즐거운 학급입니다.

○ 私たちのクラス________は、明るくて楽しいクラスです。

11 재학생 在學生

정답 및 해설 42쪽

○ 교우회는 재학생과의 관계를 소중히 하여 적극적으로 임합니다.

○ 校友会は、________との関わりを大切にし、積極的に取り組みます。

• 校友会(こうゆうかい) 교우회　• 関わり(かか) 관계, 연관　• 積極的(せっきょくてき) 적극적

• 取り組む(と く) 열심히 일에 들러붙다, 몰두하다

12 전학 轉學

정답 및 해설 42쪽

○ 전입, 이사에 의한 전학 수속의 방법을 가르쳐 주세요.

○ 転入、転居による________手続きの方法などを教えてください。

• 転入(てんにゅう) 전입　• 転居(てんきょ) 이사, 이전　• 手続き(てつづ) 수속　• 方法(ほうほう) 방법

13 초등학교 初等學校

정답 및 해설 42쪽

○ 초등학교는 의무교육이 행해지고 있는 학교의 하나로 수업연한은 6년이다.

○ ______は、義務教育が行われている学校の1つであり、修業年限は、 6年である。

• 義務教育(ぎむきょういく) 의무교육　• 修業(しゅうぎょう) 수업　• 年限(ねんげん) 연한

14 초등학생 初等學生

정답 및 해설 42쪽

○ 초등학생에게 투자나 금융의 구조를 가르치는 교실이 증권업계에서 널리 퍼지고 있다.

○ ________に投資や金融の仕組みを教える教室が証券業界で広がっている。

• 投資(とうし) 투자　• 金融(きんゆう) 금융　• 仕組み(しく) 구조　• 証券業界(しょうけんぎょうかい) 증권업계

• 広がる(ひろ) 널리 퍼지다

15 학부형 學父兄

정답 및 해설 42쪽

○ 5월5일에 매년 항례(정례) 학부형 참관이 실시되었습니다.

○ 5月5日に毎年恒例の________参観が行われました。

• 恒例(こうれい) 항례　• 参観(さんかん) 참관

대학, 대학원

1 개교기념일 開校紀念日

정답 및 해설 43쪽

○ 내일은 개교기념일을 맞아 기념식・기념강연회・전시회 등을 합니다.

○ 明日は________に当たり、記念式・記念講演会・展示会等を行います。

• 記念式(きねんしき) 기념식 • 講演会(こうえんかい) 강연회 • 展示会(てんじかい) 전시회

2 대학교 大學校

정답 및 해설 43쪽

○ 대학교 성적증명서 및 졸업증명서 발급은 유료입니다.

○ ________の成績証明書及び卒業証明書の発給は有料です。

• 成績(せいせき) 성적 • 証明書(しょうめいしょ) 증명서 • 発給(はっきゅう) 발급

3 대학시절 大學時節

정답 및 해설 43쪽

○ 어젯밤에는 대학시절의 친구와 매우 늦게까지 마셨습니다.

○ 昨夜は、________の友人たちとずいぶん遅くまで飲みました。

• 昨夜(ゆうべ) 어젯밤 • 友人(ゆうじん) 친구, 벗

4 등록금 登錄金

정답 및 해설 43쪽

○ 입학을 사퇴한 경우에는 등록금을 반환합니다.

○ 入学を辞退した場合は________を返還いたします。

• 辞退(じたい) 사퇴 • 返還(へんかん) 반환

5 박사학위 博士學位

정답 및 해설 43쪽

○ 71세의 남성이 금년에 박사학위를 수여받게 되었다.

○ 71歳の男性が今年、________を授与されることになった。

• 授与(じゅよ) 수여

6 본교 本校

정답 및 해설 43쪽

○ 본교를 지망하시는 수험생을 대상으로 오픈캠퍼스를 실시합니다.
○ ________を志望されている受験生を対象にオープンキャンパスを実施いたします。

• 志望(しぼう) 지망 • 受験生(じゅけんせい) 수험생 • 実施(じっし) 실시

7 석사학위 碩士學位

정답 및 해설 43쪽

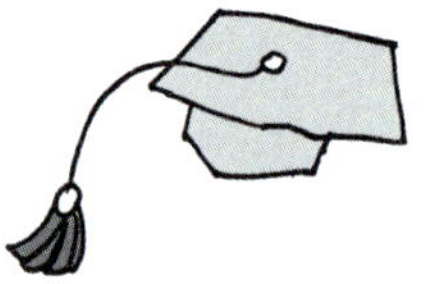

○ 형은 하버드대학으로부터 경영학 석사학위(MBA)를 취득했습니다.
○ 兄は、ハーバード大学より経営学の ________(MBA) を取得しました。

• 取得(しゅとく) 취득 • 経営学(けいえいがく)

8 시간강사 時間講師

정답 및 해설 44쪽

○ 유학생센터에서는 일본어교육을 담당할 시간강사를 모집하고 있다.
○ 留学生センターでは日本語教育を担当する________を募集している。

• 担当(たんとう) 담당 • 募集(ぼしゅう) 모집

9 여대생 女大生

정답 및 해설 44쪽

○ 일본에서 일반적으로 여대생을 볼 수 있게 된 것은 1950년대 경부터라고 한다.
○ 日本で一般に________が見られるようになったのは、1950年代頃からだそうだ。

• 一般(いっぱん) 일반

10 전공과목 專攻科目

정답 및 해설 44쪽

○ 생물학 실습은 전공과목에서 배운 지식을 구체적인 지식으로 만들어 가는 것이 목적이다.
○ 生物学実習は________で学んだ知識を具体的な知識にしていくことが目的である。

• 生物学(せいぶつがく) 생물학 • 実習(じっしゅう) 실습 • 知識(ちしき) 지식 • 具体的(ぐたいてき) 구체적
• 目的(もくてき) 목적

11 전문대학 専門大學

정답 및 해설 44쪽

○ 전문대학 2년간은 진로에 관한 지망을 다져가는 소중한 시간이기도 하다.

○ ______の2年間は進路について志望を固めていく大切な時間でもある。

- 進路(しんろ) 진로
- 志望(しぼう)
- 固(かた)める 다지다, 굳히다

12 (대학원) 졸업 卒業

정답 및 해설 44쪽

○ 2011년도 대학원 졸업식은 2012년 3월 23일 10시 30분에 시작됩니다.

○ 平成23年度大学院________式は平成24年3月23日10時30分に開式されます。

- 大学院(だいがくいん) 대학원
- 開式(かいしき) 개식, 의식을 시작함

13 지도교수 指導教授

정답 및 해설 44쪽

○ 대학원생 및 연구생에게는 반드시 지도교수가 필요하다.

○ 大学院生及び研究生には必ず________が必要である。

14 총장 總長

정답 및 해설 44쪽

○ 총장에 취임하여 2년째가 되었습니다.

○ ______に就任して二年目になりました。

- 就任(しゅうにん) 취임

15 학점 學點

정답 및 해설 44쪽

○ 아르바이트를 하면서 학점을 따려면 대단한 노력이 필요하다.

○ バイトをしながら、________をとろうと思ったら、大した労力が必要である。

- バイト 아르바이트(「アルバイト」의 준말)
- 労力(どりょく) 노력

✪ 학교생활

1 고급학습자 高級学習者

정답 및 해설 45쪽

○ 고급학습자가 고도의 구두전달능력을 얻기 위해 어떤 지도가 필요한가?

○ ______が高度の口頭伝達能力を得るため、どのような指導が必要 であるか。

• 高度(こうど) 고도 • 口頭(こうとう) 구두 • 伝達(でんたつ) 전달 • 能力(のうりょく) 능력 • 得(え)る 얻다
• 指導(しどう) 지도

2 도서상품권 圖書商品券

정답 및 해설 45쪽

○ 아이들에게 선물로 자주 사용되는 도서상품권의 정식명칭은 전국공통도서권이다.

○ 子供へのプレゼントによく使われる______の正式名称は全国共通図書券である。

• プレゼント 선물 • 使(つか)われる 사용되다 • 名称(めいしょう) 명칭 • 共通(きょうつう) 공통
• 図書券(としょけん) 도서권

3 도화지 圖畵紙

정답 및 해설 45쪽

○ 새하얀 도화지 위에 나의 아름다운 꿈을 그렸습니다.

○ 真っ白な______の上に私のきれいな夢を描きました。

• 真(ま)っ白(しろ) 새하얌 • 描(えが)く 그리다

4 등교거부 登校拒否

정답 및 해설 45쪽

○ 초・중학교의 등교거부 학생수가 13만을 넘어 역대 최고를 갱신했다.

○ 小中学校の______児童生徒数が13万を越え、過去最高を更新した。

• 児童(じどう) 초등학생 • 生徒(せいと) 중고등 학생 • 越(こ)える 넘다 • 更新(こうしん) 갱신

5 실내화 室內靴

정답 및 해설 45쪽

○ 최근에는 착실히 양말과 실내화를 신고 있다.

○ 最近はしっかり靴下と______を履いている。

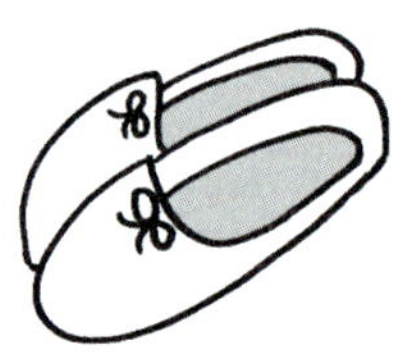

• 靴下(くつした) 양말 • 履(は)く (구두, 바지, 스커트 등을) 신다, 입다

6 영어회화 英語會話

정답 및 해설 45쪽

○ 국내에는 많은 영어회화학교가 있다.

○ 国内にはさまざまな________学校がある。

• 国内(こくない) 국내

7 유급 留級

정답 및 해설 45쪽

○ 유급 때문에 졸업이 불가능해졌습니다.

○ ______のため卒業できなくなりました。

8 1학년 學年

정답 및 해설 45쪽

○ 조카딸은 올봄에 초등학교 1학년이 되었습니다.

○ 姪は今年の春、小学校________になりました。

• 姪(めい) 조카딸

9 입시학원 入試學院

정답 및 해설 46쪽

○ 독학으로는 부족해서 불안한 사람은 입시학원을 다니는 편이 낫다고 생각한다.

○ 独学では物足りなくて不安な人は________に通った方がいいと思う。

• 独学(どくがく) 독학 • 不安(ふあん) 불안 • 物足(ものた)りない 뭔가 아쉽다, 무언지 미흡하다

10 재수생 再修生

정답 및 해설 46쪽

○ 가족은 재수생에게 있어서 가장 가까운 응원자입니다.

○ 家族は________ にとって、一番身近なサポーターです。

• 身近(みじか) 가까운

11 졸업예정자 卒業豫定者

정답 및 해설 46쪽

○ 졸업예정자는 졸업이 확정 되는대로 졸업증명서를 제출하세요.

○ _______は、卒業が確定しだい卒業証明書を提出してください。

• 確定(かくてい) 확정 • 証明書(しょうめいしょ) 증명서 • 提出(ていしゅつ) 제출

12 초중고 初中高

정답 및 해설 46쪽

○ 초중고 도립학교에서는 내일부터 학교에서 예방접종을 합니다.

○ ______都立学校では、明日から学校で予防接種をします。

• 都立(とりつ) (동경)도립 • 予防接種(よぼうせっしゅ) 예방접종

13 평생교육 平生教育

정답 및 해설 46쪽

○ 고베시에서는 지역의 시설을 활용하여 평생교육을 전개하고 있습니다.

○ 神戸市では地域の学校施設を活用して、______を展開しています。

• 地域(ちいき) 지역 • 施設(しせつ) 시설 • 活用(かつよう) 활용 • 展開(てんかい) 전개

14 하계방학 夏季放學

정답 및 해설 46쪽

○ 긴 하계방학이 드디어 시작되었다.

○ 長い______がいよいよ始まった。

15 학부모 學父母

정답 및 해설 47쪽

○ 수험공부의 최대효과를 올리기 위해서는 학부모의 후원이 반드시 필요합니다.

○ 受験勉強で最大の効果をあげるためには______のバックアップが必ず必要です。

• 受験(じゅけん) 수험 • 最大(さいだい) 최대

16 학생 學生

정답 및 해설 47쪽

○ 장애가 있는 아동 및 학생을 위한 특수교과서가 필요하다.

○ 障害のある児童及び______のための特殊教科書が必要である。

• 障害(しょうがい) 장애 • 児童(じどう) 아동 • 特殊(とくしゅ) 특수 • 教科書(きょうかしょ) 교과서

17 학원 學院

정답 및 해설 47쪽

○ 학원에 다니는 어린이는 매년 증가하는 경향에 있다.

○ ______に通っている子供の数は毎年増加する傾向にある。

• 数(かず) 수 • 増加(ぞうか) 증가 • 傾向(けいこう) 경향

18 학창시절 學窓時節

정답 및 해설 47쪽

○ 여러분은 학창시절 어떤 별명이 붙여졌습니까?

○ 皆様は、________どんなあだ名を付けられましたか？

• あだ名(な) 별명

✪ 문서, 우편

1 귀중 貴中

정답 및 해설 47쪽

○ 단체에 편지나 엽서를 보낼 때는 수신인 뒤에 귀중이라고 쓴다.

○ 団体に手紙やハガキを送る際は、宛名の部分に________と書く。

• 団体(だんたい) 단체　• 際(さい) 때, 즈음　• 宛名(あてな) 수신인

2 귀하 貴下

정답 및 해설 47쪽

○ 귀하는 자신보다 손윗사람에 대해서 사용하는 경우가 많다.

○ ________は自分よりも目上の人に対して使う場合が多い。

• 目上(めうえ) 손윗사람

3 답장 答狀

정답 및 해설 47쪽

○ 답장이 늦어서 죄송합니다.

○ ________が遅くなって申し訳ありません。

4 등기우편 登記郵便

정답 및 해설 48쪽

○ 합격자에게는 합격통지서 및 관계서류를 등기우편으로 송부합니다.

○ 合格者には合格通知書及び関係書類を________にて送付いたします。

• 合格者(ごうかくしゃ) 합격자　• 通知書(つうちしょ) 통지서　• 書類(しょるい) 서류　• 送付(そうふ) 송부

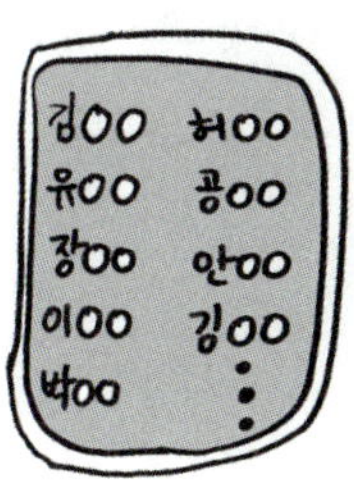

5 명단 名單

정답 및 해설 48쪽

○ 동창회와 사원명단을 CD로 작성했습니다.

○ 同窓会や社員________をCDで作成しました。

• 同窓会(どうそうかい) 동창회　• 作成(さくせい) 작성

6 복구 復舊(PC용어)

정답 및 해설 48쪽

○ 바이러스 감염 자동 복구 프로그램의 업데이트에 관한 정보입니다.

○ ウイルス感染自動________プログラムのアップデートに関する情報です。

• 感染(かんせん) 감염 • 自動(じどう) 자동 • 情報(じょうほう) 정보

7 우표 郵票

정답 및 해설 48쪽

○ 세계 각국의 여러 장르의 우표를 분류하여 붙였습니다.

○ 世界各国の様々なジャンルの________を分類して貼り付けました。

• 分類(ぶんるい) 분류 • 貼(は)り付(つ)ける (종이・천 등을) 붙이다

8 원고지 原稿紙

정답 및 해설 48쪽

○ 원고지 4매분(1600자)의 단편소설을 써 두었다.

○ _______4枚(1600字)のショートストーリーを書いておいた。

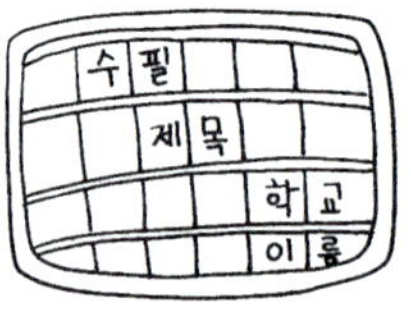

9 자필 自筆

정답 및 해설 48쪽

○ 자필의 최대 특징은 절대로 복제가 불가능한 점이다.

○ _______の最大の特徴は絶対に複製が不可能だということである。

• 最大(さいだい) 최대 • 特徴(とくちょう) 특징 • 複製(ふくせい) 복제 • 不可能(ふかのう) 불가능

10 저장 貯藏(PC용어)

정답 및 해설 49쪽

○ 음성인식 데이터를 저장할 수 있는 충분한 빈 공간이 부족하다.

○ 音声認識データを________できる十分な空き領域が足りない。

• 音声認識(おんせいにんしき) 음성인식 • 空(あ)き領域(りょういき) 빈 공간 • 足(た)りない 부족하다, 결점이 있다

11 제목 題目

정답 및 해설 49쪽

○ 전송메일은 제목을 알기 쉽게 써서 보내는 편이 낫다.

○ 転送メールは、________をわかりやすく書いて送った方がいい。

• 転送(てんそう) 전송

12 초안 草案

정답 및 해설 49쪽

○ 위원회에서는 지금까지의 협의 내용을 종합하여 다음과 같은 초안을 작성했다.

○ 委員会では、これまでの協議の内容をまとめ、次のような______を作成した。

• 委員会(いいんかい) 위원회 • 協議(きょうぎ) 협의 • 内容(ないよう) 내용 • 作成(さくせい) 작성

13 추천서 推薦書

정답 및 해설 49쪽

○ 추천서 발행 수속은 사무실로 신청해 주세요.

○ ______発行は事務室へ申し込んでください。

• 発行(はっこう) 발행 • 事務室(じむしつ) 사무실 • 申(もう)し込(こ)む 신청하다

14 판권장 版權張

정답 및 해설 49쪽

○ 책의 권말에 서명, 저자, 발행인, 인쇄인, 출판년월일 등을 적는 부분을 판권장이라 한다.

○ 本の巻末に書名、著者、発行者、印刷者、出版日付などを書く部分を______という。

• 巻末(かんまつ) 권말 • 署名(しょめい) 서명 • 著者(ちょしゃ) 저자 • 発行者(はっこうしゃ) 발행자 • 印刷者(いんさつしゃ) 인쇄자
• 出版日付(しゅぱんひづけ) 출판일

15 편지지 便紙紙

정답 및 해설 49쪽

○ 멋진 편지지를 보면 사둡니다.

○ 素敵な______を見ると、買っておきます。

• 素敵(すてき) 매우 근사함, 아주 멋짐

✪ 사전

1 사전 辭典

정답 및 해설 49쪽

○ 이모티콘 사전에서는 정해진 말을 입력하면 이모티콘으로 변환됩니다.

○ 顔文字_______では、決められた読みを入力すると顔文字に変換します。

• 顔文字(かおもじ) 이모티콘　• 変換(へんかん) 변환

2 옥편 玉篇

정답 및 해설 50쪽

○ 옥편에는 부수별로 한자가 분류되어 있습니다.

○ _______には部首ごとに漢字が分類されています。

• 部首(ぶしゅ) (한자의) 부수　• 分類(ぶんるい) 분류

3 일영사전 日英辭典

정답 및 해설 50쪽

○ 나는 일영사전과 영일사전을 갖고 있다.

○ 私は_______と英和辞典を持っています。

• 英和辞典(えいわじてん) 영일사전

4 전자사전 電子辭典

정답 및 해설 50쪽

○ 전자사전 메이커의 본사 주소와 회사연혁을 탑재하고 있습니다.

○ _______メーカーの本社住所や会社沿革を掲載しています。

• 沿革(えんかく) 연혁　• 掲載(けいさい) 게재, 탑재

5 표제어 標題語

정답 및 해설 50쪽

○ 표제어는 알파벳순으로 배열했습니다.

○ _______はアルファベット順に配列しました。

• 配列(はいれつ) 배열

정답 및 해설

◈ 초, 중, 고교

1 교감(校監) → 教頭(きょうとう)
- 「校監」은 일본에서 사용하지 않는 말이다.

2 교무실(教務室) → 職員室(しょくいんしつ)
- 한국에서 「職員室」이라고 하면 교원이 아니라 학교직원이 근무하는 사무실로 오해할 수 있는 것처럼 일본에서 「教務室」이라고 하면 「教務」를 교육 사무로 이해하여 교원이 아니라 학교직원의 사무실로 오해할 수 있다.

3 교복(校服) → 制服(せいふく)
- 「校服」은 일본어에 없는 말이다.
- 특히 상의가 길고 바지가 헐렁한 검정색 남학생들의 옛날 교복을 「学生服(がくせいふく)」 또는 「学(がく)ラン」이라고 한다. 에도(江戸)시대에는 양복을 「蘭服(らんふく)」 라고 했기 때문에 학생이 입는 양복이라는 의미에서 「学蘭(がくラン)」이라고 했다고 한다. 여학생 교복은 「セーラー服(ふく)」가 많은데, 이는 해군군복으로 세계적으로 사용되고 있는 옷깃이 사각형이고 넓은 「sailor suit」 에서 유래한 말이다.

4 교사(教師) → 教諭(きょうゆ)
- 「教諭(きょうゆ)」는 교원자격증을 갖고 있는 유치원, 초, 중, 고교의 정식교사를 말하며, 일반적으로 교사라는 직업을 말할 때에는 한국어와 마찬가지로 「教師(きょうし)」라고 한다.

5 기간제 교사(期間制教師) →「非常勤教師(ひじょうきんきょうし)」
- 일본에서는 교원자격증을 가지고 있지만 정식교사가 아닌 교원을 「非常勤教師(ひじょうきんきょうし)」라고 한다.

6 소풍(消風) → 遠足(えんそく)
- 「消風」은 일본어에는 없는 말이다.

7 시간표(時間表) → 時間割(じかんわり)
- 일반적으로 학교의 수업시간은 「時間割」라 하고 버스, 열차, 항공기의 발착시간은 「時刻表(じこくひょう)」라 한다.

8 여고생(女高生) → 女子高生

- 일본어에서도 「女子高校生」의 단축형으로서 「女高生」은 사용하고 있지만 「女子高生」이 일반적이다. 그러나 「女子大学生」을 줄여서 「女大生」이라고는 하지 않는다.
- 최근에는 「J K(ジェーケー, 女子高生의 로마자 표기의 단축형」 「J C(ジェーシー, 女子中学生의 로마자 표기의 단축형)」라는 말도 자주 사용된다.

9 (유치원/보육원)입학(入學) → 入園

- 동물원이나 유원지에 입장하는 것도 「入園」이라고 한다.

10 2학년 3반(2學年3班) → 2年3組

- 최근에는 ABC로 반을 나누는 학교도 있고 유치원에서는 「ひよこ組(병아리반)」 「さくら組(벚꽃반)」 등 동식물명을 사용하는 경우도 많다.

11 재학생(在學生) → 在校生

- 「在学生」이라는 말도 사용하고 있으나 「在校生」이 일반적이다.

12 전학(轉學) → 転校

- 일본어에서는 「転校」가 일반적이지만 「転学」도 「転校」와 같은 의미로서 사전에 수록되어 있다. 이 밖에 관련어로서 「転科」 「転部」 「転籍」 등이 있다.

13 초등학교(初等學校) → 小学校

- 일본어에서 「初等学生」이라는 말은 사용하지 않지만 「中等学生」 「高等学生」라는 말이 있기 때문에 의미는 이해할 것이다.

14 초등학생(初等學生) → 小学生

- 초등학생은 「学童」라고도 한다.

15 학부형(學父兄) → 父兄

- 「父兄」라는 말은 학생의 보호자로서 과거에 남성 중심사회를 반영한 아버지와 형을 의미하는 말이지만 최근에는 남녀평등의 관점에서 잘 사용하지 않고 「保護者」를 많이 사용한다.

◈ 대학, 대학원

1 개교기념일(開校紀念日) → 開学記念日

- 일본에서 대학은 「○○ 大学」이라고 하기 때문에 「開学記念日」라고 하지만, 대학 이외의 초, 중, 고등학교에서는 한국과 같이 「開校記念日」라고 한다.
- 단체나 회사처럼 「創立記念日」라고도 한다.

예 ▪ 5月15日は神戸大学創立記念日である。(5월 15일은 고베대학 창립기념일이다)

2 대학교(大學校) → 大学

- 「自治大学校」「警察大学校」「防衛大学校」「海上保安大学校」「気象大学校」「税務大学校」와 같은 특수대학 또는 정부 행정부서의 부속 기관으로서 설치된 대학은 「○○ 大学校」라고 하지만, 일반대학은 「○○ 大学」 라고 한다. 단 「○○ 大学校」라 불리는 특수대학은 학교 교육법으로 정해진 대학에는 포함되지 않는다.

3 대학시절(大學時節) → 大学時代

- 일본어의 「時節」은 계절・시기・시간의 의미로 사용되기 때문에 「大学時節」은 일본어로서 부적당하다.

4 등록금(登錄金) → 授業料

- 한국에서는 등록금과 수업료를 다 사용하지만, 일본에서는 「登録金」이라는 말은 사용하지 않는다. 관련어로서 「入学金(입학금)」「授業料(등록금)」「初年度納入金(첫해납입금)」등이 있다.

5 박사학위(博士學位) → 博士号

- 석사학위는 「修士号」라 한다.

6 본교(本校) → 本学

- 일본에서 대학은 「○○大学」이라고 하기 때문에 「本学」라고 하지만 대학 이외의 초, 중, 고등학교에서는 한국과 같이 「本校」라고 한다.

7 석사학위(碩士學位) → 修士号

- 학사학위는 「学士号」라고 한다.

8 시간강사(時間講師) → 非常勤講師

- 계약기간만 근무하는 강사를 「契約講師」라 한다.

9 여대생(女大生) → 女子大生

- 「女子大学生」라고도 한다.

10 전공과목(專攻科目) → 専門科目

- 「専攻科目」라고도 한다.

11 전문대학(專門大學) → 短期大学

- 일본어의 「専門大学」은 「東京外大は外国語専門大学だ」 등으로 대학의 교육내용 등을 말하는 경우에 사용되고 전문대학처럼 대학 종류에 따른 구별의 의미는 없다.

12 (대학원)졸업(卒業) → 修了

- 일본어에서는 유치원, 초중고 및 대학은 한국과 마찬가지로 「卒業」라고 하지만 대학원 졸업은 「修了」라고 한다.
- 참고로 중졸은 「中卒」, 고졸은 「高卒」, 대졸은 「大卒」 또는 「学卒」라 한다.

13 지도교수(指導敎授) → 指導教官

- 한국어와 같이 「指導教授」라는 말도 있지만 일반적으로 「指導教官」을 많이 사용한다.

14 총장(總長) → 学長

- 일본에서 대학은 「○○大学」이라고 하기 때문에 대학의 총장은 「学長」라 한다. 단, 「東京大学」「東北大学」 등과 같이 총장을 한국과 같이 「総長」라고 하는 대학도 있다.

15 학점(學點) → 単位

- 「学点」은 일본어에 없는 말이기 때문에 일본인이 들으면 학교의 점수, 즉 성적으로 오해할 가능성이 높다.

◈ 학교생활

1 고급학습자(高級學習者) → 上級学習者

- 일본어의 「高級」은 사물에 대하여 사용되는 것이 일반적이며 사람에 대하여 사용되는 경우는 거의 없다.
- 보통 「初級」 「中級」 「上級」 「超級」 순으로 레벨이 올라간다.

2 도서상품권(圖書商品券) → 図書券

- 현재는 도서상품권도 전화카드(テレホンカード)나 지하철카드(Suica) 등과 같이 선불카드(プリペイド・カード, prepaid card)화되어 「図書カード」로 불리는 경우도 많다.

3 도화지(圖畵紙) → 画用紙

- 오늘날의 일본인은 구자체를 이해할 수 있는 사람이 적기 때문에 「図畫紙」가 아니라 「図画紙」라고 쓰면 그림용 종이이므로 도화지일 것이라고 추측할 수 있을 것이다.
- 「旧字体(구자체)」는 1949년에 당용한자(当用漢字)에서 신자체로 정리되기 이전의 한자 글자체를 말한다.

4 등교거부(登校拒否) → 不登校

- 최근에는 일본에서도 공식적인 장면에서는 「登校拒否」를 많이 사용하는 경향이 있다.

5 실내화(室内靴) → 上履き

- 실내화의 의미로 쓰이는 「上履き」는 「上靴」 「室内履き」라고도 한다.

6 영어회화(英語會話) → 英会話

- 일본어에서 「英語会話」는 「語」를 생략하여 「英会話」라고 하지만 독일어, 불어 등, 다른 언어인 경우에는 생략하지 않고 그대로 「ドイツ語会話」 「フランス語会話」라고 한다.

7 유급(留級) → 留年

- 유사어로 「落第(낙제)」 「落伍(낙오)」 등이 있다.

8 1학년(學年) → 一年生

- 일본어의 「学年」은 「○학년」의 의미로 사용되는 경우는 없고 수학기간이나 수학기간에서 구별한 학급

의 의미로 사용된다. 예를 들면 「この小学校では1学年60名、計360名の児童が学んでいる。」와 같이 사용된다.

- 대학에서는 「~年生」 대신에 「~年次」 「~回生」를 사용하는 경우가 많다.

9 입시학원(入試學院) → 大学予備校

- 재수학원은 보통 「大学予備校」 또는 「進学塾」라고 하지만 초, 중, 고학생들의 보습학원은「学習塾」라 하며 주산학원은 「算盤塾」라 한다. 그리고 무용이나 유도와 같이 사범에게 배우는 것은 「お稽古事」 또는 「習い事」라고 한다.

예 ▪ 子どもたちは学校や他のお稽古事などでとても忙しいため、自分で勉強する時間がないようです。
(어린이들은 학교나 예체능학원 등으로 대단히 바쁘기 때문에 스스로 공부할 시간이 없는 것 같다)

10 재수생(再修生) → 浪人

- 「浪人」 또는 「浪人生」라고 한다. 재수한 횟수에 따라 「一浪」 「二浪」라 하고 「三浪」 이상은 「多浪」라 한다.

11 졸업예정자(卒業豫定者) → 卒業見込み者

- 「3月に卒業予定だ」와 같이 「卒業予定」도 사용된다. 「卒業見込み」는 주로 신입사원 모집 등에 「来年3月卒業見込みの者も含む(내년 졸업예정자도 포함한다)」로 사용되는 경우가 많다.

12 초중고(初中高) → 小中高

- 「小中高一貫教育」: 초, 중, 고등학교 과정을 조정하여 중복되거나 불필요한 부분을 배제하고 체계적이고 일관성 있는 교육을 실시하는 교육제도를 말하며 이와 같은 교육을 하는 학교를 「小中高一貫校」라고 한다.

13 평생교육(平生教育) → 生涯教育

- 일본어의 「平生」는 「ふだん」「つねひごろ」의 의미이므로 「平生教育」은 「普段の教育(평소교육)」라는 의미가 되기 때문에 「生涯教育(평생교육)」의 의미로는 이해하지 못한다.

14 하계방학(夏季放學) → 夏休み

- 겨울방학은 「冬休み」, 봄방학은 「春休み」라고 하며 기말시험 전후의 방학을 「試験休み」라고 한다.

15 학부모(學父母) → 父兄(ふけい)

- 일본어에 「学父母」라는 말은 없고 보통 「保護者(ほごしゃ)」로 많이 사용된다.
- 다른 사람의 부모를 높여서 지칭할 때 「親御(おやご)さん」 또는 「親御(おやご)さま」라고 한다.

16 학생(學生) → 生徒(せいと)

- 한국에서 「生徒」는 사관학교 생도를 말하지만 일본에서 「生徒(せいと)」는 중고생을 말하며 초등학교 학생은 「児童(じどう)」, 대학생은 「学生(がくせい)」, 대학원생은 「院生(いんせい)」라고 한다.

17 학원(學院) → 塾(じゅく)

- 일본어에서 「学院(がくいん)」은 「青山学院大学(あおやまがくいんだいがく)」「桃山学院大学(ももやまがくいんだいがく)」처럼 주로 사립대학의 학교 명칭에 사용된다.

18 학창시절(學窓時節) → 学生時代(がくせいじだい)

- 일본어의 「学窓(がくそう)」은 학교의 창, 즉 「学校(がっこう)」의 의미로 이해된다.

◈ 문서, 우편

1 귀중(貴中) → 御中(おんちゅう)

- 일본어에서는 회사나 단체이름 편지 수신인명에는 「御中(おんちゅう)」를 덧붙여 적는다.
- 상대방 회사나 단체 등을 높여서 말하는 경우, 문어체에서는 「貴社(きしゃ)」를 쓰고, 구어체에서는 「御社(おんしゃ)」를 쓴다.

2 귀하(貴下) → 様(さま)

- 일본어에도 「貴下」라는 말은 있지만 한국어처럼 편지의 수신인명에 사용하지는 않는다. 즉 일본어에서 「貴下(きか)」는 주로 남성이 동등 또는 손아랫사람에 대한 경칭의 의미로 「貴下(きか)のご意見(いけん)をお聞(き)きしたい」와 같이 사용되고 편지의 수신인명에 적는 「様(さま)」는 주로 자신보다 윗사람에 대해서 사용한다.
- 회사나 사무국의 특정 개인에게는 「様」 「殿(どの)」를 사용한다. 특히 편지나 공문서 등에서 상대방에 대한 존경심을 나타낼 때는 「山田殿(どの)」 「社長殿(どの)」처럼 상대방의 이름이나 직함명 아래에 「殿(どの)」를 사용한다.

3 답장(答狀)/대답(對答) → 返事(へんじ)

- 「答状」「対答」둘 다 일본어에는 없는 말이다. 일본어의 「返事」는 호명이나 호출에 대한 대답부터 편지, 질문. 의뢰 등에 대한 답변까지 폭넓게 사용되며 보통 「お(ご)返事」처럼 존경의 접두어 「お」나 「ご」를 붙여 사용하는 경우가 많다. 「返答」도 「返事」와 같은 의미로 사용한다.
- 일본어에서 E-Mail 답장은 「返事」보다 「返信」을 주로 사용한다.

4 등기우편(登記郵便) → 書留郵便

- 일본어에서는 「登記」는 부동산이나 회사 등을 공적기관의 등기부에 등재하는 것을 의미하고, 우편 관계에는 사용되지 않기 때문에 「登記郵便」을 「書留郵便」으로 이해하는 사람은 거의 없을 것이다.
- 현금 등기우편은 「現金書留」, 간이 등기우편은 「簡易書留」라 한다.

5 명단(名單) → 名簿

- 「名簿」라는 말은 한국에도 있지만 「名単」이라는 말은 일본어에는 없다.

6 복구(復舊-PC용어) → 修復

- 「復舊」는 「災害復旧」처럼 한국어와 같은 의미로 사용하지만, 기능을 복구한다는 의미로는 「復舊」 대신에 「修復」를 사용한다.

7 우표(郵票) → 切手

- 기념우표는 「記念切手」라 하고, 국제반신용 우표는 「国際返信用切手」라 한다.

8 원고지(原稿紙) → 原稿用紙

- 「原稿氏」도 사용하지만 「原稿用紙」를 사용하는 것이 일반적이다.
- 관련어로서 「400字詰原稿用紙(400자 원고지)」 「縦書き(세로쓰기)」 「横書き(가로쓰기)」 등이 있다.

9 자필(自筆) → 直筆

- 한국어와 같이 「自筆」라는 말도 사용한다.
- 일본어에서는 「自筆」 「直筆」 「自書」도 본인이 쓰는 것, 또는 쓴 것을 의미하지만 본인이 쓸 것을 지시하는 경우에는 「自筆」가 사용된다.

예 ▪ 履歴書は自筆のこと(이력서는 자필로 쓸 것).

10 저장(貯藏-PC용어) → 保存(ほぞん)

- 한국에서는 컴퓨터에 데이터나 문서를 「貯藏(저장)」한다고 하지만, 일본에서는 「保存(ほぞん)」한다고 한다.

11 제목(題目) → 件名(けんめい)

- 일본어에서도 연구, 논문 등의 테마나 타이틀은 보통 「題目(だいもく)」라는 말을 사용하나 E-Mail 제목은 「件名(けんめい)」을 사용한다.
- 책 제목은 보통 「表題(ひょうだい)/標題(ひょうだい)」를 사용한다.

12 초안(草案) → 素案(そあん)/草案(そうあん)

- 「素案(そあん)」은 '극히 대략적인 안'이라는 뜻이고 「草案(そうあん)」은 초안으로서 작성자 이외, 타인의 검토가 요구되는 단계까지 진행된 것을 가리키기 때문에 의미는 약간 다르다.
- 유사어로서 「下書(したが)き」 「草稿(そうこう)」 「案文(あんぶん)」 「文案(ぶんあん)」 등이 있다.

13 추천서(推薦書) → 推薦状(すいせんじょう)

- 일본어에도 「推薦書」라고는 하지만 「推薦状」이 일반적이다.
- 추천인은 「推薦人(すいせんにん)」이라 한다.

14 판권장(版權張) → 奥付(おくづけ)

- 한국에서는 보통 「版権(판권)」으로 통용되며, 「版権紙(판권지)」 또는 「刊記面(간기면)」이라고도 한다.
- 과거에는 책의 맨 뒤에 판권장을 두었으나 최근에는 구미의 영향을 받아 한국도 권두의 표제지 이면에 판권장을 두는 경우가 늘고 있다.

15 편지지(便紙紙) → 便箋(びんせん)

- 「便紙紙」는 일본어에 없는 말이기 때문에 「便箋(びんせん)」으로는 상상하기 어렵다.
- 유사어로서 「用箋(ようせん)」이 있으며, 특히 편지지 위에 개인이나 단체의 이름이나 주소 등을 인쇄한 것을 「レターヘッド(letterhead)」라고 한다.

◈ 사전

1 사전(辭典) → 辞書/辞典/事典

- 「辞書/辞典」은 말(語)을 설명하는 것이고 「事典」은 말(語)을 매개로 해서 사물의 내용을 설명하는 것이다. 즉 「辞書/辞典」은 우리가 흔히 말하는 사전의 의미이며, 「事典」은 백과사전이나 전문어사전이라고도 할 수 있다.
- 「事典」은 「ことてん」이라고도 읽는다.

2 옥편(玉篇) → 漢字辞典

- 「字典」은 문자를 설명하는 것이기 때문에 「辞書/辞典」이나 「事典」과 다르다. 「漢和字典」보다 「漢和辞典」이라고 하는 것이 일반적이다.
- 「字引」라는 말도 있기는 하나 사용빈도는 높지 않다.

3 일영사전(日英辭典) → 和英辞典

- 「英和/和英」는 「日本語」를 「和」로 표기하는 것이 일반적이다.

4 전자사전(電子辭典) → 電子辞書

- 「電子辞典」이라는 말도 사용하나, 「電子辞書」가 일반적이다.

5 표제어(標題語) → 見出し語

- 제목의 의미로 「表題」라는 말은 많이 쓰지만 「表題語」라는 말은 사용하지 않는다.

의식주

✿ 복장 · 의류

1 내의 内衣

정답 및 해설 61쪽

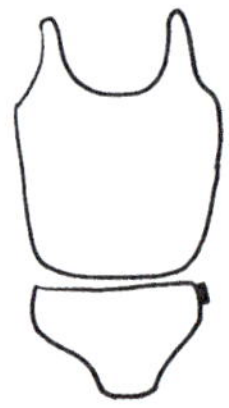

○ 울(wool)**내의**는 얇고 따뜻합니다.

○ ウールの＿＿＿＿＿は薄くて暖かいです。

- 薄(うす)い 얇다
- 暖(あたた)かい 따뜻하다

2 동복 冬服

정답 및 해설 61쪽

○ 일반적으로 **동복** 코트는 물세탁 안 되는 것이 많다.

○ 一般的に＿＿＿＿＿のコートは、水洗い不可の物が多い。

- 一般的(いっぱんてき) 일반적
- 水洗(みずあら)い 물세탁
- 不可(ふか) 불가

3 상의 上衣

정답 및 해설 61쪽

○ 더울 때 **상의**를 벗으면 시원하다.

○ 暑い時に＿＿＿＿＿を脱ぐと涼しい。

- 脱(ぬ)ぐ 벗다

4 아동복 兒童服

정답 및 해설 61쪽

○ 백화점의 **아동복** 매장에서 아르바이트하고 있습니다.

○ デパートの＿＿＿＿＿売り場でアルバイトしています。

5 양복 洋服

정답 및 해설 61쪽

○ **양복**이란 남자의 상의와 바지 또는 그 위에 조끼를 보탠 한 벌을 말한다.

○ ＿＿＿＿＿とは男子の上着とズボン、あるいはそれにチョッキを加えた一組の服。

- 加(くわ)える 보태다, 더하다
- 一組(ひとくみ) 한 벌

☞ 양복 안에 입는 조끼(チョッキ)라는 말은 포르투갈어인 'jaqueta'에서 온 말이다.

6 외출복 外出服

정답 및 해설 61쪽

○ 이것은 가볍고 촉감이 좋아 실내복은 물론 간단한 외출복으로도 착용할 수 있다.
○ これは軽くて肌触りが良く部屋着はもちろんちょっとした＿＿＿＿にも着用できる。

• 肌触(はだざわ)り 촉감　• 部屋着(へやぎ) 실내복　• ちょっとした 가벼운, 간단한

7 춘추복 春秋服

정답 및 해설 61쪽

○ 경찰관의 제복이나 학생의 교복은 계절에 따라 동복, 하복, 춘추복으로 되어 있다.
○ 警察官や生徒の制服は季節により、冬服、夏服、＿＿＿＿となっている。

• 警察官(けいさつかん) 경찰관　• 制服(せいふく) 제복

8 탈의실 脱衣室

정답 및 해설 62쪽

○ 실제로 탈의실에 날씬해 보이는 거울을 둔 가게도 있다.
○ 実際に、＿＿＿＿に痩せてみえる鏡を置いている店もある。

• 鏡(かがみ) 거울　• 痩(や)せる 여위다

9 평상복 平常服

정답 및 해설 62쪽

○ 평상복은 설날, 결혼식, 성인식 등에 입는 것과는 반대의 의미가 된다.
○ ＿＿＿＿はお正月、結婚式、成人式などに着るものとは反対の意味になる。

• お正月(しょうがつ) 설날　• 結婚式(けっこんしき) 결혼식　• 成人式(せいじんしき) 성인식

10 하복 夏服

정답 및 해설 62쪽

○ 어제까지 하복을 입었다고는 믿기지 않을 정도의 추위이다.
○ 昨日まで＿＿＿＿を着ていたとは信じられないくらいの寒さだ。

• 信(しん)じる 믿다

음식 · 생선

1 경양식 軽洋式

정답 및 해설 62쪽

○ 이 가게는 경양식이라는 이름으로 되어 있지만 매일 시장에서 사오는 적기의 식재료를 사용한 본격적인 일본식 요리를 맛볼 수 있다.

○ この店は＿＿＿＿という名前ながらも毎日市場で仕入れた旬の食材を使った本格和食が味わえる。

• 仕入(しい)れる 매입하다, 구매하다 • 旬(しゅん) 어패, 생선, 과일 등이 가장 맛있는 철, 적기

• 食材(しょくざい) 식재료 • 本格和食(ほんかくわしょく) 본격적인 일본식 요리

2 궁중요리 宮中料理

정답 및 해설 62쪽

○ 한국 드라마 대장금의 영향도 있어 한국의 궁중요리에 관심이 쏠리고 있다.

○ 韓国ドラマ「チャングムの誓い」もあり、韓国の＿＿＿＿に注目が集まっている。

• 誓(ちか)い 맹세 • 注目(ちゅうもく) 주목

3 매실주 梅實酒

정답 및 해설 62쪽

○ 올해도 매실이 열리면 매실주를 담글 예정이다.

○ 今年も梅の実が生ったら＿＿＿＿を造る予定だ。

• 梅(うめ)の実(み) 매실 • 生(な)る(열매가)열리다, 맺히다

4 반주 飯酒

정답 및 해설 62쪽

○ 아버지는 매일 반주로 소주를 마십니다.

○ 父は毎日の＿＿＿＿に焼酎を飲んでいます。

• 焼酎(しょうちゅう) 소주

☞ 일본의 소주는 한국의 희석식 소주와 달리 일본 고유의 증류주이다. 알코올 함유 20~50% 정도로 「米焼酎(こめしょうちゅう)」「芋焼酎(いもしょうちゅう)」「麦焼酎(むぎしょうちゅう)」「泡盛(あわもり)」 등의 다양한 종류가 있다.

5 본고장 本故場
정답 및 해설 63쪽

○ 독일하면 "맥주의 본고장"이다.

○ ドイツと言えば「ビールの________だ。

6 생맥주 生麥酒
정답 및 해설 63쪽

○ 열처리를 하지 않은 맥주를 생맥주라고 한다.

○ 熱処理をしていないビールのことを________と言う。

• 熱処理(ねつしょり) 열처리

7 생선회 生鮮膾
정답 및 해설 63쪽

○ 인기 있는 생선회 정식과 관련된 가게를 간단히 찾을 수 있습니다.

○ 人気の________定食に関連するお店が簡単に見つかります。

• 人気(にんき) 인기 • 定食(ていしょく) 정식 • 関連(かんれん) 관련

8 소주 燒酒
정답 및 해설 63쪽

○ 한국의 소주는 일본의 것에 비해서 단맛이 강한 것이 특징입니다.

○ 韓国の________は日本のものに比べて甘味が強いのが特徴です。

• 甘味(あまみ) 단맛 • 特徴(とくちょう) 특징

9 식초 食醋
정답 및 해설 64쪽

○ 요즘은 조미료로서뿐만 아니라 식초를 연하게 해서 직접 마시는 사람도 늘고 있다.

○ 最近では調味料としてだけではなく、________を薄めて直接飲むという人も増えている。

• 調味料(ちょうみりょう) 조미료 • 薄(うす)める (색・농도 등을) 묽게 하다, 연하게 하다 • 直接(ちょくせつ) 직접

10 신선도 新鮮度
정답 및 해설 64쪽

○ 스시를 맛있게 먹는 방법은 신선도의 보존이 제1조건입니다.

○ 寿司を美味しく食べる方法は、________の保存が第一条件です。

• 寿司(すし) 스시 • 保存(ほぞん) 보존 • 条件(じょうけん) 조건

11 어패류 魚介類

정답 및 해설 64쪽

○ 여름에 어패류를 날것으로 먹을 때는 특히 주의해야 한다.

○ 夏に________を生で食べる時は特に注意しなければならない。

- 生(なま) 날것
- 注意(ちゅうい) 주의

12 유부 油腐

정답 및 해설 64쪽

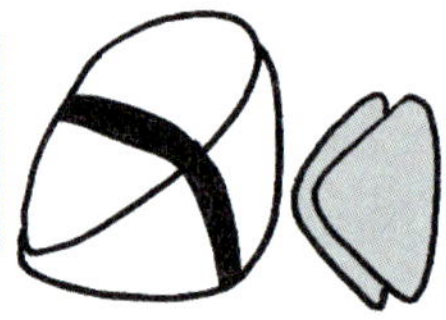

○ 이나리스시는 유부를 재료로 해서 만든다.

○ いなり寿司は________を材料にして作る。

- いなり寿司(ずし) 유부초밥
- 材料(ざいりょう) 재료

13 유통기한 流通期限

정답 및 해설 64쪽

○ 음식물에 유통기한이 있는 것처럼 사람에게도 유통기한이 틀림없이 있을 것이다.

○ 食べ物に________があるように人間にだって________があるはずである。

- 人間(にんげん) 인간

14 은어 銀魚

정답 및 해설 64쪽

○ 은어는 상큼한 수박향이 나는 생선이다.

○ ______は爽やかなすいかのような香りがする魚だ。

- 爽(さわ)やか 산뜻함, 상쾌함
- 香(かお)り 향기, 좋은 냄새

15 일식 日食

정답 및 해설 64쪽

○ 일본인의 장수비결은 일식에 있다고 일컬어진다.

○ 日本人の長寿の秘訣は________にあるといわれている。

- 長寿(ちょうじゅ) 장수
- 秘訣(ひけつ) 비결

16 장어 長魚

정답 및 해설 65쪽

○ 장어는 비타민A가 매우 많고 영양이 풍부한 식품으로 알려져 있다.

○ ______はビタミンAが非常に多く、栄養豊富な食品で知られている。

- 栄養(えいよう) 영양
- 豊富(ほうふ) 풍부(함)
- 食品(しょくひん) 식품

17 정종 正宗

정답 및 해설 65쪽

○ 일본의 대표적인 술인 정종은 쌀로 만들어진다.

○ 日本の代表的な酒である________は米から造られる。

• 酒(さけ) 일본 술

18 주점 酒店

정답 및 해설 65쪽

○ 주점에서는 비교적 양이 많은 요리를 제공하고 있다.

○ ______では比較的量が多い料理を提供している。

• 比較的(ひかくてき) 비교적 • 量(りょう) 양 • 提供(ていきょう) 제공

19 활어 活魚

정답 및 해설 65쪽

○ 활어의 시세는 그 날의 상황에 따라서 매일 바뀝니다.

○ ______の相場はその日の状況によって毎日変わります。

• 相場(そうば) 시세 • 状況(じょうきょう) 상황 • 変(か)わる 바뀌다

주택 · 거주

1 거주 居住

정답 및 해설 65쪽

○ 파리에 거주하는 일본인을 알고 있다.

○ パリに________する日本人を知っている。

2 단독주택 單獨住宅

정답 및 해설 66쪽

○ 아파트보다 단독주택이 통풍이 좋아 시원할지도 모른다.

○ アパートより________のほうが風通しがよくて涼しいかもしれない。

• 風通(かぜとお)し 통풍

3 동거 同居

정답 및 해설 66쪽

○ 그는 수년 전부터 동갑내기 여성과 동거하고 있다.

○ 彼は数年前から同い年の女性と________している。

• 数年前(すうねんまえ) 수년 전　• 同い年(おなどし) 동갑, 같은 나이

4 문패 門牌

정답 및 해설 66쪽

○ 문패가 없는 경우, 우편물이 정확하게 배달되지 않는 경우가 있다.

○ _______がない場合、郵便物が正しく配達されないことがある。

• 郵便物(ゆうびんぶつ) 우편물　• 配達(はいたつ) 배달

5 복도 複道

정답 및 해설 66쪽

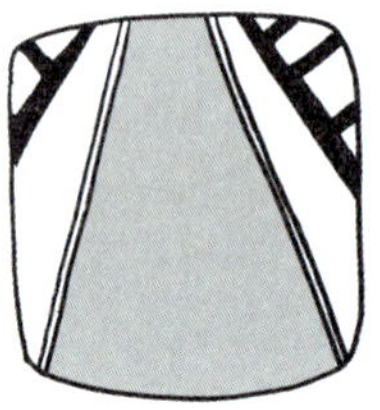

○ 그 복도의 막다른 지점에 비상계단의 입구가 있다.

○ その________のつきあたりに非常階段の入口がある。

• 非常(ひじょう) 비상　• 階段(かいだん) 계단

6 부재중 不在中

정답 및 해설 66쪽

○ 부재중의 손님도 동영상이나 소리로 확인할 수 있다.

○ _______の来客も動画や音で確認できる。

• 来客(らいきゃく) (오는) 손님　• 動画(どうが) 동영상　• 確認(かくにん) 확인

7 숙소 宿所

정답 및 해설 66쪽

○ 공영국민숙소는 누구라도 안심하고 머무를 수 있는 공공의 장소입니다.

○ 公営国民________は誰でも安心して泊まれる公共の場所です。

• 公営(こうえい) 공영　• 誰(だれ) 누구　• 公共(こうきょう) 공공　• 場所(ばしょ) 장소

8 입주 入住

정답 및 해설 66쪽

○ 지금 즉시 입주할 수 있는 아파트를 소개해주세요.

○ 今すぐ________できるマンションを紹介してください。

9 정원 庭園

정답 및 해설 66쪽

○ 매화가 피기 시작하여 갑자기 정원이 밝아졌다.

○ 梅が咲き出し、急に________が明るくなった。

- 梅(うめ) 매화 • 急(きゅう)に 갑자기

☞ 참고로 「偕楽園(かいらくえん)(茨城県水戸市(いばらきけんみとし))」「兼六園(けんろくえん)(石川県金沢市(いしかわけんかなざわし))」「後楽園(こうらくえん)(岡山県岡山市(おかやまけんおかやまし))」을 일본의 3대 정원이라 한다.

10 초인종 招人鐘

정답 및 해설 66쪽

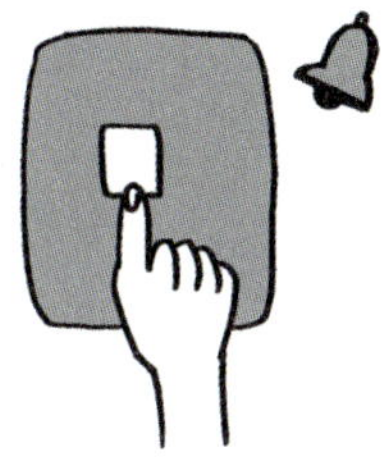

○ 우리집에 달려있는 초인종은 오래된 것이다.

○ うちについている________は古いものだ。

11 출입금지 出入禁止

정답 및 해설 67쪽

○ 관계자 이외에는 출입금지!

○ 関係者以外________!。

- 関係者(かんけいしゃ) 관계자

건축 · 건물

1 난간 欄干

정답 및 해설 67쪽

○ 난간을 잡고 계단을 오른다.

○ ______ につかまって階段を上る。

- 階段(かいだん) 계단 • 上(のぼ)る 올라가다

2 목수 木手

정답 및 해설 67쪽

○ 목수를 하고 있는 아버지가 너무 엄격하여 결혼을 못하고 있는 30대 여성입니다.

○ ______をしている父があまりにも厳しくて、結婚できない30代女子です。

3 부실공사 不實工事

정답 및 해설 67쪽

○ 너무 짧은 공사기간에 하는 작업은 부실공사의 원인으로 연결됩니다.

○ あまり短い工事期間での作業は________の原因につながります。

- 工事(こうじ) 공사
- 期間(きかん) 기간
- 作業(さぎょう) 작업

4 상가 商街

정답 및 해설 67쪽

○ 호텔 근처의 상가를 구경했다.

○ ホテルの近くの________を見物した。

5 자동문 自動門

정답 및 해설 67쪽

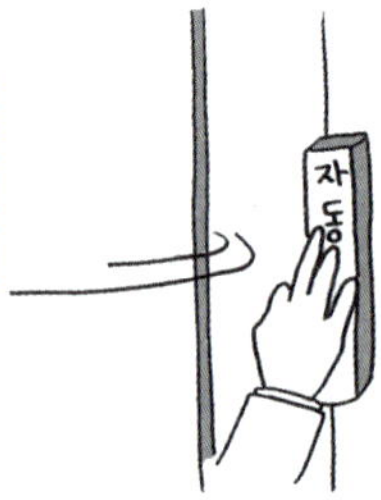

○ 자동문을 이용하는 통행인의 안전성의 향상을 도모할 필요가 있다.

○ ______を利用する通行者の安全性の向上を図る必要がある。

- 通行者(つうこうしゃ) 통행자
- 向上(こうじょう) 향상
- 図(はか)る 꾀하다, 도모하다

6 지하상가 地下商街

정답 및 해설 67쪽

○ 역의 지하상가에서 산 도시락을 차안에서 먹었다.

○ 駅の________で買ったお弁当を車内で食べた。

- 弁当(べんとう) 도시락
- 車内(しゃない) 차안

7 출입문 出入門

정답 및 해설 67쪽

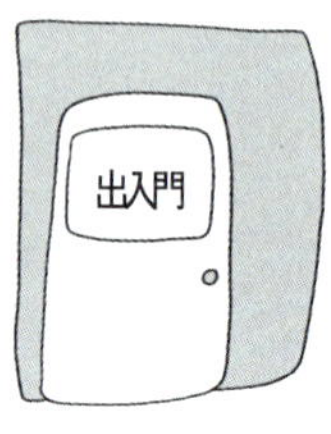

○ 건물의 출입문은 고령자나 장애자 등이 안전하게 통과할 수 있는 것이 중요하다.

○ 建物の_______は、高齢者や障害者などが安全に通過できることが重要である。

- 高齢者(こうれいしゃ) 고령자
- 障害者(しょうがいしゃ) 장애자
- 通過(つうか) 통과
- 重要(じゅうよう) 중요(함)

8 현관문 玄關門

정답 및 해설 68쪽

○ 현관문은 집의 얼굴입니다.

○ ______は住まいの顔です。

정답 및 해설

◈ 복장 · 의류

1 내의(內衣) → 下着(したぎ)

- 내의(속옷)는 「肌着(はだぎ)」라고도 한다.
- ‘T셔츠 안에 내의를 입다’는 일본어로 「Tシャツの中に下着を着る」라고 하지 않고 「Tシャツの下に下着を着る」라고 한다.

2 동복(冬服) → 冬物(ふゆもの)

- 「冬服(ふゆふく)」라고도 한다.

3 상의(上衣) → 上着(うわぎ)

- 「上衣(うわぎ)」도 사전에는 나와 있기는 하지만 거의 사용되지 않는다.

4 아동복(兒童服) → 子供服(こどもふく)

- 최근에는 「キッズ · ウエア(kids wear)」 등으로도 말한다.

5 양복(洋服) → 洋服(ようふく)/背広(せびろ)

- 「背広(せびろ)」보다 「スーツ(suit)」를 많이 사용한다.

6 외출복(外出服) → 外出着(がいしゅつぎ)

- 「晴れ着(はれぎ)」보다 간편한 복장을 「外出着(がいしゅつぎ)」라고 한다. 설날이나 결혼식 또는 성인식 등에 입는 옷은 「晴れ着(はれぎ)」라고 한다.
- 「正装(せいそう)」의 반대말은 「略装(りゃくそう)」, 「盛装(せいそう)」의 반대말은 「軽装(けいそう)」라 하고, 그 사람이 가지고 있는 가장 좋은 옷, 또는 유일하게 가지고 있는 외출복을 「一張羅(いっちょうら)」라 한다.

7 춘추복(春秋服) → 合服(あいふく)

- 「合服(あいふく)」는 「間服(あいふく)」 또는 「合着(あいぎ)」 「間着(あいぎ)」라고도 하며, 겉옷과 속옷 사이에 입는 옷이라는 의미도 있다.

8 탈의실(脫衣室) → 試着室

- 「試着室」는 백화점 등에서 옷을 살 때 입어보는 공간을 말하며, 수영장이나 목욕탕 등의 탈의실은 한국과 마찬가지로 「脱衣室」라고 한다.

9 평상복(平常服) → 普段着

- 「普段着」보다 더 간편하고 주로 집안에서 입는 옷을 「部屋着」라고 한다.
- 「普段着」는 몸치장할 필요가 없는 외출 시에도 입고 가정 내에서도 입지만, 「部屋着」는 보통은 집안에서만 입는 옷을 말한다.

10 하복(夏服) → 夏物

- 백화점 등에서 여름옷이라고 할 때는 「夏物」라 하고, 교복이나 제복의 하복은 「夏服」라고 한다.

◈ 음식, 생선

1 경양식(輕洋式) → 軽食

- 시장기를 면할 정도의 요기로 가볍게 먹는 음식으로 서양에서는 샌드위치나 햄버거, 일본에서는 お握り(주먹밥), 巻き寿司(김초밥) 등을 대표적인 경양식으로 볼 수 있다.

2 궁중요리(宮中料理) → 宮廷料理

- 실존인물 궁중 요리사를 그린 영화(2000년) 「宮廷料理人ヴァテール(Vatel)」는 제73회 아카데미 미술상을 수상하면서 많이 알려졌다.

3 매실주(梅實酒) → 梅酒

- 한국과 마찬가지로 매실을 포함한 과일로 담근 술을 총칭하여 「果実酒」라 한다.

4 반주(飯酒) → 晩酌

- 애주가를 「辛党」 「左利き」「左党」 「いける口」 등이라 하며, 술을 잘 못 마시거나 좋아하지 않는 사람을 「甘党」「右党」라고 한다. 특히 아무리 마셔도 취하지 않는 사람을 「笊(소쿠리)」 또는 「上戸」라고 하는데, 「笊」는 소쿠리에 아무리 물을 부어도 빠져나간다는 의미에서 유래한 말이며, 「上戸」는

주로 「泣き上戸(술을 마시면 잘 우는 사람)」「笑い上戸(술을 마시면 잘 웃는 사람)」「怒り上戸(술을 마시면 화를 잘 내는 사람)」의 형태로 많이 쓰인다. 「いける口」는 보통 술을 처음 마시는 남성이나 여성이 술을 잘 마시는 경우에 「いける口ですね!(술 잘 드시네요!)」라고 할 때 주로 사용한다. 이와 반대로 술을 전혀 마시지 못하는 사람을 「下戸」라고 한다.

한편, 앞에서 언급한 것처럼 술을 좋아하는 사람을 보통 「辛党」라 하고, 좋아하지 않는 사람을 「甘党」라고 하는데, 「辛党」는 과자나 술안주 맛과 비슷한 짭짤한(塩辛い) 것을 좋아하고, 「甘党」는 과자나 사탕처럼 단(甘い) 것을 좋아한다는 데에서 유래한 말이다. 또한 「左利き」와 「左党」는 탄광에서 일하는 광부들은 오른손에는 망치, 왼손에는 끌(鑿, のみ)을 들고 작업을 하기 때문에 「のみ(鑿)手=飲み手」에서 유래한 말이라고 한다.

5 본고장(本故場) → 本場

- 「本場」는 어떤 것의 산지 또는 활발히 이루어지는 장소라는 의미로 사용된다.

예 ▪ 「ワインの本場(와인의 본고장)」
▪ 「ファッションの本場(패션의 본고장)」
▪ 「カキは広島が本場だ(굴은 히로시마가 본고장이다)」

- 어떤 것의 선구자, 창시자에 대해서는 「本家」 「元祖」 「老舗」 등을 사용한다.

예 ▪ 「たこ焼きの元祖、本家」 「バイキングの元祖は帝国ホテル」

6 생맥주(生麥酒) → 生ビール

- 「ビヤガーデン」이나 「ビヤホール」라고 할 때는 「ビール」라고 하지 않고 「ビヤ」라고 한다.
- 가열살균 처리를 하지 않은 것을 「生ビール」라 한다.
- 주문 시에는 「生１つ」와 같이 「ビール」는 생략하는 경우가 많다.

7 생선회(生鮮膾) → 刺身

- 생선회에 반드시 붙어 나오는 무의 채침이나 해조, 파슬리 등을 「刺身のつま」라고 한다. 또, 초밥집의 전문 용어로 간장을 「むらさき」, 간장을 담는 작은 접시를 「のぞき」, 스시에 곁들이는 식초에 절인 생강을 「がり」, 차(お茶)는 마지막에 마신다고 해서 「あがり」라고 한다.

8 소주(燒酒) → 焼酎

- 일본의 소주에는 고구마로 만드는 「芋焼酎(고구마 소주)」와 「麦焼酎(보리 소주)」 「蕎麦焼酎(메밀 소주)」 「米焼酎(쌀 소주)」 등 여러 가지 원료로 만들어진 것이 있다.

9 식초(食醋) → 酢

- 식초에도 「穀物酢(곡물식초)」 「米酢(쌀 식초)」 「リンゴ酢/アップルビネガー(사과식초)」 「黒酢(흑초)」 「ワインビネガー(와인식초)」 등 여러 가지가 있고, 간장과 과즙을 혼합한 「ぽん酢」도 여러 종류 있다.

10 신선도(新鮮度) → 鮮度

- 일본어에도 「新鮮度」라는 말은 있지만 일반적으로 「鮮度」를 더 많이 사용한다.

11 어패류(魚佩貝類) → 魚介類

- 오징어, 문어, 조개류, 새우, 게, 성게(ウニ) 등 주로 유용한 수산물을 「魚介類」라 한다.

12 유부(油腐) → 油揚げ

- 「油揚げ(유부)」에는 「薄揚げ」와 「厚揚げ」가 있는데 일반적으로 「油揚げ(유부)」라고 하면 「厚揚げ」를 가리키는 경우가 많다. 유사한 것으로 「雁擬き(맛이 기러기고기 맛과 비슷하다고 해서 붙여진 이름으로 두부 속에 야채, 다시마를 넣어 기름에 튀긴 유부를 말한다)」가 있다.
- 발음은 「あぶらげ」가 되는 경우도 많다.

13 유통기한(流通期限) → 賞味期限

- 「賞味期限(맛있게 먹을 수 있는 기한)」에 대해 「消費期限(소비해야 하는 기한)」도 있다. 전자는 며칠 지나도 맛이 떨어질 뿐으로 먹을 수 있지만, 후자는 부패 등의 위험이 있어서 기한을 넘기고 먹으면 안 된다.

14 은어(銀魚) → 鮎

- 은어의 한자표기는 「香魚(독특한 향기가 난다)」 「年魚(원칙적으로 1년에 일생을 마친다)」 「銀口魚(입에서 은색 빛이 난다)」 등 다양하다.

15 일식(日食) → 和食

- 일본 전통음식을 「和食」라고 하듯이 일본 전통의상은 「和服」, 전통 종이는 「和紙」, 전통 과자는 「和菓子」, 전통 소고기는 「和牛」, 전통우산을 「和傘」, 일본 고유의 시가를 「和歌」, 일본전통 풍습이나 양식은 「和風」라고 한다.
- 「日食」은 태양이 달에 숨는 천체 현상을 말하므로 「日本食」 또는 「和食」라고 해야 한다.

16 장어(長魚) → 鰻

- 「鰻(장어)」에는 소스를 발라 구운 「蒲焼」와 소스를 바르지 않고 구운 「白焼き」가 있다. 「蒲焼」가 일반적이며 사용하는 식기에 따라 「鰻丼」과 「鰻重」가 있고, 간을 넣은 맑은 장국인 「肝吸い」와 함께 먹는 경우가 많다. 또, 장어의 간을 꼬치구이로 한 「肝焼き」와 장어의 「蒲焼」를 계란구이로 감은 「鰻巻」 등도 있다.

17 정종(正宗) → 日本酒

- 정종이라 하는 것은 「日本酒」의 상표명 중 하나인 「正宗」에서 유래된 것이다.
- 선술집 등에서 일본 술을 주문할 때 「冷」라고 하면 아무것도 가공하지 않는 상온의 술, 「熱燗」이라고 하면 따뜻한 술, 미지근한 술은 「ぬる燗」이라고 하고, 「冷酒」는 차가운 술을 가리킨다.
- 「吟醸酒」 「大吟醸」는 고급주에 속하는 술이다. 또, 일본 술은 「清酒」라고도 하고 쌀로 빚었다는 것을 강조해 「純米酒」라고도 한다.

18 주점(酒店) → 居酒屋

- 「酒屋」 「居酒屋」라고도 한다.

19 활어(活魚) → 鮮魚

- 「活魚」라는 말도 있지만 일반적으로 「鮮魚」를 더 많이 사용한다.
- 「活魚」는 「いきうお」라고도 읽으며 「生きている魚(살아 있는 생선)」라는 의미로, 신선한 생선이라는 의미의 「鮮魚」와는 다르다.

◈ 주택, 거주

1 거주(居住) → 在住

- 한국어와 같이 「居住」라는 말도 있으나 「在住」가 일반적이다.
- 거주지가 외국인 경우 「パリ在住」는 「パリ在留」라고도 할 수 있다.

2 단독주택(單獨住宅) → 一戸建て

- 「一戸建て」는 「戸建て」라고 줄여서 말하기도 한다.

3 동거(同居) → 同棲

- 한국에서는 가족끼리 또는 정식으로 결혼하지 않은 미혼 남녀가 한 집에서 사는 것을 모두 「同居」라고 하지만, 일본에서는 가족끼리 같은 집에서 사는 것은 「同居」, 정식으로 결혼하지 않은 미혼 남녀가 한 집에서 사는 것은 「同棲」라고 한다.

4 문패(門牌) → 表札

- 「標札」라고도 쓴다.

5 복도(複道) → 廊下

- 방과 방을 잇는 것은 廊下라 하고 건물과 건물을 잇는 복도는 「渡り廊下」라고 한다.

6 부재중(不在中) → 留守中

- 「不在」 또는 「不在中」이라는 말도 사용된다.

7 숙소(宿所) → 宿舎

- 「宿舎」는 「学生宿舎(학생 숙소)」 「職員宿舎(직원 숙소)」 「公務員宿舎(공무원 숙소)」 등 특정 사람들을 위한 주거를 말하며 호텔이나 여관의 의미로는 사용되지 않는다.

8 입주(入住) → 入居

- 관련어로서 「入居申込み(입주신청)」 「入居者(입주자)」 「入居日(입주일)」 등이 있다.

9 정원(庭園) → 庭

- 한국어와 같이 「庭園」이라고도 하나, 규모가 크고 이름난 정원을 칭할 때 사용하며 이러한 정원들은 개인의 소유보다 왕궁이나 신사 사찰의 소유가 대부분이다. 유명한 정원은 「~御苑」 「 ~神苑」 「~園」 등으로 부르며 「~庭」 라고는 하지 않는다..

10 초인종(招人鐘) → 呼び鈴

- 「招人鐘」은 일본어에 없는 말이다.

11 출입금지(出入禁止) → 立入禁止(たちいりきんし)
- 「出入り禁止(でいりきんし)」도 사용한다.

◈ 건축, 건물

1 난간(欄干) → 手摺(てすり)
- 「欄干(らんかん)」은 일본에서도 다리나 계단의 구석에 장식과 추락 방지를 겸해 부착된 울타리로 사용된다. 계단 등의 「手摺(てすり)」는 처음부터 사람이 잡을 목적으로 만들어진 점이 「欄干(らんかん)」과 다르다.

2 목수(木手) → 大工(だいく)
- 일본어에서는 「木手」로는 '나무로 만든 손'으로 오해할 수 있다.

3 부실공사(不實工事) → 手抜き工事(てぬきこうじ)/安普請(やすぶしん)
- 「手抜き工事(てぬきこうじ)」는 해야 되는 절차나 공사를 생략한 날림공사를 말하며 「安普請(やすぶしん)」은 싼 자재나 재료를 사용하여 지은 부실공사를 말한다.

4 상가(商街) → 商店街(しょうてんがい)
- 「駅前商店街(えきまえしょうてんがい)」「地下商店街(ちかしょうてんがい)」 등으로 많이 사용된다.

5 자동문(自動門) → 自動ドア(じどうドア)
- 일본어에서 「門」은 건물의 외관에 마련한 출입구의 의미이므로 「自動門」을 「自動ドア」라고 이해하기는 어렵다.

6 지하상가(地下商街) → 地下街(ちかがい)
- 「地下商店街(ちかしょうてんがい)」라고도 한다.

7 출입문(出入門) → 出入口(でいりぐち)
- 「出入口」라는 말은 한국어에도 있으나 「出入門」이라는 말은 일본어에 없다.

8 현관문(玄關門) → 玄関(げんかん)ドア

- 「玄関口(げんかんぐち)」는 가정의 현관문이라는 의미도 있지만 국가나 도시의 관문이 되는 철도역이나 공항, 항구 등의 의미로 더 많이 쓰인다.

개인감정

❂ 가족 관계

1 가문 家門
정답 및 해설 81쪽

○ 가문과 학력이 좋아도 인간성은 모른다.

○ ______や学歴が良くても、人間性は分からない。

• 学歴(がくれき) 학력 • 人間性(にんげんせい) 인간성

2 귀가 歸家
정답 및 해설 81쪽

○ 자택까지 약 25킬로미터의 귀가 길을 약 7시간 걸쳐서 걸었습니다.

○ 自宅までの約25kmの________ルートを約7時間かけて歩きました。

• 自宅(じたく) 자택

3 귀향 歸鄕
정답 및 해설 81쪽

○ 설 귀향 러쉬가 시작되었다.

○ お正月の________ラッシュが始まった。

• 正月(しょうがつ) 정월, 설

4 남편 男便
정답 및 해설 81쪽

○ 남편이 계속 집에 있게 되고 나서 내 몸의 컨디션이 나빠지기 시작했다.

○ ______がずっと在宅するようになってから、私は体調が悪くなりはじめた。

• 在宅(じゅうたく) 자기 집에 있음 • 体調(たいちょう) 몸의 상태, 컨디션

5 시부모 媤父母
정답 및 해설 81쪽

○ 시부모는 자영업을 하고 있습니다.

○ ______は、自営業をしています。

• 自営業(じえいぎょう) 자영업

6 시아버지 媤父

정답 및 해설 81쪽

○ 시아버지의 병의 증상이 금주 들어서부터 나쁜 상태가 계속되고 있습니다.

○ ______の病状は今週に入ってから悪い状態が続いています。

• 病状(びょうじょう) 병의 증상　• 状態(じょうたい) 상태

7 시어머니 媤母

정답 및 해설 81쪽

○ 낮에는 나와 시어머니 둘이만 집에 있는 경우가 많다.

○ 昼間は私と______の二人っきりで家に居ることが多い。

8 양부모 養父母

정답 및 해설 82쪽

○ 양자는 기본적으로 양부모의 호적에 들어갑니다.

○ 養子は基本的に______の戸籍に入ります。

• 養子(ようし) 양자　• 戸籍(こせき) 호적

9 6/3촌 六/三寸

정답 및 해설 82쪽

○ 일본민법에서는 6촌 이내의 혈족, 배우자, 3촌 이내의 인척을 친족으로 정하고 있다.

○ 日本民法では、______内の血族、配偶者、______内の姻戚を「親族」として定める。

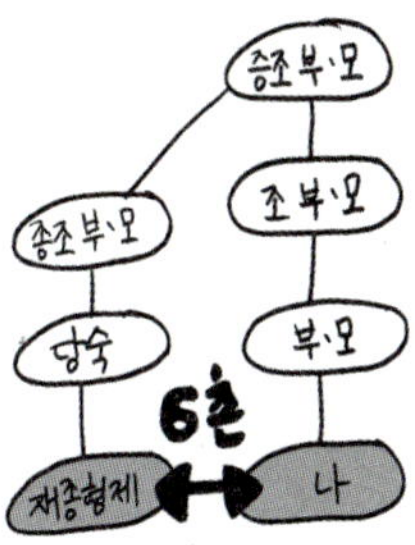

• 民法(みんぽう) 민법　• 血族(けつぞく) 혈족　• 配偶者(はいぐうしゃ) 배우자　• 姻戚(いんせき) 인척

• 親族(しんぞく) 친족　• 定(さだ)める 정하다

10 외가 外家

정답 및 해설 82쪽

○ 금년 9월에 외가 쪽 할아버지가 돌아가셨습니다.

○ 今年の9月______の祖父が亡くなりました。

11 이모 姨母

정답 및 해설 82쪽

○ 저에게 이모는 부모님과 같은 분입니다.

○ 私に______は親のような方です。

12 이복형제 異腹兄弟

정답 및 해설 82쪽

○ 이복형제라는 것은 아버지는 같고 어머니는 다른 형제를 말합니다.

• ＿というのは、お父さんは一緒で、お母さんが違う兄弟のことです。

13 조상 祖上

정답 및 해설 82쪽

○ 조상의 이름을 앎으로 해서 과거를 생각하고 존경하는 마음이 생긴다.

○ ＿＿＿の名前を知ることによって、過去を思い、敬う心が生じる。

• 過去(かこ) 과거 • 敬(うやま)う 존경하다 • 生(しょう)じる 생기다

14 친가 親家

정답 및 해설 82쪽

○ 그의 친가 쪽에는 저명한 학자가 많다.

○ 彼の＿＿＿＿には著名な学者が多い。

• 著名(ちょめい) 저명 • 学者(がくしゃ) 학자

15 친자식 親子息

정답 및 해설 82쪽

○ 그녀에게는 친자식이 없었다.

○ 彼女には＿＿＿＿がなかった。

16 친정 親庭

정답 및 해설 82쪽

○ 아내는 아들을 데리고 친정으로 가버렸다.

○ 妻は息子を連れて＿＿＿＿に帰ってしまった。

❂ 태도 · 마음

1 검소 儉素

정답 및 해설 83쪽

○ 요즘 시대에 검소한 생활이란 무엇인가?

○ 今の時代、＿＿＿＿な生活とは何か。

2 단점 短點

정답 및 해설 83쪽

○ 단점에서 당신의 장점을 찾습니다.

○ ______からあなたの長所を探します。

• 長所(ちょうしょ) 장점

3 방심 放心

정답 및 해설 83쪽

○ 건강은 젊어도 방심할 수 없다.

○ 健康は若くても______できない

• 健康(けんこう) 건강

4 불필요 不必要

정답 및 해설 83쪽

○ 불필요한 가전제품, 가구가 있으시면 양도해 주세요.

○ ______な家電・家具がございましたらお譲り下さい。

• 家電(かでん) 가전제품　• 家具(かぐ) 가구　• 譲(ゆず)る 물려주다, 양도하다

5 열중 熱中

정답 및 해설 83쪽

○ 요즘 열중하고 있는 것은 승마입니다.

○ 最近______になっていることは乗馬です。

• 乗馬(じょうば) 승마

6 유의미 有意味

정답 및 해설 83쪽

○ 이번 주말을 유의미하게 보내기 위하여 여러 가지 계획을 세우고 있다.

○ この週末を______に過ごすために、色々な計画をたてている。

• 週末(しゅうまつ) 주말　• 過(す)ごす 보내다, 지내다

7 인품 人品

정답 및 해설 83쪽

○ 습관은 인품이 되고, 그것은 운명이 된다.

○ 習慣は______となり、それは運命となる。

• 運命(うんめい) 운명

8 장점 長點

정답 및 해설 83쪽

○ 나에게는 남에게 말할 수 있는 장점이 없다.

○ 私には人に話せるような________がない。

9 저지 沮止

정답 및 해설 84쪽

○ 댐 건설을 저지하다.

○ ダム建設を________する。

• 建設(けんせつ) 건설

10 정중 鄭重

정답 및 해설 84쪽

○ 정중하게 인사하다.

○ _______に挨拶する。

• 挨拶(あいさつ) 인사

11 진지 眞摯

정답 및 해설 84쪽

○ 결과를 진지하게 받아들여야 한다.

○ 結果を________に受け止めるべきである。

• 結果(けっか) 결과　• 受(う)け止(と)める 받아들이다

12 찬반 賛反

정답 및 해설 84쪽

○ 찬반 양론의 의견이 다수 있다.

○ _______両論の意見が多数ある。

• 両論(りょうろん) 양론　• 多数(たすう) 다수

13 초보자 初步者

정답 및 해설 84쪽

○ 초보자에게도 상급자에게도 도움이 되는 사이트입니다.

○ _______にも上級者にも役立つサイトです。

• 上級者(じょうきゅうしゃ)　• 役立(やくだ)つ 유용하다, 도움이 되다

14 태만 怠慢

정답 및 해설 84쪽

○ 태만이라는 것은 사람의 나쁜 상태의 일종입니다.
○ ______というものは、人の悪い状態の一種です。

• 状態(じょうたい) • 一種(いっしゅ) 일종, 한 종류

15 포기 抛棄

정답 및 해설 84쪽

○ 상속권을 포기하다.
○ 相続権を________る。

• 相続権(そうぞくけん) 상속권

16 힐책 詰責

정답 및 해설 84쪽

○ 지연의 이유를 힐책하다.
○ 遅延の理由を________する。

• 遅延(ちえん) 지연

❂ 감정 · 표현

1 감탄 感歎

정답 및 해설 85쪽

○ 그의 태도에 모두 감탄했다.
○ 彼の態度には皆________した。

• 態度(たいど) 태도 • 皆(みな) 모두

2 고생 苦生

정답 및 해설 85쪽

○ 고생을 같이 하면서 부부는 신뢰를 쌓아가는 것이다.
○ ______を共にしながら、夫婦は信頼を深めていくものである。

• 夫婦(ふうふ) 부부 • 信頼(しんらい) 신뢰 • 深(ふか)める 깊게 하다

3 고충 苦衷

정답 및 해설 85쪽

○ 복지서비스에 관한 고충(민원)이나 상담은 시청의 담당과에서 대응하고 있습니다.

○ 福祉サービスに関する________や相談は市役所の担当課で対応しております。

• 福祉(ふくし) 복지　• 市役所(しやくしょ) 시청　• 担当課(たんとうか) 담당과　• 対応(たいおう) 대응

4 기미 氣味

정답 및 해설 85쪽

○ 물가가 오를 것 같은 기미가 진하다.

○ 物価が上がりそうな________が濃い。

• 物価(ぶっか) 물가　• 濃(こ)い 짙다

5 냉대 冷待

정답 및 해설 85쪽

○ 노인을 냉대하는 것은 유감스러운 일이다.

○ 老人を________するのは残念なことだ。

• 老人(ろうじん) 노인

6 보충 補充

정답 및 해설 85쪽

○ 당사에서 판매하고 있는 회중시계에 대한 보충 설명입니다.

○ 当社で販売している懐中時計についての________説明です。

• 当社(とうしゃ) 당사　• 販売(はんばい) 판매　• 懐中時計(かいちゅうどけい) 회중시계

7 본심 本心

정답 및 해설 85쪽

○ 그녀의 본심을 알고 싶다.

○ 彼女の________を知りたい。

8 사과 謝過

정답 및 해설 86쪽

○ 사과를 요구하다.

○ ______を求める。

• 求(もと)める 요구하다

9 사양 辭讓

정답 및 해설 86쪽

○ 사양 말고 받아주세요.

○ ______なく受け取ってください。

• 受(う)け取(と)る 받다, 납득하다

10 소중 所重

정답 및 해설 86쪽

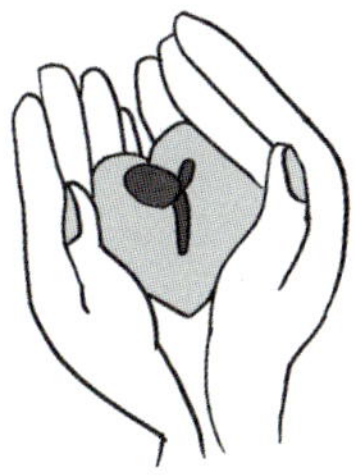

○ 생명의 소중함을 느껴주세요.

○ 生命の______さを感じてください。

• 生命(せいめい) 생명 • 感(かん)じる 느끼다

11 어조 語調

정답 및 해설 86쪽

○ 며느리의 말꼬리 잡는 듯한 어조에 고민하고 있습니다.

○ 嫁の揚げ足を取るような______に悩んでおります。

• 嫁(よめ) 며느리 • 悩(なや)む 고민하다

☞ 「揚(あ)げ足(あし)を取る」는 씨름이나 유도 등에서 상대방에게 들려서 공중에 뜬 다리라는 의미로 남의 말이나 실수를 꼬투리 잡고 늘어지는 것을 말한다.

12 우대 優待

정답 및 해설 86쪽

○ 실무 경험자는 우대하겠습니다.

○ 実務経験者は______いたします。

• 実務(じつむ) 실무

13 죄책감 罪責感

정답 및 해설 86쪽

○ 죄책감을 느끼고 있다고 한다.

○ ______を感じているという。

14 즉시 卽時

정답 및 해설 86쪽

○ 그의 표정을 보고 즉시 무엇이 일어났는지 짐작했다.

○ 彼の表情を見て______に、何が起こったのか察した。

• 表情(ひょうじょう) 표정 • 察(さっ)する 헤아리다, 살피다

15 효도 孝道

정답 및 해설 86쪽

○ 효도를 하고 싶을 때는 부모님은 안 계신다.

○ ______をしたい時には親はなし。

16 흡사 恰似

정답 및 해설 86쪽

○ A사에서 개발한 제품이 B사의 것과 흡사했던 문제로 B사가 재판을 걸었다.

○ A社で開発した製品がB社のものと______していた問題で、B社が裁判を起こした。

- 開発(かいはつ) 개발
- 製品(せいひん) 제품
- 裁判(さいばん) 재판

✪ 남녀 · 세대

1 결혼활동 結婚活動

정답 및 해설 87쪽

○ 9, 10 양일간에 실시하는 결혼활동 투어 참가여성을 모집하고 있다.

○ 9, 10の両日に実施する______ツアーの参加女性を募集している。

- 実施(じっし) 실시
- 参加(さんか) 참가
- 募集(ぼしゅう) 모집

2 관상 觀相

정답 및 해설 87쪽

○ 사람의 아름다움의 근본은 관상에 있습니다.

○ 人の美しさの根本は______にあります。

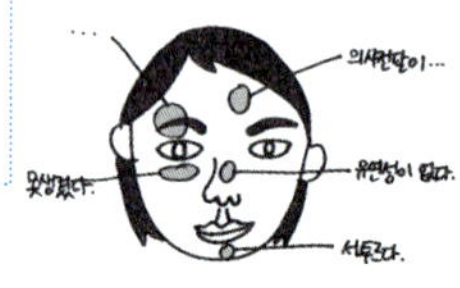

- 根本(こんぽん) 근본

3 남녀노소 男女老少

정답 및 해설 87쪽

○ 남녀노소에게 인기가 확산되고 있다.

○ ______に人気が広がっている。

4 미남 美男

정답 및 해설 87쪽

○ 2009년에 한국에서 방영된 드라마 '미남이군요'를 보고 있습니다.

○ 2009年に韓国で放送されていたドラマ「________ですね」を見ています。

5 세대교체 世代交替

정답 및 해설 87쪽

○ 베이비붐 세대의 정년시기가 다가옴에 따라 세대교체가 화제가 되고 있습니다.

○ 団塊世代の定年時期が迫り、________が話題になっています。

• 団塊世代(だんかいせだい) 베이비붐 세대 • 定年(ていねん) 정년 • 迫(せま)る 다가오다 • 話題(わだい) 화제

6 소장파 少壮派

정답 및 해설 87쪽

○ 소장파 연구자에게 조금이라도 도움이 되었으면, 하고 준비했습니다.

○ ______研究者に少しでも役に立てばと用意しました。

• 役(やく)に立(た)つ 도움이 되다

7 유부남 有婦男

정답 및 해설 87쪽

○ 유부남 여러분의 의견을 기다리고 있습니다.

○ ______の皆さんのご意見をお待ちしております。

8 전성기 全盛期

정답 및 해설 87쪽

○ 자연주의도 그 때가 전성기였다.

○ 自然主義もその時が________であった。

• 自然主義(しぜんしゅぎ) 자연주의

9 중장년층 中壮年層

정답 및 해설 88쪽

○ 중장년층이 타겟입니다.

○ ______がターゲットです。

신분 · 신체

1 변성기 變聲期

정답 및 해설 88쪽

○ 그는 변성기를 아직 맞이하고 있지 않다.

○ 彼は________をまだ迎えていない。

2 신분증 身分證

정답 및 해설 88쪽

○ 본인 확인을 위한 신분증 제시를 요구받습니다.

○ 本人確認のために________の提示を求められます。

- 確認(かくにん) 확인
- 提示(ていじ) 제시

3 인지 人指

정답 및 해설 88쪽

○ 문화에 따라서는 인지로 타인을 가리키는 행위는 무례에 해당하는 경우가 있다.

○ 文化によっては、_______で他人を指差す行為は無礼に当たる場合がある。

- 他人(たにん) 타인
- 指差(ゆびさ)す 가리키다
- 行為(こうい) 행위
- 無礼(ぶれい) 무례

4 자기자신 自己自身

정답 및 해설 88쪽

○ 조금 안정을 하고 자기 자신을 되돌아 볼 것을 권장하고 싶다.

○ 少し落ち着いて________を見つめ直してみることをお勧めしたい。

- 落(お)ち着(つ)く (일 · 마음 등이) 안정되다
- 勧(すす)める 권하다, 권장하다

5 재미교포 在美僑胞

정답 및 해설 88쪽

○ 재미교포는 정치, 경제, 문화 등, 폭넓은 분야에서 사회진출을 하고 있다.

○ _______は政治、経済、文化等幅広い分野で社会進出している。

- 幅広(はばひろ)い 폭넓다
- 分野(ぶんや) 분야
- 社会進出(しゃかいしんしゅつ) 사회진출

6 주지 住持

정답 및 해설 88쪽

○ 이번에 제16대 주지로 취임했습니다.

○ この度、第16代________に就任させていただきました。

- 就任(しゅうにん) 취임

정답 및 해설

◈ 가족관계

1 가문(家門) → 家柄(いえがら)

- 「家門(かもん)」은 일본어에도 있지만 별로 사용되지 않는다.

2 귀가(歸家) → 帰宅(きたく)

- 초·중·고등학교에서 방과 후에 특별활동을 하지 않고 곧 바로 귀가하는 학생을 커뮤니케이션 부족 또는 차별적 의미로 「帰宅部(きたくぶ)」라고 한다.

3 귀향(歸鄕) → 帰省(きせい)

- 「里帰り(さとがえり)」라는 말도 사용한다.

4 남편(男便) → 主人(しゅじん)

- 「男便」을 「主人(しゅじん)」이라고 이해하는 것은 거의 불가능하다. 「旦那(だんな)」라고도 함.

5 시부모(媤父母) →義父母(ぎふぼ)

- 한국에서 시부모는 남편의 부모만을 가리키지만 일본에서 「義父母」는 남편의 부모(아내의 입장)나 아내의 부모(남편의 입장), 즉 양쪽 부모를 다 가리킨다.
- 「媤」가 일본어에는 없기 때문에 「媤父母」를 「義父母」로 이해하는 것은 매우 어렵다.

6 시아버지 → 義父(ぎふ)

- 「義父(ぎふ)」는 생물학적인 아버지가 아니라 법률상의 부친을 말한다. 따라서 장인, 시아버지, 계부 등을 모두 「義父(ぎふ)」라고 할 수 있다. 배우자의 부친은 특별히 「舅(しゅうと)」라고도 한다.

7 시어머니 → 義母(ぎぼ)

- 장모, 시어머니, 계모 등 법률상의 모친은 전부 「義母(ぎぼ)」라고 한다. 배우자의 모친은 특별히 「姑(しゅうとめ)」라고 한다.

8 양부모(養父母) → 養親(ようしん)

- 「養父母(ようふぼ)」로도 한다.
- 「養親(ようしん)」보다 「養父母(ようふぼ)」를 많이 사용한다.

9 6/3촌(6/3寸) → 6/3等親(とうしん)/親等(しんとう)

- 일본의 민법에서 정하는 촌수(親等)는 다음과 같다. 1촌(一親等)은 부친, 모친, 아들, 딸, 2촌(二親等)은 조부, 보모, 형, 누이, 남동생, 여동생, 손자, 3촌(三親等)은 증조부, 증조모, おじ、おば、조카(甥), 생질(姪), 증손(曽孫), 4촌(四親等)은 종형제자매(いとこ) 등이다. 법률용어로는 「親等(しんとう)」가, 관용적으로는 「等親(とうしん)」을 많이 사용한다.

10 이모(姨母) → 伯母(おば)/叔母(おば)

- 한국에서는 아버지의 여자형제는 고모(姑母), 어머니의 여자형제는 이모(姨母)라고 하지만, 일본에서는 인척의 원리가 없기 때문에 아버지의 여자형제나 어머니의 여자형제는 동일하게 「おば」라고 부른다. 다만, 아버지나 어머니의 손위 여자형제는 「伯母(おば)」로 표기하며 아버지나 어머니의 손아래 여자형제는 「叔母(おば)」로 표기한다. 이는 한국에서 아버지 손위 남자형제를 「伯父」라 하고, 아버지 손아래 남자형제를 「叔父」라 하는 것과 유사하다고 볼 수 있다.

11 외가(外家) → 母方(ははかた)

- 「外家」를 「母方(ははかた)」로 이해하는 것은 매우 어렵다.

12 이복형제(異腹兄弟) → 異母兄弟(いぼきょうだい)

- 「異腹(いふく)」도 「異母(いぼ)」와 동의어로서 사전에 수록되어 있지만, 일반적으로 회화체에서는 「異母兄弟(いぼきょうだい)」또는 「腹違(はらちが)いの兄弟(きょうだい)」라고 하고 「異腹兄弟」라고는 하지 않는다.

13 조상(祖上) → 祖先(そせん)

- 「祖上」 은 일본어에 없는 말이다.

14 친가(親家) → 父方(ちちかた)

- 「親家」는 글자로 보면 「親の家」이므로 「実家(じっか)」로 오해하기 쉬울 것이다.

15 친자(親子) → 実子(じっし)

- 「親子」는 일본어에 「親子(おやこ)」라는 말이 있기 때문에 「実子(じっし)」라고 이해하는 것은 매우 어렵다.

16 친정(親庭) → 実家

- 「親家」를 「実家」라고 이해하는 것은 쉽지만 「親庭」을 「実家」라고 이해하는 것은 매우 어렵다.

◈ 태도, 마음

1 검소(儉素) → 質素

- 「簡素」라는 말도 사용한다.

2 단점(短點) → 短所

- 「長点」은 「長所」라고 한다.

3 방심(放心) → 油断

- 「油断大敵(방심은 금물)」

4 불필요(不必要) → 不要

- 「不必要」도 사용하지만 일반적으로 「不要」를 사용한다.
- 「無用」라는 말도 사용한다.

5 열중(熱中) → 夢中

- 일본어에도 「熱中」는 「夢中」의 동의어로서 존재한다.
- 「夢中」는 명사·형용동사로 「夢中になる」는 되지만 「夢中する」는 안 된다는 점에 주의.

6 유의미(有意味) → 有意義

- 「有意味」도 사용되지만 「有意義」가 일반적이다. 반대로 의미나 가치가 없는 것을 「無意味」 또는 「無意義」라고 한다.

7 인품(人品) → 人柄

- 「人品」은 일본어 사전에도 수록되어 있지만 거의 사용되지 않는다.

8 장점(長點) → 長所

- 「短点」은 「短所」라고 한다.

9 저지(沮止) → 阻止

- 沮止는 阻止의 옛 표기로서 사전에는 수록되어 있지만 일반적으로는 阻止라고 쓴다.

10 정중(鄭重) → 丁寧

- 鄭重는 일본어 사전에도 수록되어 있지만, 대용 표기인 丁寧가 일반적으로 사용된다.
- 丁寧に話す는 '정중하게 말하다'의 의미이지만, 丁寧に字を書く일 때는 '정성껏 글씨를 쓰다'의 의미가 된다.

11 진지(眞摯) → 真剣

- 真摯는 일본어 사전에도 수록되어 있지만 일반적으로 真剣을 사용한다.

12 찬반(贊反) → 賛否

- 일본어에는 賛成와 反対라고 하는 말은 있지만, 이 두 단어를 조합한 賛反이라는 말은 없고 賛否라는 말을 사용한다.

13 초보자(初步者) → 初心者

- 일본어에도 初歩라는 말은 있지만 初歩者라는 말은 거의 사용하지 않는다.
- 초보운전자를 初心者運転 또는 初心運転者라 한다.

14 태만(怠慢) → 怠惰

- 怠慢은 일본에서도 일반적으로 사용되고 있다.

15 포기(拋棄) → 放棄

- 抛棄는 放棄의 옛 표기법으로서 사전에는 수록되어 있지만 放棄가 일반적이다.

16 힐책(詰責) → 詰問

- 詰責라는 말도 사용하나 詰問이 일반적이다.

◈ 감정, 표현

1 감탄(感歎) → 感心/感嘆

- 「感歎」은 「感嘆」의 옛 표기로서 사전에는 수록되어 있지만 「感嘆」이 일반적이다.

2 고생(苦生) → 苦労

- 「苦労は楽の種」은 현재의 고생은 장래 행복의 밑거름이 된다는 의미.

3 고충(苦衷) → 苦情

- 「苦情」의 정확한 의미는 '고충'이라기보다는 불평, 불만이나 민원의 의미가 더 강하다. 영어의 'claim'과도 유사하다.

4 기미(氣味) → 気配

- 일본어의 「~気味」와 「気配」는 유의관계에 있는 말이지만 「~気味」는 이미 그 상태가 시작되고 있지 않으면 사용할 수 없음에 비해 「気配」는 상황시작 전의 예상, 예감 단계로부터 사용할 수 있다는 차이가 있다.

예 ▪ 明日からテストなのに風邪気味だ。(내일부터 시험인데 감기기운이 있다)
  ▪ 人の気配がする。(인기척이 있다)

5 냉대(冷待) → 冷遇

- 「優待」라는 말은 있지만 「冷待」라는 말은 잘 사용하지 않는다.

6 보충(補充) → 補足

- 「補足」는 '부족한 점을 보충하는 것' '불충분한 점을 보완하는 것'이라는 뜻이고 「補充」는 '부족한 점을 보충하는 것'이라는 뜻에 더하여 '부족분을 보충하여 원래 상태로 충족시키는 것'이라는 의미가 있다. 즉 「補足」는 '부족한 것을 보충하다'의 의미뿐이지만, 「補充」에는 '있었던 것이 줄어 부족하게 된 부분을 보충하다'라는 의미가 있기 때문에 「車のガソリンを補充する」라고는 해도 「車のガソリンを補足する」는 할 수 없다. 그러므로 설명이 부족한 점을 보충하는 「補足説明」는 괜찮지만, 「補充説明」는 안 된다.

7 본심(本心) → 本音

- 「本心」과「本音」는 동의어로서 일본어에 존재한다.

8 사과(謝過) → 謝罪

- 「謝過」라는 말은 일본어에 없기 때문에 한자를 보고 「謝り過ぎ(지나친 사과)」로 오해할 수도 있다.

9 사양(辭讓) → 遠慮

- 「辞譲」은 일본어에는 없는 말이다.

10 소중(所重) → 大切

- 「所重」은 일본어에는 없는 말이다.

11 어조(語調) → 口調

- 일본어에서도 「語調」라는 말은 사용하지만 한국어에서 「口調」라는 말은 사용하지 않는다.
- 「口調」는 '말투''어조'의 의미로 「彼は人前で話すと、すぐ演説口調になる(그는 남의 앞에서 이야기하면 곧 연설 어조가 된다)」와 같이 사용된다.

12 우대(優待) → 優遇

- 「優待」는 「優遇」의 동의어로서 일본어에도 존재한다.

13 죄책감(罪責感) → 罪悪感

- 「罪責」라고 하는 말은 일본어에도 있지만 일반적이지 않고 「罪責感」이라는 말도 거의 사용하지 않는다. 「罪悪感」을 사용하는 것이 일반적이다.

14 즉시(卽時) → 即座

- 「即座」와 함께 「即時」라는 말도 사용한다.

15 효도(孝道) → 親孝行

- 「親孝行をする(효도를 하다)」
- 「不孝」는 「親不行」라고 한다.

16 흡사(恰似) → 酷似

- 「酷肖」라고도 한다.

◈ 남녀, 세대

1 결혼활동(結婚活動) → 婚活

• 「婚活」는 「結婚活動」의 약자이다.

2 관상(觀相) → 人相 人相

• 「観相」라는 말도 있기는 하나 사용빈도는 높지 않다.

3 남녀노소(男女老少) → 老若男女男女

• 「男女/男女男女」도 「老少」도 일본어에 있지만, 「男女老少」 혹은 「老少男女」라는 조합의 표현은 없으므로 주의할 필요가 있다.

4 미남(美男) → 美男子

• 일본어에서는 「美男/美男」도 「美男子」도 같은 의미의 말로서 사용된다. 최근에는 「美男子」 의 속어인 イケメン」 을 많이 사용하고 사전에도 「イケ面」 으로 표기되어 있다. 「いけてる＋面 (또는 men)」의 의미임.

5 세대교체(世代交替) → 世代交代/世代交番

• 한국어의 「世代交替」는 일본어의 「世代交代」와 한 글자(替→代) 표기가 다를 뿐이므로 크게 오해는 생기지 않을 것이다.

6 소장파(少壯派) → 若手

• 일본어에도 「少壮(젊고 원기 왕성함)」라는 말은 있지만 일반적으로는 거의 사용되지 않기 때문에 「若手」를 사용하는 편이 좋다.

7 유부남(有婦男) → 妻帯者

• 「有婦男」은 한자를 보면 의미는 추측할 수 있지만 일본어에는 없는 표현이므로 「妻帯者」를 사용해야 한다. 유의어로 「所帯持ち(결혼하여 가정을 가지고 있는 사람)」가 있다.

• 참고로 「有夫女」 또는 「既婚女」는 「人妻」라고 한다.

8 전성기(全盛期) → 最盛期

• 일본어에서는 「全盛期」도 「最盛期」도 동의어로서 자주 사용되므로 어느 쪽을 사용해도 괜찮다.

9 중장년층(中壯年層) → 中高年層

- 일본어에도 「壮年(30대 후반부터 50대의 한창 일할 나이)」이라고 하는 말은 있지만 「中壮年」이라고 하는 표현은 없고, 「中高年(40대에서 60대)」이라고 하는 것이 보통이다.

◈ 신분, 신체

1 변성기(變聲期) → 声代わり/変声期

- 한국어의 「変声期」는 한자의 자체가 다를 뿐이므로 구자체를 아는 일본인에게는 문제없이 통할 것이다. 그러나 「声変わり」라는 말을 일반적으로 많이 사용한다.

2 신분증(身分證) → 身分証明書

- 일본에서도 「身分証明書」를 단축한 「身分証」는 잘 사용되므로 구자체인 「証」을 아는 일본인에게는 「身分証」으로도 충분히 통할 것이다.

3 인지(人指) → 人差指

- 「人指」만으로는 사람의 손가락으로 오해받을 수 있기 때문에 「人差指」를 사용해야 한다.

4 자기자신(自己自身) → 自分自身

- 「自己」도 「自身」도 일본어에 있지만 「自己自身」이라는 조합의 표현은 없으므로 「自分自身」을 익힐 필요가 있다.

5 재미교포(在美僑胞) → 在米韓国人

- 참고로 외국에 거주하는 일본인은 「日系人」이라고 한다. 예 ▪ 「在米日系人(재미 일본인)」 「在ブラジル日系人(재 브라질 일본인)」 등. 단, 한국에 거주하는 일본인은 「在韓日系人」이라 하지 않고 「在韓日本人」이라고 한다.

6 주지(住持) → 住職

- 사전에 「住持」라는 말이 있기는 하지만 거의 사용하지 않는 말이다.
- 관련어로서 「和尚(승려, 스님을 높여서 부르는 말)」 「僧侶(승려, 스님)」 「坊主(일반적인 스님, 승려)」 「お坊さん(스님, 승려를 친근하게 부르는 말)」 「お寺さま(주지나 스님을 높여 부르는 말)」 등이 있다.

생로병사

❁ 일생 · 죽음

1 별세 別世

정답 및 해설 101쪽

○ TV와 영화에서 활약했던 배우 ○○○씨가 도쿄도내의 병원에서 29일 별세했다.

○ テレビや映画で活躍した俳優○○○さんが東京都内の病院で 29日 ________した。

• 活躍(かつやく) 활약　• 俳優(はいゆう) 배우

2 부적 符籍

정답 및 해설 101쪽

○ 이 돌은 강한 보호력으로 당신을 위험으로부터 지켜 주는 부적의 돌입니다.

○ この石は強い保護力で貴方を危険から守ってくれる________の石です。

• 保護力(ほごりょく) 보호력　• 貴方(あなた) 당신　• 危険(きけん) 위험　• 守(まも)る 지키다

3 빈소 殯所

정답 및 해설 101쪽

○ 전통적인 장례식의 하나로 빈소라는 건물에서 밤샘하는 경우가 있다.

○ 伝統的な葬儀のひとつに_______という建物で通夜を執り行うものがある。

• 伝統的(でんとうてき) 전통적　• 葬儀(そうぎ) 장례식　• 通夜(つや) 밤샘

• 執(と)り行(おこな)う 행하다, 거행하다

4 생이별 生離別

정답 및 해설 101쪽

○ 옛날부터 생이별은 괜찮지만, 사별한 사람과 재혼하는 것은 좋지 않다고 일컬어져 왔다.

○ 昔から______は良いが、死に別れの人と再婚するのはよくないと言われる。

• 死(し)に別(わか)れ 사별　• 再婚(さいこん) 재혼

5 생일 生日

정답 및 해설 102쪽

○ 친구의 생일이나 가족의 기념일을 확실하게 기억해두고 싶다.

○ 友だちの________や家族の記念日をしっかり覚えておきたい。

• 記念日(きねんび) 기념일

6 성묘 省墓

정답 및 해설 102쪽

○ 고령화진행에 따라 성묘 대행 서비스의 이용자가 늘어나고 있다.

○ 高齢化のすすめにより、________代行サービスの利用者が増えている。

• 高齢化(こうれいか) 고령화 • 代行(だいこう) 대행 • 利用者(りようしゃ) 이용자

7 영결식 永訣式

정답 및 해설 102쪽

○ 영결식에 참석할 때의 복장은 검정 또는 수수한 옷이 좋다.

○ ______に参列する時の服装は黒または地味な服がいい。

• 参列(さんれつ) 참렬, 참례 • 服装(ふくそう) 복장 • 地味(じみ) 수수함

8 장례식 葬禮式

정답 및 해설 102쪽

○ 네안데르탈인은 죽은 자에게 꽃을 장식한 최초의 인류라는 설이 있다. 그것은 현대의 장례식과 관계가 있는 듯하다.

○ ネアンデルタール人は死者に花を飾った最初の人類っていう説がある。それは現代の________ と関係があるらしい。

• 死者(ししゃ) 사자, 죽은 사람 • 人類(じんるい) 인류 • 説(せつ) 설, 주장 • 現代(げんだい) 현대

9 저출산 低出産

정답 및 해설 102쪽

○ 저출산으로 인구가 감소해서 부동산의 수요가 감소함으로 가격이 장기적으로 내려간다.

○ ______で人口が減少して不動産の需要が減るから価格が長期的に下がる。

• 減少(げんしょう) 감소 • 不動産(ふどうさん) 부동산 • 需要(じゅよう) 수요 • 減(へ)る 줄다
• 価格(かかく) 가격 • 長期的(ちょうきてき) 장기적

10 조문객 弔問客

정답 및 해설 102쪽

○ 한국에서는 조문객에게 음식이나 술로 대접을 하여 감사의 마음을 표시한다.

○ 韓国では、________に食べ物やお酒でもてなして感謝の気持ちを 表す。

• 感謝(かんしゃ) 감사 • もてなす 대접하다 • 表(あらわ)す 나타내다, 표시하다

11 평생 平生

정답 및 해설 102쪽

○ 아름다운 남프랑스의 여행은 나에게 **평생**의 추억으로 남아 있다.

○ 美しい南フランスの旅行は私にとって________の思い出として残っている。

• 思い出 추억

12 환갑 還甲

정답 및 해설 102쪽

○ 아버지는 올해의 생일로 **환갑**을 맞는다.

○ 父はことしの誕生日で________を迎える。

결혼 · 혼인

1 백년해로 百年偕老

정답 및 해설 103쪽

○ 이혼율이 올라간다거나 사는 방법도 여러 가지이지만 역시 **백년해로**가 이상적이다.

○ 離婚率が上がっていくとか生き方もさまざまだが、やはり________が理想だ。

• 離婚率 이혼율　• 生き方 살아가는 태도, 생활 방식　• 理想 이상

2 신혼방 新婚房

정답 및 해설 103쪽

○ **신혼방**(신접살림)을 새로운 물건으로 마련하고 싶은 마음이다.

○ ________新しいものでそろえたいという気持ちである

3 중매결혼 仲媒結婚

정답 및 해설 103쪽

○ 연애결혼에 비하여 **중매결혼**은 점점 감소하여 1995년 이후는 1할을 밑돌고 있다.

○ 恋愛結婚に比べ、________はだんだん減って1995年以降は1割を下回っている。

• 恋愛結婚 연애결혼　• 以降 이후　• 1割 1할　• 下回る 밑돌다, 하회하다

4 중매인 仲媒人
정답 및 해설 103쪽

○ 최근에는 연애결혼이 주류가 되기도 했고, 굳이 중매인을 세우는 사람이 적어지고 있다.

○ 最近は恋愛結婚が主流になったり、わざわざ________をたてる人が少なくなっている。

• 主流(しゅりゅう) 주류

5 합의이혼 合意離婚
정답 및 해설 103쪽

○ 합의이혼이 많은 일본은 이혼전체의 약90%를 차지한다고 한다.

○ ________の多い日本は離婚全体の約90％を占めるといわれている。

• 離婚(りこん) 이혼　• 占(し)める 점하다

6 혼담 婚談
정답 및 해설 103쪽

○ 딸의 혼담이 원만히 성사되어 결혼식을 올리게 되었다.

○ 娘の________がまとまり、結婚式が行われることになった。

• 娘(むすめ) 딸　• 結婚式(けっこんしき) 결혼식

7 황혼이혼 黄昏離婚
정답 및 해설 103쪽

○ 일반적으로 황혼이혼은 대부분의 경우가 아내 쪽에서 이혼을 주장한다는 특징이 있다.

○ 一般に________はほとんどの場合が妻から離婚を切り出すという特徴がある。

• 切(き)り出(だ)す 베기 시작하다, (말을) 꺼내다　• 特徴(とくちょう) 특징

질병 · 증세

1 난치병 難治病

정답 및 해설 104쪽

○ 암이나 난치병과 싸우는 사람들에게 용기를 주고 꿈을 실현하게 한다.

○ 癌や________とたたかう人々に勇気を与え、夢を実現させようとする。

• 癌(がん) 암 • 勇気(ゆうき) 용기 • 実現(じつげん) 실현

2 발병 發病

정답 및 해설 104쪽

○ 현지에서 감염되어 국내에서 발병한 것이 확인되었다.

○ 現地で感染し、国内で________したことが確認された。

• 現地(げんち) 현지 • 感染(かんせん) 감염 • 確認(かくにん) 확인

3 설사 泄瀉

정답 및 해설 104쪽

○ 여행중에 어린이는 감기나 설사같은 병에 걸리기 쉽다.

○ 旅行中、子どもは風邪や________などの病気にかかりやすい。

• 風邪(かぜ) 감기

4 야맹증 夜盲症

정답 및 해설 104쪽

○ 비타민A의 부족은 야맹증을 초래한다.

○ ビタミンAの不足は________を招く。

• 不足(ふそく) 부족 • 招(まね)く 불러오다, 초래하다

5 완쾌 完快

정답 및 해설 104쪽

○ 그는 생각보다 빨리 완쾌했다.

○ 彼は思ったより早く________した。

6 유방암 乳房癌

정답 및 해설 104쪽

○ 대도시권의 여성이 지방에 비해서 유방암의 사망률이 높다고 한다.

○ 大都市圏の女性のほうが地方に比べ、________の死亡率が高いという。

• 大都市圏 대도시권　• 地方 지방　• 死亡率 사망률

7 조류독감 鳥類毒感

정답 및 해설 104쪽

○ 외출에서 돌아오면 바로 손을 씻고 목안을 헹구는 것도 조류독감 예방의 하나이다.

○ 外出から帰ったら、すぐ手を洗いそしてうがいをすることも＿＿＿の予防の一つである。

• 外出 외출　• 予防 예방　• うがいをする 목을 헹구다. 양치질하다

8 증세 症勢

정답 및 해설 104쪽

○ 오후에는 남동생이 집에 와서 어머니의 증세와 유산상속에 대해서 이야기했다.

○ 午後は弟が来宅し、母の＿＿＿と遺産相続の問題について話し合った。

• 来宅 내방, 집에 옴　• 遺産相続 유산상속　• 話し合う 서로 이야기하다

9 쾌유 快癒

정답 및 해설 105쪽

○ 입원환자 분들의 빠른 쾌유를 빕니다.

○ 入院患者さんの早い＿＿＿をお祈りします。

• 入院患者 입원환자

10 현기증 眩氣症

정답 및 해설 105쪽

○ 현기증은 주로 귀와 뇌의 병 때문에 일어난다.

○ ＿＿＿は主として耳と脳の病気で起こる。

• 脳 뇌　• 主として 주로 (=主に)

11 홍역 紅疫

정답 및 해설 105쪽

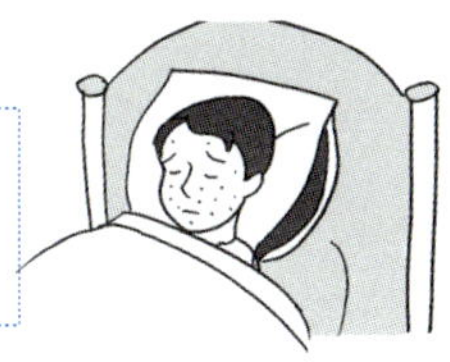

○ 홍역은 '따뜻하게 해라' '차게 하지마라'고 하는 것은 미신이라고 합니다.

○ ＿＿＿は「暖めろ」「冷やすな」というのは迷信だそうです。

• 暖める 따뜻하게 하다　• 冷やす 차게 하다　• 迷信 미신

✪ 약

1 감기약 感氣藥

정답 및 해설 105쪽

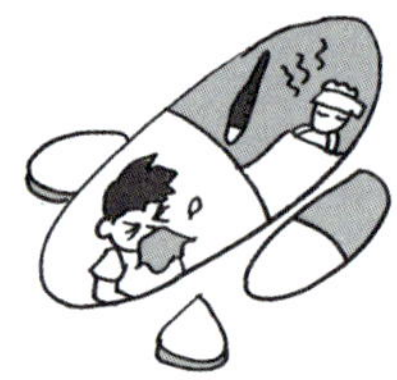

○ 감기약은 감기의 근본원인인 바이러스를 퇴치해주는 것은 아니다.

○ ______は風邪の根本原因である、ウイルスを退治してくれるわけではない。

- 根本(こんぽん) 근본
- 退治(たいじ) 퇴치

2 만병통치약 萬病通治藥

정답 및 해설 105쪽

○ 약학적으로 만병통치약은 이 세상에는 존재하지 않는다.

○ 薬学的に________は世の中には存在しない。

- 薬学的(やくがくてき) 약학적
- 存在(そんざい) 존재

3 설사약 泄瀉藥

정답 및 해설 105쪽

○ 무리하게 강한 설사약(지사제)으로 설사를 멎게 하지 않는 편이 좋은 경우도 있다.

○ 無理に強い________で下痢を止めないほうがいい場合もある。

- 無理(むり)に 무리하게
- 下痢(げり) 설사

4 소화제 消化劑

정답 및 해설 106쪽

○ 소화제는 음식물의 소화를 도와주는 약입니다.

○ _______は食べ物の消化を助ける薬です。

- 消化(しょうか) 소화
- 助(たす)ける 돕다

5 수면제 睡眠劑

정답 및 해설 106쪽

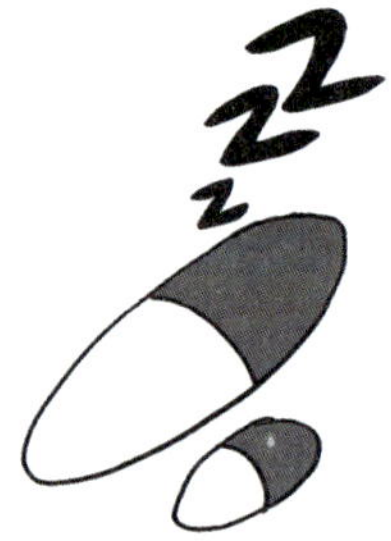

○ 잠을 못 잔다고 해서 불쑥 수면제를 먹는 것은 별로 좋은 방법은 아니다.

○ 眠れないからといって、いきなり_______を飲んでしまうのはあまりいい方法ではない。

6 안약 眼藥

정답 및 해설 106쪽

○ 나는 안약을 넣는 것이 서툴러서 남편에게 넣어 달라고 합니다.

○ 私は________をさすのが苦手で夫にやってもらいます。

• 苦手(にがて) 서투름　• 夫(おっと) 남편

7 연고 軟膏

정답 및 해설 106쪽

○ 무좀의 치료로는 연고가 중심이 된다.

○ 水虫の治療では________が中心になる。

• 水虫(みずむし) 무좀　• 治療(ちりょう) 치료

8 염색약 染色藥

정답 및 해설 106쪽

○ 염색약이 상당히 머리를 상하게 한다는 것은 잘 알려져 있다.

○ ______が非常に髪を傷めることはよく知られている。

• 髪(かみ) 머리, 머리칼　• 傷(いた)める 망가지게 하다, 상하게 하다

9 지혈(제) 止血(劑)

정답 및 해설 107쪽

○ 어머니가 쑥을 상처에 으깨 넣어 지혈을 해주던 일을 생각해낸다.

○ 母がよもぎを傷口にすりこんで________をしてくれたのを思い出す。

• 傷口(きずぐち) 상처

10 진통제 鎮痛劑

정답 및 해설 107쪽

○ 통증이 심할 때는 진통제를 사용하는 수도 있다.

○ 痛みが強い時には________を使うこともある。

• 痛(いた)み 아픔, 통증

11 한약 漢藥

정답 및 해설 107쪽

○ 한약은 두 가지 이상의 생약에서 이루어진 약입니다.

○ ______は2つ以上の生薬から成る薬です。

• 生薬(きぐすり) 생약

의료 · 건강

1 간접흡연 間接吸煙

정답 및 해설 107쪽

○ 흡연자가 배우자인 사람은 간접흡연의 영향으로 흡연자보다 폐암 발생률이 30% 높고, 심장병 발생률이 50% 높다고 한다.

○ 喫煙者が配偶者である人は________の影響で喫煙者より肺癌発生率が30%高く、心臓病発生率が50%高いと言う。

• 肺癌(はいがん) 폐암 • 発生率(はっせいりつ) 발생률 • 心臓病(しんぞうびょう) 심장병

2 건강 健康

정답 및 해설 107쪽

○ 건강하십니까?

○ お________ですか。

3 만보기 万歩機

정답 및 해설 107쪽

○ 최근의 만보기에는 걸음 수 이외에 여러 가지 기능이 딸려 있는 것이 있다.

○ 最近の________には歩数の他にいろいろな機能がついているものがある。

• 歩数(ほすう) 보수, 걸음 수 • 機能(きのう) 기능

4 문병 問病

정답 및 해설 107쪽

○ 지인이 입원한 것을 듣고, 책을 사서 문병하러 갔다 왔다.

○ 知人が入院したと聞き、本を買って________に行ってきた。

• 知人(ちじん) 지인

5 순산 順産

정답 및 해설 107쪽

○ 순산을 기원드립니다.

○ ______お祈りいたします。

6 약사 藥師

정답 및 해설 108쪽

○ 약사도 의사와 똑같이 대학은 6년제가 된다.

○ ______も医師と同じように大学は6年制になる。

• 医師(いし) 의사

7 응급차 應急車

정답 및 해설 108쪽

○ 소방차의 색깔은 적색, 응급차의 색깔은 흰색으로 정해져 있습니다.

○ 消防車の色は赤色、________の色は白色と決められています。

• 消防車(しょうぼうしゃ) 소방차 • 赤色(あかいろ) 빨강, 적색 • 白色(しろいろ) 하양, 흰색

8 전공의 專攻醫

정답 및 해설 108쪽

○ 의대를 갓 졸업한 전공의를 주인공으로 한 TV드라마.

○ 医大を卒業したばかりの________を主人公としたドラマ。

• 医大(いだい) 의대 • 主人公(しゅじんこう) 주인공

9 족욕 足浴

정답 및 해설 108쪽

○ 족욕 시간은 10분 정도가 적당하다고 한다.

○ ______の時間は10分程度が適当である。

• 適当(てきとう) 적당

10 종합병원 綜合病院

정답 및 해설 108쪽

○ 종합병원은 진료를 기다리는 시간이 길다.

○ ______は診療を待ち時間が長い。

• 診療(しんりょう) 진료

11 한의사 韓醫師

정답 및 해설 108쪽

○ 순수한 한의사는 일본에는 존재하지 않는다.

○ 純粋な________は日本には存在しない。

• 純粋(じゅんすい) 순수 • 存在(そんざい) 존재

12 한의학 漢醫學

정답 및 해설 108쪽

○ 한의학이란 전통적 진료법에 따라 생약으로 처방을 하여 병을 치료하는 방법이다.

○ ______とは伝統的診断法によって、生薬による処方を行い、病を治療する方法だ。

- 診断法(しんだんほう) 진단법
- 処方(しょほう) 처방
- 病(やまい) 병
- 治療(ちりょう) 치료

13 흡연실 吸煙室

정답 및 해설 108쪽

○ 요즘은 금연에 대한 관심이 높아져 회사 내에 흡연실이 없는 곳도 있다.

○ 最近、禁煙に対する関心が高く、社内に________がないところもある。

- 禁煙(きんえん) 금연
- 関心(かんしん) 관심
- 社内(しゃない) 사내

정답 및 해설

◈ 일생, 죽음

1 별세(別世) → 死去

- 한국 신문의 부고 란에 '○○○씨 別世'라고 하듯이 일본신문의 부고 란에서는 보통 「○○○さん死去」라고 한다.
- 「別世」는 일본어에 없는 표현으로 한자를 보면 「別世界」라고 생각하기 쉽기 때문에 「死去」를 유추하는 것은 어렵다. 관련어로 「亡くなる(「死ぬ」의 완곡 표현으로 보통 「亡くなられた」의 형태로 쓰임) 「死亡(사망)」 「他界(타계)」 「永眠(영면)」 「身罷る(「死ぬ」의 공손한 표현)」 등이 있고 천황, 황후 등 고귀한 사람에게는 「崩御(승하)」 「御隠れになる」를 사용한다.

2 부적(符籍) → 魔除

- 관련어로 「厄除け(액막이)」가 있다.
- 일본인은 매년 신사에서 받은 화재를 막는 「御札」를 부엌에 붙여 놓거나 집안의 안전을 위한 「護符(부적)」를 「神棚(신단)」에 모시거나 한다. 또 합격이나 순산, 건강 등을 기원하는 「御守(부적)」를 몸에 지니는 사람도 많다.

3 빈소(殯所) → 喪屋

- 「喪屋」의 정확한 의미는, 상중에 유족들이 머물기 위해 무덤 옆에 임시로 만든 작은 천막(小屋)을 말하지만 일반적으로 빈소를 가리킨다.
- 관련어로서 「喪中(상중)」 「喪主(상주)」 (또는 「喪主」), 「弔問」 「お悔やみに行く(문상하러 가다)」 「お悔やみを申し上げる(조의를 표하다)」 등이 있다.

예
- お悔やみに行く。(문상하러 가다)
- お悔やみを申し上げる。(조의를 표하다)

4 생이별(生離別) → 生き別れ

- 「別離」는 일본어에 있으므로 한자를 보면 의미 추측은 할 수 있겠지만 「生離別」은 일본어에는 없는

말이다.

5 생일(生日) → 誕生日

- 한자를 보면 「誕生日」의 의미라고 추측할 수 있겠지만 「生日」은 일본어에는 없는 말이다.
- 한국에서 「誕生日」은 「生日」을 높여서 부르는 말이다.

6 성묘(省墓) → 墓参り

- 「省墓」는 한자를 보면 「墓を省く(성묘를 생략하다)」라고 오해할 수도 있다.
- 일본에서는 「お盆(음력 7월 15일에 행하는 우리나라의 추석과 같은 명절)」, 봄과 가을의 「彼岸(춘분, 추분을 중간일로 하는 7일간)」, 친족의 기일 등에 성묘한다.
- 「暑さ寒さも彼岸まで」는 아무리 덥고 추워도 「彼岸」이 되면 다 사라진다는 의미이다.

7 영결식(永訣式) → 告別式

- 「永訣」는 고어로서 일본어에도 있지만 「永訣式」이라고는 하지 않고 「告別式」이라고 한다. 「葬儀」 「葬式」라고도 하지만 최근에는 「お別れの会」라고 하는 경우도 많다.

8 장례식(葬禮式) → 葬式

- 「葬礼」는 일본어에도 있지만 「葬礼式」이라는 표현은 하지 않고 「告別式」 「葬儀」 「葬式」 등으로 말한다.

9 저출산(低出產) → 少子化

- 일본어에서는 「出産が低い」라고는 하지 않기 때문에 「低出産」을 「少子化」로 이해하는 것은 매우 어렵다.

10 조문객(弔問客) → 弔客

- 일본어에서도 「弔問客」는 「弔客/弔客」와 함께 자주 사용된다.

11 평생(平生) → 生涯

- 일본어의 「平生」는 '평상시'의 의미이기 때문에 「生涯」의 의미는 없다.

12 환갑(還甲) → 還暦

- 일본어에서는 「還暦」를 「華甲」라고도 하지만 「還甲」이라는 말은 사용하지 않는다.

◈ 결혼, 혼인

1 백년해로(百年偕老) → 共白髪

- 일본어에도 「偕老」는 있지만 「百年偕老」라는 말은 없고, '부부가 늙을 때까지 화목하게 같이 사는 것'을 나타내는 말로서 「共白髪」와 함께 「偕老同穴(부부가 금슬 좋게 살다가 한 무덤에 묻히는 일)」라는 말이 있다.

2 신혼방(新婚房) → 新居

- 「新居」에는 '신혼 커플의 주거'외에 '신축된 집(새집)' 이라는 의미도 있다.

예 ▪ 新居を構える。(새집을 장만하다)

3 중매결혼(仲媒結婚) → お見合い結婚

- 최근에는 인터넷 결혼활동 사이트에 등록해 맞선 상대를 소개받는 케이스가 증가하고 있다.

4 중매인(仲媒人) → 仲人

- 「仲介」와 「媒介」는 일본어에 있지만 「仲媒」라는 말은 없으므로 「仲人」의 의미를 유추하는 것은 어렵다.
- 「仲人」의 동의어로 「媒酌人(중매인)」이라는 말도 있다.

5 합의이혼(合意離婚) → 協議離婚

- 「合意」도 「離婚」도 일본어에 있지만 「合意離婚」이라는 조합의 말은 없다.

6 혼담(婚談) → 縁談

- 「婚談」이라는 말은 일본어에 없다.

7 황혼이혼(黃昏離婚) → 熟年離婚

- 「黄昏」는 일본어에도 있지만 「黄昏離婚」이라는 말은 없고 「熟年離婚」이라고 한다. 여기서 「熟年」은 '50, 60대의 연령층'을 가리키며 「実年」이라고도 한다.

• 「熟年離婚」은 2005년 10월 「テレビ朝日」의 홈드라마 방영 후에 널리 알려지게 된 말이다.

◈ 질병, 증세

1 난치병(難治病) → 難病

• 일본어에도 「難治」라고 하는 말은 있지만 「難治病」이라는 말은 없고 「難病」라고 한다.

2 발병(發病) → 発症

• 「発病」는 일본어에도 있지만 근래에는 동의어인 「発症」가 자주 사용된다.

3 설사(泄瀉) → 下痢

• 일본어에 「泄瀉」라는 말은 없으며 「下痢」를 「腹下し」라고도 한다.

4 야맹증(夜盲症) → 鳥目

• 「夜盲症」라고 하는 말은 일본어에도 있지만 의학 용어로서 사용되는 경우가 많고 일반적으로는 「鳥目」가 사용된다.

5 완쾌(完快) → 全快

• 한자로부터 「全快」로의 유추는 어렵지 않겠지만 일본어에 「完快」라고 하는 말은 없다.

6 유방암(乳房癌) → 乳癌

• 일본어로는 「乳癌」이지만 「乳房/乳房」라고 하는 말도 있으므로 한국식으로 「乳房癌」이라고 해도 이해하는 데 큰 문제는 없을 것이다.

7 조류독감(鳥類毒感) → 鳥インフルエンザ

• 일본어에 「毒感」이라는 말은 없기 때문에 한자로부터도 「インフルエンザ」로 유추하는 것은 매우 어렵다. 「インフルエンザ」는 「流行性感冒」 또는 생략하여 「流感」이라고도 한다. 「インフルエンザ」를 「インフル」로 생략하기도 하고 「鳥インフル」 「豚インフル」 등으로 말하기도 한다.

8 증세(症勢) → 病状

- 한국어와 같이 「症状」라는 말도 많이 사용한다. 그 밖에 「病症」라는 말도 있기는 하나 사용빈도는 높지 않다.
- 일본어에서 「症状」는 '환자에게 나타나는 정신적, 육체적인 증상(예, 자각증상)'을, 「病症」는 '병 자체의 상태'을 의미하는 경우가 많다.

9 쾌유(快癒) → 快気

- 일본어에도 「快癒」라고 하는 말은 있지만 그다지 일반적이지 않고 「快気」나 「全快」를 사용하는 경우가 많다.
- 일본에서는 입원 중에 병문안을 와준 사람에 대한 답례로서 퇴원 후에 「快気祝い(쾌유축하)」 또는 「全快祝い(완쾌축하)」라고 적어 선물을 보내는 것이 일반적이다. 「快気祝い」에는 가족이 생일축하를 해주듯이 입원했던 가족의 쾌유를 축하한다는 의미도 있다.

10 현기증(眩氣症) → 目眩

- 일본어에 「眩気症」이라는 말은 없기 때문에 한자로부터도 「目眩」로 유추하기는 어렵다.
- 「目眩」는 「眩暈/眩暈」이라고도 쓰고, 「目が眩む(눈이 부시다)」 「目が回る(현기증이 나다)」라고도 한다.

11 홍역(紅疫) → 麻疹/麻疹

- 일본어에 「紅疫」이라는 말은 없기 때문에 한자로부터도 「麻疹/麻疹」을 유추하는 것은 매우 어렵다.
- 유사한 병으로 세간에서 「三日麻疹」라고 불리는 「風疹(풍진)」도 있다.

◈ 약(藥)

1 감기약(感氣藥) → 風邪薬

- 「感気」라는 말은 일본어에 없기 때문에 「感気薬」이라는 말도 없다.

2 만병통치약(萬病通治藥) → 万能薬

- 일본어에도 「万病に効く薬はない(만병에 듣는 약은 없다)」 「風邪は万病のもと(감기는 만병의 근원)」와 같이 「万病」라는 말은 있지만 「万病通治薬」이라는 말은 없다.
- 「万能薬」은 「日本語学習の万能薬はない(일본어 학습의 만병통치약은 없다)」와 같이 비유적으로 사

용되는 경우도 많다.

3 설사약(泄瀉藥) → 下痢止め

- 지사제(止瀉剤) 광고에서 「止瀉薬」라는 말도 사용되지만 「下痢止め」가 일반적이다.

4 소화제(消化劑) → 消化薬/消化剤

- 「消化剤」는 일본에서도 사용되지만 「消化薬」가 일반적이다.
- 이밖에 「薬」과 관련된 말로서 「朝腹の丸薬/朝腹に茶漬け(아무 도움이 안 된다)」 「足留め薬(염색얼룩 방지 약)」 「後薬(소 잃고 외양간 고친다)」 등이 있다.

5 수면제(睡眠劑) → 睡眠薬/催眠薬

- 한국식으로 「睡眠剤」라고 해도 의미는 통하지만 「睡眠薬」가 일반적이다. 그러나 「解熱剤(해열제)」 「解毒剤(해독제)」 「抗菌剤(항균제)」 「抗生剤(항생제)」 등은 한국과 마찬가지로 「剤」를 사용한다.
- 수면제는 「催眠薬」라고도 하며 최근에는 「睡眠導入剤」도 자주 사용되고 있다.

6 안약(眼藥) → 目薬/眼薬

- 한국식으로 「眼薬」이라고 써도 통하지만 일반적으로는 「目薬」라고 쓰며 안과에서는 「点眼薬」라고 불린다.
- 「二階から目薬」라는 말은 2층에서 아래층에 있는 사람에게 안약을 넣으려고 한다, 즉 생각처럼 일이 잘 되지 않고 답답하다는 뜻이다. 같은 의미로 「二階から尻あぶる」는 아래층의 불로 2층 방을 따뜻하게 하려한다, 즉 별로 효과가 없다는 의미로 쓰인다.
- 「目薬を差す」안약을 넣다

7 연고(軟膏) → 塗り薬

- 「塗り薬」는 가루약(粉薬)과 구분할 때 사용하고, 보통 '연고'라고 할 때는 한국어와 마찬가지로 「軟膏(연고)」라고 한다. 옛날에는 「膏薬」라고도 했지만 지금은 「塗り薬」 「外用薬」가 일반적이다.

8 염색약(染色藥) → 染毛剤

- 염색약은 외래어인 「カラーリング(coloring)」「ヘアマニュキュア(hair manicure)」「ヘアダイ(hairdye)」 등도 많이 사용하고 「白髪染め(흰머리를 검정색으로 염색하는 것)」 「ヘアカラー(hair color)」 등도 자

주 듣는 말이다.

- 일본어에서는 「染色」는 '옷감이나 실 등에 착색하는 것'이라는 의미이므로 한국식으로 「染色薬」이라고 해도 「머리 염색제」나 「毛染め(머리염색)」로 이해할 가능성은 지극히 낮다.

9 지혈(제)(止血(劑)) → 止血剤/血止め

- 「止血(剤)」는 일본에서도 자주 사용되는 말이며 「血止め」도 자주 사용된다.
- 참고로 멀미약은 「酔い止」, 기침약은 「せき止め」, 설사약은 「下痢止め」, 피부보호약은 「荒れ止め」라 한다.

10 진통제(鎮痛劑) → 痛み止め

- 한국처럼 「鎮痛剤」도 사용하지만 「痛み止め」가 일반적이다.
- 일본에서는 상대편의 친절, 호의 등에 황송해 하는 의미로 「痛み入ります」또는 「傷み入ります」라고 하기도 한다.

11 한약(漢藥) → 漢方薬

- 일본에서 「漢薬」이라는 말은 많이 사용하지 않는다.

◈ 의료, 건강

1 간접흡연(間接吸煙) → 受動喫煙

- 한국처럼 「間接喫煙」도 사용한다.

2 건강(健康) → 元気/健康

- 「健康」는 '병이나 상처가 없는 것'이라는 의미이지만 「元気」에는 거기에 더하여 '기력으로 넘치고 있는 것'이라는 의미도 있어 「健康」보다 의미의 폭이 넓다.

3 만보기(万步機) → 歩数計/万歩計

- 「万歩計」는 몸의 진동을 이용해서 걸음수를 재는 기구로 일본의 YAMASA(山佐) 시계라는 회사의 등록상표이름이다(1965년). 이밖에도 특정 회사의 등록상표가 일반명사로 쓰이는 대표적인 것으로는 「샤프펜슬(Sharp pencil)」 「호치키스(Hotchkiss)」 「크락숀(Klaxon)」 등이 있다.

4 문병(問病) → 見舞い

• 일본어에는 「問病」이라는 말이 없기 때문에 한자로 볼 때 의사의 「問診」으로 오해할 가능성이 높다.

5 순산(順産) → 安産 安産

• 일본에서 「順産」이라는 말은 사용하지 않는다.

6 약사(藥師) → 薬剤師

• 일본어에서 「薬師」는 「薬師如来(약사여래)」의 약어이며 「薬剤師」의 의미는 없다.

7 응급차(應急車) → 救急車

• 한국에서는 「응급차」나 「구급차」를 다 사용하지만 일본에서는 「応急車」라는 말은 거의 사용되지 않는다.

8 전공의(專攻醫) → 研修医

• 일본어에 「専攻医」라는 말은 없기 때문에 한자에서도 「研修医」를 유추하는 것은 어렵다.

9 족욕(足浴) → 足湯

• 「脚湯」 「足浴」라고도 한다.

• 손을 온천물에 담그는 것은 「手湯」라 한다.

10 종합병원(綜合病院) → 総合病院病院

• 일본에서는 「綜合」도 사용되고 있어 「綜合病院」도 통용은 되겠지만 「総合病院」이 일반적이다.

11 한의사(韓醫師) → 漢方医

• 「韓医師」는 '한국의 의사'로 해석될 수 있다.

12 한의학(韓醫學) → 漢方医学

• 「漢医学」이라는 한자로도 의미는 통하겠지만 「漢方医学」가 일반적이다.

13 흡연실(吸煙室) → 喫煙室

• 「吸煙」이라는 말은 있지만 「吸煙室」이라는 말은 잘 사용하지 않는다.

문화 · 스포츠

연극 · 영화

1 대기실 待機室

정답 및 해설 124쪽

○ 강사 대기실은 다른 연구실을 이용하는 분도 같이 이용할 수 있다.

○ ______は他の研究室を利用する方も併せて利用できる。

• 研究室(けんきゅうしつ) 연구실 • 併(あわ)せる 함께하다 • 利用(りよう) 이용

2 매진 賣盡

정답 및 해설 124쪽

○ 발매된 지 1개월도 지나지 않은 사이에 매진되었다.

○ 発売されてから1ヵ月もしないうちに________になった。

• 発売(はつばい) 발매

3 매표소 賣票所

정답 및 해설 124쪽

○ 매표소는 계단을 올라가서 왼쪽에 있다.

○ ______は階段を上って左手にある。

• 階段(かいだん) 계단 • 上(のぼ)る 오르다, (해 · 달이) 뜨다 • 左手(ひだりて) 왼손, 왼쪽

4 분장실 扮裝室

정답 및 해설 124쪽

○ 분장실은 무대 뒤에 있고, 출연자가 출연준비를 하거나 휴식하는 공간이다.

○ ______は舞台の裏にあって、出演者が出演の支度をしたり休息したりする部屋である。

• 舞台(ぶたい) 무대 • 裏(うら) 뒤(쪽), 반대 • 出演(しゅつえん)の支度(したく) 출연지도 • 休息(きゅうそく) 휴식

5 사극 史劇

정답 및 해설 124쪽

○ 사극은 어느 시대에나 반드시 방송되는 프로그램의 하나이다.

○ ______は、いつの世も必ず放送されている番組の一つである。

• 必(かなら)ず 반드시, 꼭 • 放送(ほうそう) 방송 • 番組(ばんぐみ) 프로그램

6 개봉영화 開封映畵

정답 및 해설 124쪽

○ 개봉영화의 전국 공통 예매할인이 시작된다.

○ ______の全国共通前売り割引が始まる。

• 共通(きょうつう) 전국공통 • 前売(まえう)り 예매 • 割引(わりびき) 할인

7 예매 豫買

정답 및 해설 125쪽

○ 당일 티켓보다 득이 되는 예매티켓을 이용해 주십시오.

○ 当日チケットよりおトクな______チケットをご利用下さい。

• 当日(とうじつ) 당일, 그날 • おトク(得(とく))な 득이 되는, 유리한

8 입장객 入場客

정답 및 해설 125쪽

○ 지금부터 여름휴가에 걸쳐 입장객은 더욱 늘어날 전망이다.

○ これから夏休みにかけて______はさらに増える見込みである。

• 夏休(なつやす)み 여름휴가 (방학) • 増(ふ)える 늘다, 증가하다 • 更(さら)に 더욱

✪ 전시 · 예술

1 개인전 個人展

정답 및 해설 125쪽

○ 독창적인 활동을 하고 있는 개인에게 초점을 맞춘 개인전을 개최하고 있다.

○ 独創的な活動をしている個人に焦点をあてた______を開催してる。

• 独創的(どくそうてき)な 독창적인 • 活動(かつどう) 활동 • 焦点(しょうてん)を当(あ)てる 초점을 맞추다 • 開催(かいさい)する 개최하다

2 국악 國樂

정답 및 해설 125쪽

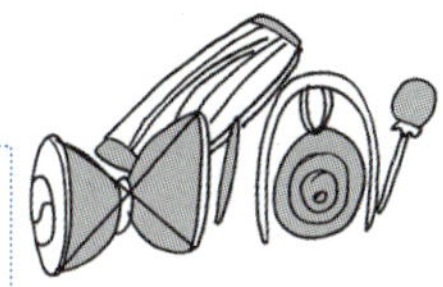

○ 국악은 일본고유의 전통음악, 고전음악이다.

○ ______は日本固有の伝統音楽、古典音楽のことである。

• 固有(こゆう) 고유 • 伝統音楽(でんとうおんがく) 전통음악 • 古典(こてん) 고전

3 서예 書藝

정답 및 해설 125쪽

○ 서예는 글자를 붓과 먹으로 쓰는 세련된 예술이다.

○ ______は、文字を筆と墨で書く洗練された芸術である。

• 筆(ふで) 붓 • 墨(すみ) 먹, 먹물 • 洗練(せんれん) 세련 • 芸術(げいじゅつ) 예술

4 인간문화재 人間文化財

정답 및 해설 125쪽

○ 인간문화재란 중요무형문화재 보유자의 통칭이다.

○ ______とは、重要無形文化財保持者の通称である。

• 重要無形文化財(じゅうようむけいぶんかざい) 중요 무형문화재 • 保持者(ほじしゃ) 보유자 • 通称(つうしょう) 통칭

5 초상화 肖像畵

정답 및 해설 126쪽

○ 연예인, 운동선수, 문화인, 정치인 등 유명인의 초상화를 전시하고 있다.

○ 芸能人、スポーツ選手、文化人、政治家など、有名人の______の展示をしている。

• 芸能人(げいのうじん) 연예인 • スポーツ選手(せんしゅ) 운동선수 • 政治家(せいじか) 정치인 • 展示(てんじ) 전시

6 출품 出品

정답 및 해설 126쪽

○ 지난번 개인전 후 2년 만에 열리는 이번 전람회에는 모두 새로운 작품이 출품된다.

○ 前回の個展から2年ぶりとなる展覧会には全て新作が______される。

• 個展(こてん) 개인전 • 展覧会(てんらんかい) 전람회 • 新作(しんさく) 새로운 작품

❂ 연예 · 오락

1 가요 歌謠

정답 및 해설 126쪽

○ 교토를 테마로 한 70년대의 가요와 포크송을 모아 독자적인 CD를 만들었다.

○ 京都をテーマにした７０年代の______やフォークソングを集めた独自のCDを作った。

• テーマ 테마, 주제 • フォークソング 포크송 (민요) • 集(あつ)める 모으다

• 独自(どくじ) 독자

2 마술 魔術

정답 및 해설 126쪽

○ 즐거운 마술을 통해 부자지간의 의사소통을 점점 긴밀히 합시다.

○ 楽しい________をとおして、親子のコミュニケーションをどんどん深めましょう。

• 親子(おやこ) 어버이와 자식 • コミュニケーション 의사소통 • 深(ふか)める 깊게 하다

3 유흥가 遊興街

정답 및 해설 126쪽

○ 다운타운 주변의 유흥가에 감시카메라를 설치하는 것에 대해 검토 중이다.

○ ダウンタウン周辺の________に防犯カメラを設置することを検討中である。

• ダウンタウン대도시의 중심부에 있는 상업 지역 • 周辺(しゅうへん) 주변

• 防犯(ぼうはん)カメラ 감시카메라 (CCTV) • 設置(せっち) 설치 • 検討(けんとう) 검토

4 유흥업소 遊興業所

정답 및 해설 126쪽

○ 전국에 있는 유흥업소 정보를 샅샅이 검색할 수 있다.

○ 全国の________情報をくまなく検索できる。

• くまなく 샅샅이, 그늘짐이나 흐림이 없는 모양 • 検索(けんさく) 검색

5 축제 祝祭

정답 및 해설 127쪽

○ 인형극 축제는 전국의 프로와 아마추어 인형극단을 초청하여 매년 11월에 열린다.

○ 人形劇________は全国からプロ、アマの人形劇団をまねいて毎年 11月に行われる。

• 人形劇(にんぎょうげき) 인형극 • アマ 아마추어 • 劇団(げきだん) 극단 • 招(まね)く 초청(대)하다

☞ 일본의 3대 마쓰리 : ①山王祭(さんのうまつり)(東京(とうきょう)) ②祇園祭(ぎおんまつり)(京都(きょうと)) ③天神祭(てんじんまつり)(大阪(おおさか))

6 현장감 現場感

정답 및 해설 127쪽

○ 어제 본 영화는 현장감 넘치는 액션물이었다.

○ 昨日観た映画は________の溢れるアクション物だった。

• 観(み)る 보다, 관람하다 • 溢(あふ)れる 넘치다

7 화투 花闘

정답 및 해설 127쪽

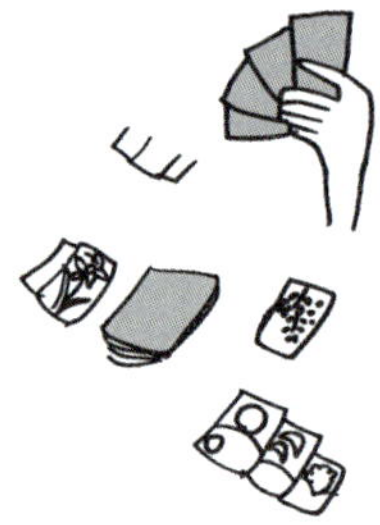

○ 화투는 포르투갈에서 전래한 트럼프를 일본의 자연으로 모양을 바꾸어 12개월에 4장씩의 그림을 그려 만든 것이다.

○ ______はポルトガルから伝来したトランプを日本の自然に姿を変え、12ヶ月に4枚ずつの絵柄を得たものである。

- 伝来(でんらい) 전래
- トランプ 트럼프, 카드(놀이)
- 姿(すがた) 모습, 모양, 취향
- 変(か)える 바꾸다, (날짜 · 계획 등을) 변경하다
- 絵柄(えがら) 무늬, 모양

⊛ 교류 · 행사

1 농담 弄談

정답 및 해설 127쪽

○ 스미스씨는 농담을 좋아하는 사람이었다.

○ スミスさんは________が好きな人であった。

- 好(す)きだ 좋아하다

2 당첨 當籤

정답 및 해설 127쪽

○ 복권의 당첨 확률은 어느 정도일까요?

○ 宝くじの________確率はどのくらいでしょうか。

- 確率(かくりつ) 확률

3 묵념 黙念

정답 및 해설 127쪽

○ 동일본대지진을 마음에 새기고 돌아가신 분들의 영령에게 묵념을 올립니다.

○ 東日本大震災を心に刻み、亡くなられた方々の御霊に________を捧げます。

- 震災(しんさい) 지진 재해
- 刻(きざ)む 새기다
- 御霊(ごりょう) 「영혼」의 높임말
- 捧(ささ)げる 바치다, 올리다

4 불가사의 不可思議

정답 및 해설 127쪽

○ 고대 그리스나 로마시대의 7개의 주목할 만 한 건조물을 고대 세계의 7대 불가사의라고 한다.

○ 古代ギリシャやローマ時代における7つの注目すべき建造物のことを古代世界の七(なな)________ という。

• ギリシャ 그리스 • 注目(ちゅうもく) 주목 • 建造物(けんぞうぶつ) 건조물

5 불참 不参

정답 및 해설 128쪽

○ 일본은 처음부터 그 회의에는 불참을 선언했었다.

○ 日本は最初からその会議には________を宣言していた。

• 最初(さいしょ) 최초, 맨 처음 • 会議(かいぎ) 회의 • 宣言(せんげん) 선언

6 전형 銓衡

정답 및 해설 128쪽

○ 서류 전형과 면접으로 합격, 불합격을 판단한다.

○ 書類________と面接で合否を判断する。

• 面接(めんせつ) 면접 • 合否(ごうひ) 합격, 불합격 • 判断(はんだん) 판단

7 송년회 送年會

정답 및 해설 128쪽

○ 영어와 불어, 독일어에는 송년회를 의미하는 말이 없다.

○ 英語やフランス語、ドイツ語には________を意味する言葉がない。

• 言葉(ことば) 말

8 시상식 施賞式

정답 및 해설 128쪽

○ 시상식의 마지막에 특별기념 강연회가 있다.

○ ________の最後に特別記念講演会がある。

• 最後(さいご) 최후, 마지막 • 特別(とくべつ) 특별 • 記念(きねん) 기념 • 講演会(こうえんかい) 강연회

9 식순 式順

정답 및 해설 128쪽

○ 동경대학 졸업식 식순

○ 東京大学卒業式＿＿＿＿＿。

• 卒業式(そつぎょうしき) 졸업식

10 여행지 旅行地

정답 및 해설 128쪽

○ 이번에는 여행지에서의 휴대전화 활용에 대해서 소개해 드리겠습니다.

○ 今回は＿＿＿＿＿でのケータイ活用についてご紹介します。

11 연례행사 年例行事

정답 및 해설 128쪽

○ 본 연구소의 연례행사에 대해 몇 가지 소개해 드리겠습니다.

○ 当研究所の毎年＿＿＿＿＿からいくつか御紹介します。

• 研究所(けんきゅうじょ) 연구소　• 毎年(まいねん) 해마다　• 紹介(しょうかい) 소개

12 예방 禮訪

정답 및 해설 128쪽

○ 기무라씨가 2년간의 해외활동을 마치고 시장을 예방했다.

○ 木村さんが2年間の海外活動を終えて市長を＿＿＿＿＿しました。

• 海外活動(かいがいかつどう) 해외활동　• 終(お)える 끝내다, 마치다　• 市長(しちょう) 시장

13 오찬회동 午餐會同

정답 및 해설 128쪽

○ 학생들의 업적을 칭찬하기 위하여 총장초대 오찬회동이 열렸다.

○ 学生の業績を讃え、学長招待の＿＿＿＿＿が開催された。

• 業績(ぎょうせき) 업적　• 讃(たた)える 칭찬하다, 기리다(=称(たた)える)　• 招待(しょうたい) 초대　• 開催(かいさい)される 개최되다

14 오층탑 5層塔

정답 및 해설 128쪽

○ 호류지의 오층탑은 일본 최고의 목조건축물이고 도우지는 일본 최대의 오층탑이다.

○ 法隆寺の＿＿＿＿は日本最古の木造建築であり、東寺は日本最大の＿＿＿＿である。

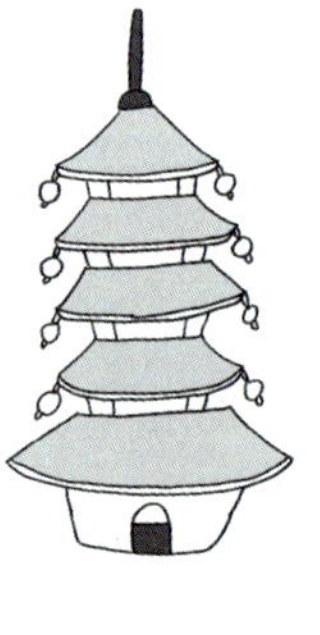

• 法隆寺(ほうりゅうじ) 「聖徳太子(しょうとくたいし)(574-622)」가 세웠다고 하는 현존하는 일본 최고(最古)의 목조건물

• 最古(さいこ) 가장 오래됨　• 木造建築(もくぞうけんちく) 목조건축　• 東寺(とうじ) 교토에 있는 진언종(真言宗)의 사찰

- 最大(さいだい) 최대

15 입상자 入賞者

정답 및 해설 129쪽

○ 피아노콩쿠르의 입상자에 의한 신인음악회가 열렸다.

○ ピアノコンクールの________による新人音楽会が開かれた。

- 新人音楽会(しんじんおんがくかい) 신인음악회

16 자매결연 姉妹結縁

정답 및 해설 129쪽

○ 국제적인 자매결연의 목적은 다른 문화를 가진 단체에 대해 서로 배움의 기회를 주는 것이다.

○ 国際的な_______の目的は、異なる文化を持つクラブに対してお 互いに学び合う機会を与えることである。

- 異(こと)なる 다르다
- 学(まな)び合(あ)う 서로 배우다
- 機会(きかい)を与(あた)える 기회를 주다

17 자매도시 姉妹都市

정답 및 해설 129쪽

○ 중국 황산시와는 1994년 11월 9일에 자매도시 제휴에 조인했다.

○ 中国の黄山市とは、平成6年11月9日に、________提携に調印した。

- 提携(ていけい) 제휴
- 平成(へいせい) 일본의 현재의 연호
- 調印(ちょういん)する 조인하다

18 접수 接受

정답 및 해설 129쪽

○ 전화로 수리 접수를 받고 있습니다.

○ お電話による修理の________をしております。

- 修理(しゅうり) 수리

19 조찬회 朝餐會

정답 및 해설 129쪽

○ 회원 상호간 정보교류를 위해 게스트를 초대하여 화기애애한 분위기 속에 조찬회를 열었다.

○ 会員相互の情報交換やゲストを招いての和やかな________を行った。

- 会員(かいいん) 회원
- 相互(そうご) 상호
- 交換(こうかん) 교환
- ゲスト 손님
- 和(なご)やかな 온화한, (분위기 · 기색이) 부드러운
- 行(おこな)う (행위를) 하다, 실시하다, 처리하다

20 참석 参席

정답 및 해설 129쪽

○ 학생, 졸업생, 교직원 등 약 400명이 참석한 가운데 창립기념일 행사가 행해졌습니다.

○ 学生、卒業生、教職員など約400人の_______のもと、創立記念日の行事を行いました。

• 卒業生(そつぎょうせい) 졸업생 • 教職員(きょうしょくいん) 교직원 • 創立記念日(そうりつきねんび) 창립기념일 • 行事(ぎょうじ) 행사

21 추첨 抽籤

정답 및 해설 129쪽

○ 추첨이나 예약 신청을 하려면 이용자 등록이 필요하다.

○ _______や予約の申込みをするためには、利用者登録が必要となる。

• 抽選(ちゅうせん) 추첨 • 予約(よやく) 예약 • 申込み(もうしこみ) 신청 • 登録(とうろく) 등록

22 합석 合席

정답 및 해설 129쪽

○ 점심시간에 혼자 식당에 가면 거의 합석하게 된다.

○ 昼食時にひとりで店に入ると、ほとんど_______となる。

• 昼食時(ちゅうしょくじ) 점심 때 • ほとんど 거의, 대부분

23 행사장 行事場

정답 및 해설 130쪽

○ 행사장 주변도 주차 단속원의 중점단속 지역이므로 주의 하십시오.

○ _____周辺も駐車違反監視員の重点地域となっておりますのでご注意 下さい。

• 駐車違反監視員(ちゅうしゃいはんかんしいん) 주차위반 단속원 • 重点地域(じゅうてんちいき) 중점단속 지역 • 注意(ちゅうい) 주의

24 현수막 懸垂幕

정답 및 해설 130쪽

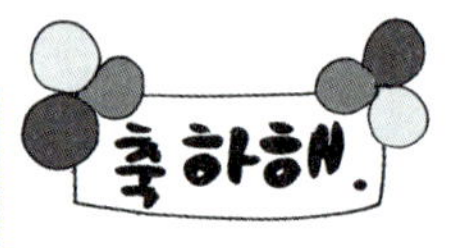

○ 선수를 응원하기 위한 현수막이 걸렸다.

○ 選手を応援するための_______が掲げられた。

• 選手(せんしゅ) 선수 • 応援(おうえん)する 응원하다 • 掲(かか)げる 내걸다

25 홍보 弘報

정답 및 해설 130쪽

○ 기업홍보의 대응 속도는 블로그에 의해 단축되고 있다.

○ 企業________の対応スピードは、ブログによって短縮されている。

• 企業 기업 • 対応スピード 대응속도 • ブログ 블로그 • 短縮 단축

26 회동 會同

정답 및 해설 130쪽

○ 일본, 미국, 중국, 한국, 인도 등 5개국의 에너지 문제를 논의하기 위한 장관급 회동이 16일 북경에서 개최될 예정이다.

○ 日本、米国、中国に韓国、インドの計5カ国によるエネルギー問題の 閣僚級________が16日にペキンで開催される見通しである。

• 閣僚級 각료급, 장관급 • ペキン 베이징(北京) • 見通し 전망

27 회의록 会議録

정답 및 해설 130쪽

○ 이 회의록은 편집부의 책임으로 정리한 것이다.

○ この________は編集部の責任でまとめたものである。

• 編集部 편집부 • 責任 책임 • 纏める 정리하다, 완성하다

스포츠

1 거물 巨物

정답 및 해설 130쪽

○ 일본을 방문하지 않은 최후의 거물급 한류스타 송승헌이 마침내 온다!

○ 来日していない韓流スター最後の________のソン · スンホンがついにやってくる！

• 来日 내일 (일본으로 옴) • 韓流スター 한류스타 • 最後 최후

• 終に 마침내, 드디어

2 경기속보 競技速報

정답 및 해설 130쪽

○ 오늘의 경기속보는 다음과 같다.

○ 今日の________は次の通りである。

3 기록보유자 記録保有者

정답 및 해설 130쪽

○ 야마자키씨는 육상 남자50킬로미터 경보의 일본기록보유자이다.

○ 山崎さんは陸上男子50キロ競歩の日本________である。

• 陸上 육상 • 競歩 경보

4 대장정 大長程

정답 및 해설 131쪽

○ 산 정상까지 18시간 가까이 걸린 대장정이었지만, 전혀 피곤하지 않았다.

○ 山頂まで18時間近くかかった________でしたが、ぜんぜん疲れなかった。

• 山頂 산꼭대기, 정상 • かかる 소요되다 • 疲れる 지치다, 피곤하다

5 등산객 登山客

정답 및 해설 131쪽

○ 2011년 7월 1일부터 8월 31일까지 후지산 등산객은 약 29만 명에 이른다.

○ 平成23年7月1日から8月31日までの富士山________は約29万人に上る。

6 등산로 登山路

정답 및 해설 131쪽

○ 쓰쿠바 산 등산로의 일부를 폐쇄합니다.

○ 筑波山の________の一部を閉鎖いたします。

• 筑波山 이바라키 현에 있는 산 이름 • 閉鎖 폐쇄

7 무승부 無勝負

정답 및 해설 131쪽

○ 일본은 한국과 2 대 2로 무승부이다.

○ 日本は韓国と2−2で________である。

8 사범 師範

정답 및 해설 131쪽

○ 그는 유도사상 최강으로 평가받는 다카하시의 사범으로 유명하다.

○ 彼は柔道史上最強と謳われる高橋の________として有名である。

• 柔道 유도 • 史上 사상 • 最強 최강 •謳う 소문나다

9 삼판양승 三判兩勝

정답 및 해설 131쪽

○ 결승은 삼판양승이며, 제1국은 7일 동경에 있는 장기회관에서 열린다.

○ 決勝________第一局は七日、東京 · 将棋会館で行われる。

• 決勝(けっしょう) 결승　• 一局(いっきょく) 장기 · 바둑 등의 한 판　• 将棋会館(しょうぎかいかん) 장기회관

10 서전 緖戰

정답 및 해설 132쪽

○ 서전을 승리로 장식하다.

○ _______ を勝利で飾る。

• 勝利(しょうり) 승리　• 飾(かざ)る 장식하다

11 수경 水鏡

정답 및 해설 132쪽

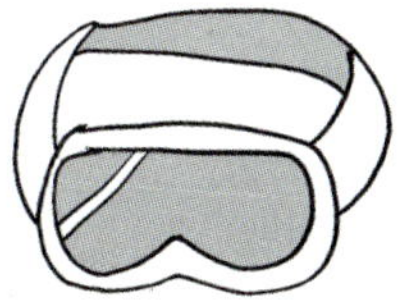

○ 수경은 실리콘 소재로 된 것을 권장한다.

○ _______はシリコン素材の物がお勧めである。

• シリコン素材(そざい) 실리콘 소재　• 勧(すす)め 권장, 권유

12 수영복 水泳服

정답 및 해설 132쪽

○ 수영복에는 수영용, 잠수용 등 다양한 것들이 있다.

○ _______には、競泳用、潜水用など様々な物がある。

• 競泳用(きょうえいよう) 경영용(시합용)　• 潜水用(せんすいよう) 잠수용　• 様々(さまざま)な 다양한

13 역도 力道

정답 및 해설 132쪽

○ 역도 세계 주니어 선수권 대회가 5월 18일부터 24일까지 한국의 부산에서 열렸다.

○ ______の世界ジュニア選手権が5月18日から24日まで韓国の釜山 で行われた。

• ジュニア選手権(せんしゅけん) 주니어선수권

14 우완투수 右腕投手

정답 및 해설 132쪽

○ 투수의 경우는 우완투수가 많기 때문에 좌완투수에는 익숙하지가 않다.

○ 投手の場合は________が多いので、左投手には慣れていない。

• 投手(とうしゅ) 투수　• 左投手(ひだりとうしゅ) 좌완투수　• 慣(な)れる 익숙하다, 숙달되다

15 은퇴 隱退

정답 및 해설 132쪽

○ 발목에 이상이 있어 예정보다 빨리 현역에서 은퇴했다.

○ 足首の故障のため、予定より早めに現役を________した。

• 足首 발목 • 故障 고장 • 現役 현역

16 1승1무 1勝1無

정답 및 해설 133쪽

○ 지바는 1승1무1패의 승점 4점으로 3위가 된다.

○ 千葉は1勝________1敗の勝ち点4で3位となる。

• 1勝 1승 • 1敗 1패 • 勝ち点 승점

17 좌완투수 左腕投手

정답 및 해설 133쪽

○ 가장 왼손잡이를 살릴 수 있는 것은 좌완투수이다.

○ 最も左利きを活かすことができるのは________である。

• 左利き 왼손잡이 • 活かす 살리다, 활용하다

18 청백전 青白戦

정답 및 해설 133쪽

○ 어제는 1진과 2진으로 나누어진 청백전이 열렸다.

○ 昨日は、主力組と控え組に分かれた______が行われた。

• 主力組 본팀(1군 또는 1진) • 控え組 예비팀(2군 또는 2진) • 分かれる 나뉘다

19 출전 出戦

정답 및 해설 133쪽

○ 일본 대표선수로 출전하는 본교 재학생은 5명이다.

○ 日本代表選手として________する本学在学生は５人である。

• 代表選手 대표선수 • 本学 본교 • 在学生 재학생

20 패배 敗北

정답 및 해설 133쪽

○ 선거의 패배를 선언했다.

○ 選挙の________を宣言した。

• 選挙 선거 • 宣言 선언

21 ~회말 ~回末 (야구경기)

정답 및 해설 133쪽

○ 7회말에도 귀중한 추가점을 올렸다.

○ 7________にも貴重な追加点を挙げた。

• 貴重(きちょう)な 귀중한 • 追加点(ついかてん)を挙(あ)げる 추가점을 올리다

22 ~회초 ~回初 (야구경기)

정답 및 해설 134쪽

○ 8회초에도 추가점을 낼 수 없었다.

○ 8________にも追加点を奪えなかった。

• 奪(うば)う 빼앗다

정답 및 해설

◈ 연극, 영화

1 대기실(待機室) → 控室

• 일본어에도 「待機」라는 말은 있기 때문에 「待機室」이라 해도 통용되겠지만 일반적으로는 「控室」를 많이 사용한다.

2 매진(賣盡) → 売り切れ

• 일본어로 매진이라고 하면 보통 「売り切れ」 또는 최근에는 「完売」나 「売尽し」도 많이 사용된다. 「売尽し」는 전부 판매했다는 판매자 측의 의사나 행동을 나타내는 말이므로 결과를 나타내는 「売り切れ」나 「完売」와는 다르다.

3 매표소(賣票所) → 切符売り場

• 일본어에서 「票」는 한국어의 열차표나 승차권 등의 의미로 사용되는 경우는 거의 없기 때문에 「売票所」라는 글자를 보고 그것이 「切符売り場」임을 알기는 어렵다.

4 분장실(扮裝室) → 楽屋

• 일본어에도 「扮装(분장)」이라는 말은 있기 때문에 「扮装室」이라고 하면 단순히 화장이나 분장을 위한 방으로만 생각하고 극장이나 「寄席(落語나 漫才 등 대중예술을 위한 대극장)」 등의 무대 뒤에서 출연자가 출연 준비나 휴식을 위한 방으로는 생각하지 않는다. 「楽屋」는 반드시 분장을 위한 공간은 아니므로 우리말로는 분장실 또는 출연자 대기실 정도로 보면 될 것이다.

5 사극(史劇) → 時代劇

• 일본어에 「史劇」이라고 하면 역사적 사실을 소재로 한 「歴史劇」 전체를 말하고, 「時代劇」은 「鎌倉시대」부터 「江戸시대까지 약 680년간의 무가(武家)시대를 소재로 한 것을 말하기 때문에 「史劇」과 「時代劇」은 약간 다르다고 볼 수 있다.

6 개봉영화(開封映畫) → 公開映画

- 일본에서 영화는 「開封」이라 하지 않고 「封切」 또는 「公開」라고 하며, 개봉된 후에는 「上映中」 또는 「公開中」이라 한다.

7 예매(豫買) → 前売り
- 일본어에는 「予買」라는 말이 없다.
- 한국어의 「豫買」는 '미리 산다'는 의미이기 때문에 구매자 입장에서 나온 말이고, 일본어의 「前売り」는 '미리 판다'는 의미이기 때문에 판매자 입장에서 나온 말이라는 차이도 흥미롭다.

8 입장객(入場客) → 入場者
- 일본어에도 「入場客」이란 말은 있지만 일반적으로 「入場者」를 사용한다. 「入場客」과 「入場者」의 차이를 엄밀히 구분하자면 「入場客」은 손님의 자격으로 입장한 사람이고 「入場者」는 단지 입장한 사람만을 가리킨다.

◈ 전시, 예술

1 개인전(個人展) → 個展
- 「個展」은 어느 개인의 작품을 모은 전시회를 의미하므로 한국식으로 「個人展」이라 표현해도 의미는 통하겠지만 일반적으로 「個展」을 사용한다.

2 국악(國樂) → 邦楽
- 일본어에 「国楽」이라는 말은 없고 「邦楽」가 사용되지만 「国楽」이라는 한자에서 '나라의 음악'이라는 의미가 연상되므로 의미는 통하겠지만 일반적으로 「邦楽」를 사용한다.

3 서예(書藝) → 書道
- 일본어에도 「書芸」라는 말이 있기는 하지만 일반적으로 「書道」를 사용한다.

4 인간문화재(人間文化財) → 人間国宝
- 일본의 문화재보호법에 「人間国宝」라는 명칭은 없으나 일반적으로 중요무형문화재 보유자를 「人間国宝」라 통칭한다.

5 초상화(肖像畵) → 似顔絵

- 일본어에도 「肖像画」라는 말은 있으나 「似顔絵」와는 뉘앙스가 조금 다르다. 「肖像画」가 예술성 있는 그림이라는 인상을 주는 반면, 「似顔絵」는 간단한 낙서 같은 것도 포함된 예술성이 낮은 그림이라는 인상을 준다.

6 출품(出品) → 出展

- 일본에서도 「出品」이라는 말을 많이 사용하기 때문에 「出展」과 함께 「出品」도 알아둘 필요가 있다.

◈ 연예, 오락

1 가요(歌謠) → 歌謡曲

- 「歌謡」나 「歌謡曲」을 다 사용하나 의미는 약간 다르다. 예를 들어 '일본가요' '70년대 가요'라고 말할 때는 「日本の歌謡曲」「70年代の歌謡曲」라고 하지만 '가요강사'나 '가요교실'이라고 말할 때는 「歌謡講師」「歌謡教室」라고 한다. 즉 의미적으로 볼 때 「歌謡」 속에 「歌謡曲」가 포함되어 있으며 같은 노래를 「歌謡」「歌謡曲」이라 부르는 경우도 있다.

2 마술(魔術) → 手品

- 일본어에도 「魔術」은 있으며, 「手品」와 같은 의미로 사용되는 경우가 많다. 「手品」는 「奇術」나 「マジック」라고도 한다. 이러한 것들을 행하는 사람을 「魔術師」「手品師」「奇術師」「マジシャン(magician)」이라 한다.

3 유흥가(遊興街) → 歓楽街

- '환락가'라는 말은 한국어에도 있으나 「遊興街」라는 말은 일본어에 없다.
- 일본어에도 「遊興」이란 말이 있어 「遊興飲食税」「遊興費」처럼 사용되지만 「遊興街」라는 말은 거의 사용하지 않는다.

4 유흥업소(遊興業所) → 風俗店

- 성적 서비스를 제공하는 업소를 일본에서는 「遊興業」이라 하지 않고 「風俗営業」 또는 「風俗店」이라 한다. 음식점, 바(bar), 카바쿠라(「キャバレー」와 「クラブ」의 중간형태), 댄스홀, 파칭코 등이 있으며 「風俗営業法」을 줄여 「風営法」가 규제, 관리하고 있다.

5 축제(祝祭) → 祭(まつり)

- 일본어에서 「祝祭(しゅくさい)」는 몇 사람이 모여 행하는 축하 행사를 의미하므로 신불과 관련된 의식이나 행사를 의미하는 「祭(まつり)」와는 의미가 다르다. 또한 「祝祭日(しゅくさいじつ)」라 하면 국가가 정한 경축일과 제사가 있는 날을 의미한다.

6 현장감(現場感) → 臨場感(りんじょうかん)

- 일본에서도 「現場監督(げんばかんとく)」이나 「現場審査(げんばしんさ)」라는 말은 사용하나 「現場感」이라는 말은 없고 「臨場感(りんじょうかん)」을 사용한다.

7 화투(花闘) → 花札(はなふだ)

- 「花闘」를 일본에서는 「花札(はなふだ)」라 한다. 「花札(はなふだ)」는 「花(はな)ガルタ」라고도 하며 포르투갈 트럼프의 영향을 받아 48장으로 되어 있다. 「花札(はなふだ)」는 1년 12개월의 각 달을 상징하는 일본의 자연(꽃)이 4장씩 그려져 있다. 보통 2인이 하는 놀이를 「こいこい」라 하고, 3~4인이 하는 놀이를 「花合(はなあ)わせ」라고 한다.

◈ 교류, 행사

1 농담(弄談) → 冗談(じょうだん)

- 「弄談」은 일본어에 없는 말이며 「弄」의 의미를 모르면 한자에서 「冗談」을 유추하기도 어려우므로 「冗談(じょうだん)」을 알아두는 편이 좋다.

2 당첨(當籤) → 当選(とうせん)

- 「抽籤」도 일본어에서는 「抽選(ちゅうせん)」이라고 하는 것처럼 상용한자에 「籤(첨)」자가 없기 때문에 「選(せん)」자로 대용표기다.

3 묵념(默念) → 黙祷(もくとう)

- 일본에서는 기념식 등에서 희생자들에게 받치는 묵념을 「黙祷(もくとう)」라고 한다.

4 불가사의(不可思議) → 不思議(ふしぎ)

- 「不思議(ふしぎ)」는 불교에서 유래된 말로 부처님의 지혜나 신통력은 말로 나타낼 수가 없다는 의미로부터 일반적으로는 상식적으로는 이해할 수 없는 현상을 말한다.

• 「不思議」는 「不可思議」의 약어이다.

5 불참(不參) → 不参加

• 「不参」도 사전에 수록되어 있지만 일반적으로 「不参加」를 더 많이 사용한다.

6 전형(銓衡) → 選考

• 일본어에도 「銓衡」라는 말은 있으나 「選考」가 일반적이다.

7 송년회(送年會) → 忘年会

• 「忘年会」라는 말은 한국에도 있지만 일본에서 「送年会」라고는 하지 않는다.

8 시상식(施賞式) → 表彰式

• 일본에서는 「表彰状」을 주는 의식이라는 의미에서 「表彰式」이라고 한다.

9 식순(式順) → 式次第

• 「式順」은 일본에서는 사용하지 않는 말이다.

10 여행지(旅行地) → 旅先

• 한국어의 「連絡處」는 일본어로 「連絡先」, 「提出処」는 「提出先」라고 하는 것처럼 한국어의 「~처(處)」는 일본어의 「先」와 대응될 때가 많다.

11 연례행사(年例行事) → 恒例行事

• 「年中行事」는 많이 사용해도 「年例行事」라고는 하지 않는다.

12 예방(禮訪) → 表敬訪問

• 일본어에는 「禮訪」이라는 말은 없고 「表敬訪問」이 일반적이다.

13 오찬회동(午餐會同) → 昼食会

• 「昼食会」보다 더 공식적인 표현으로 「午餐会」라는 말도 있기는 하나 사용빈도는 높지 않다.

14 오층탑(五層塔) → 五重の塔

• 「三重塔」은 「さんじゅうのとう」 「五重塔」은 「ごじゅうのとう」처럼 「の」를 넣어서 읽는다.

- 일본어에서 「層」은 「3層構造」와 같이 구조를 설명할 때 사용된다.

15 입상자(入賞者) → 入選者

- 「入賞者」라는 말도 많이 사용한다.

16 자매결연(姉妹結緣) → 姉妹提携

- 일본어에도 「結縁」이라는 말은 있으나 「姉妹結縁」과 같은 식으로는 사용되지 않고 「姉妹提携(자매제휴)」라 한다.

17 자매도시(姉妹都市) → 友好都市

- 일본어에도 「姉妹都市」라는 말이 있어 지금도 사용되고 있지만, 「姉妹」를 사용하면 어느 쪽이 언니이고 어느 쪽이 여동생일까 하는 의문이 생기기 때문에 최근에는 「友好都市」라고 하는 말을 사용한다.

18 접수(接受) → 受付

- 일본어에서 사용하는 「接受」는 '받다, 받아들이다'의 의미로 사용되기 때문에 「受付」와는 의미가 다르다.

19 조찬회(朝餐會) → 朝食会

- 「午餐会」 「昼食会」 「晩餐会」 등은 사용하지만 「朝餐会」라고는 하지 않는다.

20 참석(參席) → 出席

- 「参席」은 일본어에서 사용하지 않는 말이다.

21 추첨(抽籤) → 抽選

- 현재 일반적으로 사용되고 있는 「抽選」은 대용표기가 일반화된 것으로, 원래는 한국어의 「抽籤」이라고 쓰는 것이 올바른 표기이다.
- 「当籤(당첨)」도 일본어로는 「当選」이라고 한다.

22 합석(合席) → 相席

- 한국어처럼 「合席」이라는 말도 사용하지만 일본어에서는 「相席」가 일반적이다.
- 복잡한 식당에서 「ご相席でお願いします(합석 부탁드립니다)」 「ご相席でよろしいでしょうか(합석해도 될까요?).」 등과 같이 사용된다.

23 행사장(行事場) → 会場

- 일본어에서는 「会場」가 행사장이라는 의미로 시험장(試験の会場), 세미나 장소(セミナー会場), 2차 장소(二次会場) 등 폭넓게 사용된다.

24 현수막(懸垂幕) → 垂幕

- 대부분의 일본인은 「懸垂」는 철봉에 매달리는 '턱걸이'로 알고 있다.

25 홍보(弘報) → 広報

- 「弘報」라는 말도 사전에 수록되어 있기는 하지만 거의 사용하지 않으며 「広報」가 일반적이다.

26 회동(會同) → 会合

- 「会席」라고도 쓴다.
- 「会同」은 일본어에도 있는 말이지만 「会合」이 일반적이다.

27 회의록(會議錄) → 議事録

- 일본어에도 「会議録」이라는 말은 있으나 일반적으로 「議事録」를 많이 사용한다.

◈ 스포츠

1 거물(巨物) → 大物

- 일반적으로 「巨」는 「大」보다 큰 것을 가리키는 말이며 「巨人」이라는 말이 있기 때문에 의미는 통하겠지만 「巨物」이라는 말은 일반적으로 사용하지 않는다.

2 경기속보(競技速報) → 試合速報

- 한국처럼 「競技速報」도 사용하지만 「試合速報」가 일반적이다.

3 기록보유자(記錄保有者) → 記録保持者

- 일본어에서 「保有」는 자기 것으로 가지고 있는 것이고, 「保持」는 계속 유지하는 것이라는 의미가 있다. 따라서 일본 기록이나 세계 기록 등은 개인의 소유물로서 가질 수 있는 성격의 것은 아니기 때문에

「保有」라 하지 않고, 누군가에게 기록이 깨질 때까지 계속 유지하는 것이기 때문에 「保持」를 사용한다.

4 대장정(大長程) → 長丁場

- 대장정은 본래 1만 5,000킬로미터에 달하는 중국공산군(紅軍)의 역사적 대행군에서 유래한 말이기 때문에 「長丁場」와 완전히 일치한다고 보기는 어렵지만 거리가 길다는 점에서 유사표현으로 볼 수 있다.
- 「長丁場」는 「長町場」라고도 쓴다.

5 등산객(登山客) → 登山者

- 「登山客」도 사용하나 일반적으로 「登山者」를 더 많이 사용한다.

6 등산로(登山路) → 登山道

- 「路」도 「道」도 훈독은 「みち」이며 어느 쪽을 사용해도 의미상 차이는 크게 없으나 「登山道」가 일반적이다.

7 무승부(無勝負) → 引き分け

- 일본어의 「引き分け」는 시합의 내용이 비슷비슷하고 평가나 득점 등을 반씩 나누는 것을 말하므로 「引き分けの結果, 勝ち負け無し」라고도 한다. 이에 비해 한국어의 「無勝負」는 시합 내용은 언급하지 않고 결과만을 표현한다는 차이가 있다.
- 영어의 「ドロー(draw, 무승부)」를 사용하여 「2対2のドローでした。(2 대 2 무승부였다)」라고 하는 경우도 있다.

8 사범(師範) → 師匠

- 한국처럼 「師範」이라고도 한다.

9 삼판양승(三判兩勝) → 三番勝負

- 일본어에서는, 바둑, 장기, 스모, 검도 등의 승부나 시합 등을 세는 조수사로서 「番」이 사용된다. 한국어에서 「三判兩勝」은 승자를 결정하는 방법을 말하는데 비해, 일본어에서는 승자를 결정하기 위해 실시하는 시합의 수를 말한다. 따라서 「三判兩勝」과 같이 세 번 겨루어 승패를 정하는 시합 방식을 일본어로는 「三番勝負」라 하고, 시합 수에 따라 「五番勝負」 「七番勝」라고 한다.
- 그 밖에 중요한 시합을 「大一番」, 스모에서 그날의 마지막 시합을 「結びの一番 (마지막 한판)」이라고 한다.

10 서전(緒戰) → 初戦

- 「緒戦」이라는 말도 사용한다. 단, 「初戦」은 첫 번째 시합이라는 의미로 사용되며, 「緒戦」은 시합의 시작 단계 또는 시작 국면의 의미로 사용된다.
- 「緒戦」은 전통적으로 「ショセン」으로 읽지만, 관용적으로는 「チョセン」으로도 읽는다.

11 수경(水鏡) → 水中眼鏡

- 일본어에서 「水鏡」은 수면에 비치는 모습 또는 수면에 모습을 비추어 보는 것을 의미하므로 일본어의 「水中眼鏡」와는 전혀 다르다.
- 최근에는 수영할 때 눈만 가리는 것은 「ゴーグル(goggles)」라 부르는 것이 일반적이며 눈과 코를 덮는 「水中眼鏡」와 구별하여 부른다.

12 수영복(水泳服) → 水着

- 「水着」는 여자 수영복을 가리키며 남자 수영복은 「水泳パンツ(pants)」 또는 「海水パンツ」」라고 한다.
- 수영복은 종류에 따라 「競泳用水着(경영 수영복)」 「スクール水着(학교 수영복)」 「ワンピース水着(원피스 수영복)」 「ビキニ(비키니)」 등으로 불린다. 또한 잠수시에 착용하는 것은 「潜水服(잠수복)」라 한다.

13 역도(力道) → 重量挙げ

- 중년 이상의 일본인에게 「力道」는 스모선수에서 프로레슬링으로 전향하여 유명해진 「力道山(1924-1963)」을 연상시키는 말이다. 영어의 가타카나 표기인 「ウエイトリフティング(weight lifting)」라고도 한다.

14 우완투수(右腕投手) → 右投手

- 「右腕」을 「右腕」으로 읽으면 '오른 팔' 또는 '우완투수'라는 의미가 되지만, 「右腕」라고 읽으면 '오른 팔'의 의미뿐 아니라 '심복(가장 믿는 부하)'의 의미도 있어 「彼は社長の右腕だ。(그는 사장님의 오른 팔이다)」와 같이 사용된다.
- 우완투수는 「右投げ」 「右ピッチャー」 「右投げの投手」라고도 한다.

15 은퇴(隱退) → 引退

- 일본어에서 「隠退」는 사회적 활동으로부터 물러나 한가로이 지내는 것을 말하며 「引退」는 관직이나 지위에서 물러나는 것을 의미한다. 둘다 물러난다는 의미는 같지만 「引退」는 손을 떼는 것에 중점이

있고 「隠退」는 한가로이 지내는 것에 중점이 있다.

16 1승1무(1勝1無) → 1勝1分け

- 한국어에서는 「無勝負」의 「無」를 사용하고 일본어에서는 「引き分け」의 「分け」를 사용하는 차이가 있다. 한국식의 「無」를 일본어에서 사용하면 비(雨) 등으로 시합이 무산되었다고 오해할 수 있다.

17 좌완투수(左腕投手) → 左投手

- 「左投げ」 「左ピッチャー」「左投げの投手」「サウスポー(southpaw)」라고도 한다.

18 청백전(青白戦) → 紅白戦

- 「青白戦」이나 「紅白戦」은 한일양국에서 모두 사용되는 말이지만, 일반적으로 한국에서는 대결하는 2팀을 「青白(청백)」으로 나누고 일본에서는 「紅白(홍백)」으로 나누는 경우가 많다.
- 일본의 「紅白戦」은 「鎌倉幕府」수립의 계기가 된 「源平合戦(1180-1185)」에서 「平氏」가 청기(青旗)를 들고 「原氏」가 백기(白旗)를 들고 싸운 데서 유래되었다고 전해지고 있다.
- 「紅白戦」은 스포츠뿐만 아니라 「NHK歌紅白合戦」처럼 다양한 분야에서 쓰인다.

19 출전(出戦) → 出場

- 「出場」는 「出演(출연)」의 의미로도 쓰인다.

예 ▪ 大みそかのNHK紅白歌合戦に紅組で出場することが25日、分かった。
(섣달 그믐날 방송되는 NHK의 가요홍백전(청백전)의 홍팀으로 출연한다는 사실을 25일 알았다.)

20 패배(敗北) → 敗北/敗退

- 「敗退」는 일반적으로 스포츠 경기나 게임에서의 패배, 「敗北」는 스포츠 이외의 대결에서의 패배를 가리킨다. 즉 일본어에서 「敗北」는 단지 패배(지는 것)만을 의미하지만, 「敗退」는 예선이나 토너먼트에서 패배하여 물러나는 것을 의미한다.

예 ▪ 2回戦で敗北した。(2회전에 패배했다)
▪ 日本家電メーカー韓国に敗北宣言(일본 가전업체 한국에 패배선언)

21 ~회말(~回末) (야구경기) → ~回裏

- 야구에서 말(末) 공격을 일본어로는 「裏」라고 한다. 일본인이 한국야구를 볼 때 「~回末」은 그 회(回)의 후반이라는 의미로 오해할 수 있다.

22 ~회초(~回初) (야구경기) → ~回表(かいおもて)

- 야구에서 선공(先攻)을 일본어로는 「表(おもて)」라 한다. 일본인이 한국야구를 볼 때 「~回初」는 그 회(回)의 초반이라는 의미로 오해할 수 있다.

환경 · 교통

자연

1 경치 景致

정답 및 해설 151쪽

○ 홋카이도는 멋진 경치가 정말 많은 곳이다.

○ 北海道は綺麗な________が本当に多いところである。

• 綺麗(きれい)な 멋진, 아름다운

2 낙도 落島

정답 및 해설 151쪽

○ 낙도의 상황은 각각 다르지만 어린이를 포함해서 인구가 적은 것이 공통이다.

○ ______の状況はそれぞれで異なるが、子どもを含め人口が少ないことが共通している。

• 状況(じょうきょう) 상황　• 異(こと)なる 다르다　• 含(ふく)める 포함하다　• 共通(きょうつう) 공통

3 단풍 丹楓

○ 단풍은 기온이 낮으면 빨라지고 기온이 높으면 늦어진다.

○ _______は気温が低いと早まり、気温が高いと遅くなる。

• 気温(きおん) 기온　• 早(はや)まる (시간·기일이) 빨라지다　• 遅(おそ)い (시기·시간·행동 등이) 늦다

4 동해안 東海岸

○ 동해안, 서해안의 주요 유적을 빠짐없이 돌아보다.

○ _______西岸の主要な遺跡をくまなく見て回る。

• 西岸(せいがん) 서쪽 해안, 서안　• 主要(しゅよう)な 주요한　• 遺跡(いせき) 유적

• くまなく 구석구석까지, 샅샅이　• 回(まわ)る 돌다, 회전하다

5 무궁화 無窮花

○ 무궁화는 여름에 피는 꽃으로, 하양, 분홍, 보랏빛이 선명한 꽃을 피운다.

○ _______は夏の花で、白、ピンク、紫の鮮やかな花を咲かせてくれる。

• 夏(なつ)の花(はな) 여름철에 피는 꽃　• ピンク 분홍　• 紫(むらさき) 보랏빛　• 鮮(あざ)やかな 선명한

6 사계절 四季節

정답 및 해설 151쪽

○ **사계절**을 명확히 구분할 수 있는 지역은 중위도에 있고 기단의 변화가 큰 지역이다.
○ ______がはっきりと区別できる地域は、中緯度にあって気団の移り変わりが大きい地域である。

- はっきりと 명확히, 솔직히
- 区別(くべつ) 구분(별)
- 気団(きだん)の移(うつ)り変(か)わり 기단의 변화

☞ 中緯度(ちゅういど) 중위도(북반구를 기준으로 북위90도부터 60도까지를 고위도, 60도부터 30도까지를 중위도, 30도부터 0까지를 하위도라 함)

7 서해안 西海岸

정답 및 해설 151쪽

○ 동 예루살렘은 요르단 강 **서해안** 지구를 형성하는 일부이다.
○ 東エルサレムはヨルダン川______地区を形成する一部である。

- 地区(ちく) 지구, 특정 구역
- 形成(けいせい) 형성

8 유기농 야채 有機農野菜

정답 및 해설 152쪽

○ 역시 야채는 무농약으로 안전한 **유기농 야채**가 좋군요.
○ やはり野菜は無農薬で安全の______がいいですよね。

- 野菜(やさい) 야채, 채소, 푸성귀
- 無農薬(むのうやく) 무농약

9 전답 田畓

정답 및 해설 152쪽

○ 멧돼지로부터 **전답**을 지키자!
○ イノシシから______を守ろう！

- イノシシ 멧돼지
- 守(まも)る 지키다, 수호하다, 주의해서 살펴보다

10 피해지역 被害地域

정답 및 해설 152쪽

○ 동일본대지진의 **피해지역**에 대한 지원을 계속하고 있다.
○ 東日本大震災の______への支援を続けている。

- 大震災(だいしんさい) 대지진으로 인한 큰 피해
- 支援(しえん) 지원

11 흉작 凶作

정답 및 해설 152쪽

○ 금년의 송이버섯은 흉작이다.

○ 今年のマツタケは＿＿＿＿＿である。

• マツタケ 송이버섯

❂ 환경

1 기피혐오시설 忌避嫌悪施設

정답 및 해설 152쪽

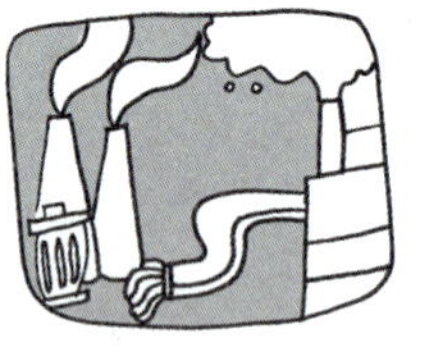

○ 기피혐오시설이 생기면, 환경오염 위험・사고 위험・지가 하락 등이 일어날 수 있다.

○ ＿＿＿が出来ると、環境汚染の危険・事故の危険・地価の下落などが起きられる。

• 環境汚染(かんきょうおせん) 환경오염 • 危険(きけん) 위험 • 地価(ちか) 땅값 • 下落(げらく) 하락

2 멸종 滅種

정답 및 해설 152쪽

○ 오늘날 세계단위로는 연평균 100종 전·후의 생물이 멸종되고 있다고 추정된다.

○ 今日、世界単位では、年平均100種前後の生物が ＿＿＿しているとも推定される。

• 今日(こんにち) 오늘날, 현대 • 単位(たんい) 단위 • 平均(へいきん) 평균 • 生物(せいぶつ) 생물 • 推定(すいてい) 추정

3 분리수거 分離収去

정답 및 해설 152쪽

○ 시에서는 가정에서 나오는 쓰레기의 분리수거를 실시하고 있다.

○ 市では、家庭から出るごみの＿＿＿＿＿を行っている。

• 行(おこな)う 실시하다, 실행하다

4 서식 棲息

정답 및 해설 153쪽

○ 이 동물은 주로 열대에 서식하며 몸길이가 2미터 이상이 된다.

○ この動物は主として熱帯に＿＿＿＿＿し、体長が2m以上になる。

• 動物(どうぶつ) 동물 • 熱帯(ねったい) 열대 • 体長(たいちょう) (동물의) 몸길이

5 양서류 両棲類

정답 및 해설 153쪽

○ 20세기 후반부터 일본을 포함한 전 세계의 양서류가 계속 감소하고 있다.

○ 日本も含めて20世紀後半から、世界規模で________が減りつつある。

• 世紀(せいき) 세기 • 後半(こうはん) 후반 • 規模(きぼ) 규모 • 減(へ)る 감소하다

6 양지 陽地

정답 및 해설 153쪽

○ 며칠 전 온도계를 응달에 놓았더니 36도, 양지에 놓았더니 50도가 되었다.

○ 先日温度計を日陰に置くと36度、________に置くと50度近くになった。

• 温度計(おんどけい) 온도계 • 日陰(ひかげ) 응달, 그늘

7 원주민 原住民

정답 및 해설 153쪽

○ 원주민과의 공존이 금후의 과제로서 대두되고 있다.

○ ______との共存が今後の課題として挙げられる。

• 共存(きょうそん) 공존 • 今後(こんご) 금후, 차후 • 課題(かだい) 과제 • 挙(あ)げる 거론하다

8 은하수 銀河水

정답 및 해설 153쪽

○ 지구로부터 130억 광년 이상이나 떨어진 가장 먼 은하수를 발견했다고 구미의 관측팀이 발표했다.

○ 地球から130億光年以上も離れた最も遠い______を見つけたと、欧米の観測チームが発表した。

• 地球(ちきゅう) 지구 • 光年(こうねん) 광년 • 離(はな)れる 떨어지다, 벗어나다

• 見(み)つける 발견하다 • 欧米(おうべい) 구미 • 観測(かんそく) 관측 • 発表(はっぴょう) 발표

9 음지 陰地

정답 및 해설 153쪽

○ 아무리 멋진 정원이라도 음지에서 식물이 자라기 어려운 장소가 반드시 있다.

○どんなに素敵なお庭にも、必ず________で植物が育ちにくい場所がある。

• 素敵(すてき) 멋짐, 세련됨 • 植物(しょくぶつ) 식물 • 育(そだ)ちにくい 자라기 어렵다

10 이물질 異物質

정답 및 해설 153쪽

○ 식품에 벌레, 금속 등의 **이물질**이 섞여 들어가는 사건이 계속 이어지고 있다.

○ 食品に虫、金属などの________が混入する事件が相次いでいる。

- 食品(しょくひん) 식품
- 金属(きんぞく) 금속
- 混入(こんにゅう) 혼입, 섞여 들어감
- 事件(じけん) 사건
- 相次(あいつ)ぐ 잇따르다

11 재활용 再活用

정답 및 해설 153쪽

○ 빈 우유팩을 활용하는 **재활용** 방법을 소개합니다.

○ 空いた牛乳パックを活用する________の方法を紹介します。

- 空(あ)く 비다
- 牛乳(ぎゅうにゅう)パック 우유팩
- 活用(かつよう) 활용
- 紹介(しょうかい) 소개

12 정원수 庭園樹

정답 및 해설 153쪽

○ 춘분부터 4월 초순까지는 **정원수**를 심기에 적당한 시기이다.

○ 3月のお彼岸から4月上旬までは________の植えつけ適期である。

- 上旬(じょうじゅん) 초순, 상순
- 植(う)えつけ (묘목 등을) 심음, 모내기
- 適期(てっき) 적기

☞ 彼岸(ひがん) 춘분(3월21일경) · 추분(9월23일경)을 중심으로 앞뒤 3일씩 7일간(「寒さも暑さも彼岸まで」 아무리 춥거나 더워도 춘분의 彼岸이나 추분의 彼岸이 되면 수그러든다는 의미)

13 청소 清掃

정답 및 해설 154쪽

○ **청소**에 의해 회수된 쓰레기의 처리는 중요한 문제이다.

○ ______によって回収されたゴミの処理は重要な問題である。

- 回収(かいしゅう) 회수
- 処理(しょり) 처리

14 폐지 廢紙

정답 및 해설 154쪽

○ **폐지**를 회수 장소별로 구분하면 가정계통, 사무계통, 산업계통으로 크게 나눌 수 있다.

○ _____を回収先別に区別すると、家庭系、事業系、産業系に大別できる。

- 回収先(かいしゅうさき) 회수 처, 회수 장소
- 区別(くべつ) 구분, 구별
- 産業系(さんぎょうけい) 산업용
- 大別(たいべつ) 크게 나눔

15 화분 花盆

정답 및 해설 154쪽

○ 이 용기는 화분으로 이용할 수도 있다.

○ この容器は________として利用することが可能である

• 容器(ようき) 용기 • 可能(かのう) 가능

16 환경미화원 環境美化員

정답 및 해설 154쪽

○ 환경미화원 채용정보에 관해 알려드립니다.

○ ______の採用情報についてお知らせします。

• 採用情報(さいようじょうほう) 채용정보 • お知(し)らせ 알림, 통지

17 황산 黄酸

정답 및 해설 154쪽

○ 황산의 성질은 농도와 온도에 따라서 크게 다르다.

○ ______の性質は濃度と温度によって大きく異なる。

• 性質(せいじつ) 성질 • 濃度(のうど) 농도 • 異(こと)なる 다르다

날씨 · 기상

1 강수량 降水量

정답 및 해설 154쪽

○ 20세기 전반에 걸쳐 지구 규모로 강수량이 크게 증가했다.

○ 20世紀を通じて地球規模で ______が大きく増加した。

• 世紀(せいき) 세기 • ~を通(つう)じて ~을 통하여, ~에 걸쳐서 • 地球規模(ちきゅうきぼ) 지구 규모

• 増加(ぞうか) 증가

2 기상도 氣象圖

정답 및 해설 155쪽

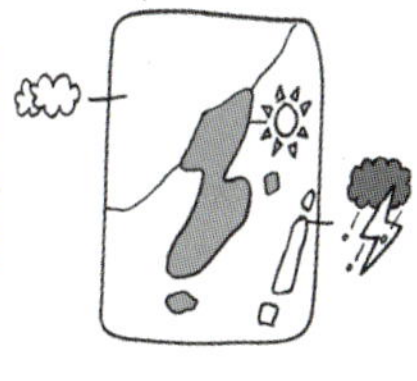

○ 1883년 2월 16일 일본에서 최초로 기상도가 만들어졌다.

○ 1883年2月16日、日本で初めて________が作られた。

• 初(はじ)めて 처음으로, 최초로

3 기상악화 氣象悪化

정답 및 해설 155쪽

○ 기상악화 때문에 임시휴업 하오니 미리 양해해 주시기 바랍니다.

○ ______のため臨時休業とさせて頂きますので予めご了承下さい。

- 臨時休業 임시휴업
- ~させて頂きます 하도록 해주십시오(상대에게 정중하게 허가를 구한다는 뜻을 나타냄)
- 予め 사전에, 미리
- 了承 승낙, 이해, 양해

4 기상이변 氣象異變

정답 및 해설 155쪽

○ 특히 올 봄은 기상이변으로 벚꽃의 개화가 10일에서 일주일 정도 빨랐다.

○ 今春は特に________で、桜の開花が十日から一週間ほど早かった。

- 今春 올해의 봄
- 開花 꽃이 핌
- 十日 열흘, 10일

5 역대최고기온 歷代最高氣溫

정답 및 해설 155쪽

○ 동경의 역대최고기온은 39.℃(2004년 7월 20일)이다.

○ 東京の________は39.5℃(2004年7月20日)である。

- 東京 동경(23개의 특별구로 이루어진 일본의 수도, 인구 약 1,300만 명)

6 위성사진 衛星寫眞

정답 및 해설 155쪽

○ 위성사진은 항공사진에 비해 한 번에 넓은 범위를 취득할 수 있다는 이점이 있다.

○ ______は航空写真に比べ一度に広範囲を取得することができるという利点があります。

- 航空写真 항공사진
- 一度に 한꺼번에
- 広範囲 광범위
- 取得 취득
- 利点 이점

7 일기예보 日氣豫報

정답 및 해설 155쪽

○ 일기예보에 의하면 이번 연휴 중에는 계속 눈이 내릴 것 같다.

○ ______によると、この連休中はずっと雪になるらしい。

- 連休中 연휴 중

8 직사광선 直射光線

정답 및 해설 155쪽

○ 이 식품은 직사광선을 피해 상온에서 보존해 주세요.

○ この食品は＿＿＿＿をさけ、常温で保存して下さい。

• 避(さ)ける 피하다 • 常温(じょうおん) 상온 • 保存(ほぞん) 보존

9 폭설 暴雪

정답 및 해설 156쪽

○ 폭설의 영향으로 고속도로의 통행금지에 따른 집배업무에 지장이 생기고 있다.

○ ＿＿＿の影響により、高速道路の通行止めによる集配業務に支障が出ている。

• 影響(えいきょう) 영향 • 通行止(つうこうど)め 통행금지 • 集配業務(しゅうはいぎょうむ) 집배업무

• 支障(ししょう)が出(で)る 지장이 생기다

10 폭염 暴炎

정답 및 해설 156쪽

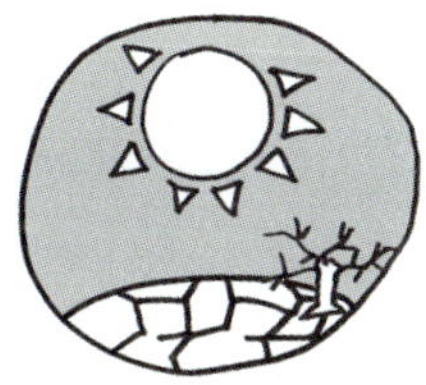

○ 미국 동부와 남부의 넓은 지역에서 기록적인 폭염이 계속되고 있다.

○ 米東部と南部の広い地域で記録的な＿＿＿＿が続きいている。

• 米東部(べいとうぶ) 미국 동부 • 記録的(きろくてき)な 기록적인

11 폭우 暴雨

정답 및 해설 156쪽

○ 올해 일본 각지에서는 계속해서 내린 폭우의 영향으로 농작물에도 막대한 영향이 생기고 있다.

○ 今年、日本各地で降り続いた ＿＿＿の影響で、農作物にも多大なる影響が出ている。

• 各地(かくち) 각 지역 • 降(ふ)り続(つづ)く (비가) 계속내리다 • 農作物(のうさくぶつ) 농작물

• 多大(ただい)なる (정도나 수량이) 매우 많은, 막대한

12 폭풍권 暴風圈

정답 및 해설 156쪽

○ 오키나와 지방은 11일 밤부터 풍속 25미터 이상의 폭풍권에 들어갈 전망이다.

○ 沖縄地方は11日夜から風速25メートル以上の＿＿＿＿に入る見込みである。

• 風速(ふうそく) 풍속 • メートル(meter) 미터 • 見込(みこ)み 전망, 예정

13 해일 海溢

정답 및 해설 157쪽

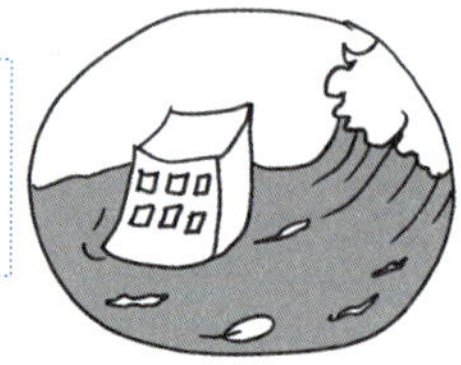

○ 유럽 각국은 행방불명자 수를 해일 후 바로 발표했다.

○ ヨーロッパ各国は、行方不明者数を、________の後すぐに発表した。

• ヨーロッパ各国 유럽 각국 • 行方不明者数 행방불명자수

14 호우주의보 豪雨主意報

정답 및 해설 157쪽

○ 호우주의보가 발령될 정도의 비라면 호우가 지나간 뒤에도 충분히 주의해야 한다.

○ _____が発令されるほどの雨であれば、それが通りすぎたあとでも、充分に注意しなければいけない。

• 発令される 발령되다 • 通りすぎる 지나가다 • 充分に 충분히

• 注意 주의

차량 · 철도

1 관문 關門

정답 및 해설 157쪽

○ 옛날에는 우에노역이 동경의 북쪽 관문이었다.

○ 昔は上野駅が東京の北の________だった。

• 上野駅 우에노역

2 개통 開通

정답 및 해설 157쪽

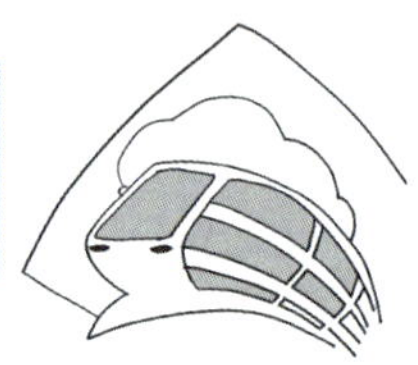

○ 1964년 10월 1일에 개통한 도카이도 신칸센이 최초의 신칸센 노선이다.

○ 1964年10月1日に________した東海道新幹線が初の新幹線路線である。

• 新幹線 신칸센 • 路線 노선

☞ 일본의 신칸센은 1964년 최초로 개통한 東海道신칸센(東京↔新大阪)을 비롯하여, 山陽신칸센(新大阪↔博多), 東北신칸센(東京↔新青森), 上越신칸센(大宮↔新潟), 長野신칸센(高崎↔長野), 九州신칸센(博多↔鹿児島中央駅)의 6구간 외에 미니 신칸센으로 불리는 山形신칸센(福島県の福島駅↔山形県の新庄駅), 秋田신칸센 (盛岡↔秋田)의 2구간이 있다.

3 경차 輕車

정답 및 해설 157쪽

○ 일본의 경우, 경차가 차지하는 비율은 2009년에 26.6%이었으나 2011년도 말 현재 36.5%로 사상 최고를 기록했다.

○ 日本の場合、＿＿＿＿の占める割合は、2009年に26.6%であったが、2011年度末時点で36.5%となり、過去最高となった。

• 占(し)める 차지하다 • 割合(わりあい) 비율 • 最高(さいこう) 최고

☞ 2009년 현재, 한국의 경·소형차의 점유율은 전체 승용차 등록대수의 7.5%로 일본의 경차 점유율 26.6%, 프랑스 39%, 이탈리아 55%, 영국 28.4%에 비해 현격히 낮다.('이데일리 종합뉴스' 2009.9.21).

4 관용차 官用車

정답 및 해설 158쪽

○ 시의 관용차에 대해서는 안전운전을 도모하기 위해 전면 금연을 실시하고 있다.

○ 市の＿＿＿＿については安全運転を図ることから全面禁煙を実施している。

• 図(はか)る 도모하다 • 禁煙(きんえん) 금연 • 実施(じっし)する 실시하다

5 보물선 寶物船

정답 및 해설 158쪽

○ 보물선에는 금은, 보석 등 여러 보물이 실려 있다.

○ ＿＿＿＿には金銀・宝石など、いろいろな宝物が積み込んである。

• 金銀(きんぎん) 금은 • 宝石(ほうせき) 보석 • 宝物(たからもの) 보물 • 積(つ)み込(こ)む (배·수레 등에) 짐을 싣다

6 상행선 上行線

정답 및 해설 158쪽

○ 도메이 고속도로 상행선 터널 안에서 대형 트럭 5대가 연쇄 추돌하는 사고가 있었다.

○ 東名高速＿＿＿＿のトンネル内で大型トラックなど5台が絡む事故があった。

• 東名高速(とうめいこうそく) 도쿄(東京)와 나고야(名古屋)를 잇는 고속도로 • 絡(から)む 얽히다, 휘말리다
• 大型(おおがた) 대형 • 事故(じこ) 사고

7 역주행 逆走行

정답 및 해설 158쪽

○ 승용차가 반대차선을 약 60미터 역주행하여 트럭과 정면충돌했다.

○ 乗用車が対向車線を約60メートル＿＿＿＿し、トラックと正面衝突した。

• 乗用車(じょうようしゃ) 승용차 • 対向車線(たいこうしゃせん) 반대차선 • 正面衝突(しょうめんしょうとつ) 정면충돌

8 열차시간표 列車時間表

정답 및 해설 158쪽

○ 열차시간표는 오전 4시에 날짜가 바뀌도록 되어 있습니다.

○ ______は午前4時で日付が切り替わるようになっています。

• 日付(ひづけ) 날짜　• 切(き)り替(か)わる 바뀌다

9 운행보류 運行保留

정답 및 해설 158쪽

○ 폭우의 영향으로 신칸센의 운행보류와 서행이 이루어지고 있는 것 같다.

○ 大雨の影響により新幹線の______や徐行が行われているようでる。

• 大雨(おおあめ) 폭우, 호우　• 徐行(じょこう) 서행

10 운행중지 運行中止

정답 및 해설 158쪽

○ 폭우로 인해 일부 상하 열차에 운행중지, 지연이 발생하고 있다.

○ 大雨で一部の上下列車に______, 遅延が発生している。

• 上下(じょうげ) 상행과 하행　• 遅延(ちえん) 지연　• 発生(はっせい) 발생

11 열차 列車

정답 및 해설 159쪽

○ 곧 열차가 들어옵니다. 위험하니까 하얀 선 안쪽까지 물러서주세요.

○ まもなく______が参ります。危険ですから白線の内側までお下がり下さい。

• 参(まい)る「行く」「来る」의 공손한 말 • 危険(きけん) 위험 • 白線(はくせん) 하얀 선　• 内側(うちがわ) 안쪽

• 下(さ)がる 물러서다, (기온, 물가, 열 등이)내려가다

12 하행선 下行線

정답 및 해설 159쪽

○ 상행선 전철이 하행선을 역주행하는 진귀한 사고가 있었다.

○ 上り電車が______を逆走する珍しい事故があった。

• 上(のぼ)り 電車(でんしゃ) 상행선 전철　• 逆走(ぎゃくそう)する 역주행하다　• 珍(めずら)しい 진귀하다, 별나다

운전 · 도로

1 가로등 街路燈

정답 및 해설 159쪽

○ 이제 슬슬 가로등을 켤 시간이다.

○ もうそろそろ ______をつける時間である。

• そろそろ 슬슬 • つける(点ける)(불을) 켜다, 점화하다

2 가로수 街路樹

정답 및 해설 159쪽

○ 대도시 시가지의 주민에게 있어 가로수는 수목을 접하는 소중한 기회이다.

○ 大都市の市街地の住人にとって、______は樹木に接する貴重な機会である。

• 大都市(だいとし) 대도시 • 市街地(しがいち) 시가지 • 住人(じゅうにん) 주민 • 樹木(じゅもく) 수목

• 接(せっ)する 접하다 • 貴重(きちょう)な 귀중한 • 機会(きかい) 기회

3 노약자석 老弱者席

정답 및 해설 159쪽

○ JR에서 1973년에 처음으로 노약자석을 설치하였다.

○ JRで1973年にはじめて________を設置した。

☞ JR은 'Japan Railways'의 약자로 1987년 4월 1일에 「日本国有鉄道」가 민영화되면서 설립된 철도회사이다. 「JR東日本」「JR西日本」「JR北海道」「JR東海」「JR四国」「JR九州」 등 6개의 여객철도회사와 1개의 화물철도회사(JR貨物(かもつ))로 이루어져 있으며 전체를 「JR Group」으로 부른다.

4 교차로 交叉路

정답 및 해설 159쪽

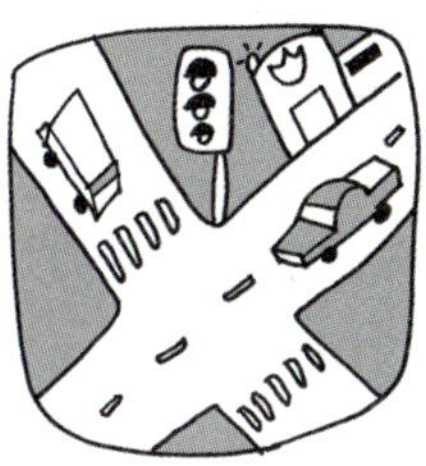

○ 이 교차로의 모서리에는 경찰서가 있다.

○ この________の角には警察署がある。

• 角(かど) 모서리, 모퉁이 • 警察署(けいさつしょ) 경찰서

5 교통체증 交通滞症

정답 및 해설 159쪽

○ 관광시즌에는 상하행선 모두 하루 종일 교통체증이 발생하고 있다.

○ 観光シーズンには上り下りとも一日中、________が発生している。

• 観光(かんこう) 관광　• シーズン 시즌　• 上(のぼ)り下(くだ)り 상하행선

6 단속 團束

정답 및 해설 160쪽

○ 도로교통법이 개정되어 내년부터 주차위반 **단속**이 엄격해진다고 한다.

○ 道路交通法が改正され、来年から、駐車違反の________が厳しくなるそうである。

• 道路交通法(どうろこうつうほう) 도로교통법　• 改正(かいせい) 개정(교칙이나 법령 등의 문제점이나 미비한 올바르게 점을 고치는 것은 「改正」라 하고, 조약이나 요금체계 등을 고쳐 새롭게 정하는 것은 「改定(かいてい)」라고 한다)
• 駐車違反(ちゅうしゃいはん) 주차위반　• 厳(きび)しい 엄격하다, 혹독하다

7 대리운전 代理運轉

정답 및 해설 160쪽

○ **대리운전**과 택시를 이용하는 것과 어느 쪽이 경제적일까요?

○ ________とタクシーを利用するのとどちらが経済的なのでしょうか。

• 経済的(けいざいてき) 경제적

8 반대차선 反對車線

정답 및 해설 160쪽

○ 어제 저녁, 달리던 승용차가 갑자기 **반대차선** 쪽으로 벗어나 길가에 서 있던 트럭과 충돌하는 사고가 발생했다.

○ 昨夜、走行中の乗用車が________側に逸脱し、路上に停車していたトラックに衝突する事故が起きた。

• 昨夜(さくや) 어젯밤　• 走行(そうこう) 주행　• 側(がわ) ~방면, 쪽　• 逸脱(いつだつ) 벗어남, 빗나감
• 路上(ろじょう) 노상　• 停車(ていしゃ) 정차　• トラック(truck) 트럭(육상경기장의 트랙도 「トラック(track)」이라고 한다)　• 衝突(しょうとつ) 충돌

9 순환선 循環線

정답 및 해설 160쪽

○ 방사선과 **순환선**은 각각 교통망을 분류할 때의 명칭이다.

○ 放射線と________はそれぞれ交通網を分類する時の名称である。

• 放射線(ほうしゃせん) 방사선　• 交通網(こうつうもう) 교통망　• 名称(めいしょう) 명칭

10 우회전 右回轉

정답 및 해설 160쪽

○ 횡단보도가 있는 교차로를 우회전할 때는 특히 조심하세요.

○ 横断歩道がある交差点を________する時は特に気をつけなさい。

• 横断歩道 횡단보도 • 交差点 교차로 • 気をつける 조심하다, 주의하다

11 운전학원 運轉學院

정답 및 해설 161쪽

○ 이 운전학원에는 여성전용 대합실이 있어서 여성에게 인기가 있다.

○ この________は女性専用待合室があり女性に人気がある。

• 女性専用 여성전용 • 待合室 대합실

12 월정기주차 月定期駐車

정답 및 해설 161쪽

○ 나고야시 니시구에 있는 월정기주차장이다.

○ 名古屋市西区にある________である。

• 名古屋 나고야 (인구 226만 명이 넘는 일본 상공업의 중심지)

13 육교 陸橋

정답 및 해설 161쪽

○ 이 육교는 1970년에 준공하여 40년이 지났다.

○ この________は昭和45年に竣工してから40年が経った。

• 昭和 쇼와(일본의 연호) • 竣工 준공 • 経つ (시간 · 세월이) 지나다, 경과하다

☞ 「昭和」에는 1925를 더하고, 「平成」에는 1988을 더하면 「서기(西記)」가 된다. 즉 「昭和」 45년은 1970년이 되고 「平成」 20년은 2008년이 된다.

14 인도 人道

정답 및 해설 161쪽

○ 원칙적으로 보행자만이 통행할 수 있는 도로의 일부분을 인도라고 한다.

○ 原則として、歩行者のみが通行することのできる道路の一部分を、________という。

• 原則として 원칙적으로 • 歩行者 보행자 • 通行 통행

15 좌회전 左回轉

정답 및 해설 161쪽

○ 교차로에서 좌회전할 때는 미리 도로의 왼쪽으로 붙어 서행해야 한다.

○ 交差点で______する際には、あらかじめ道路の左に寄って徐行しなければならない。

• 寄る 접근하다, 비키다 • 徐行 서행

16 초보운전 初步運轉

정답 및 해설 161쪽

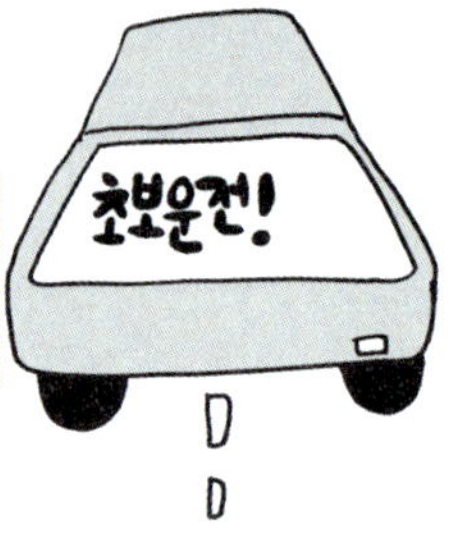

○ 대개 면허취득부터 1년간을 초보운전이라고 한다.

○ だいたい免許取得から1年間を________期間と言う。

• 免許取得 면허취득 • 期間 기간

17 통행금지 通行禁止

정답 및 해설 162쪽

○ 이용자 여러분의 안전성 확보가 곤란하다고 판단되어 통행금지하게 되었습니다.

○ ご利用のみなさまの安全性を確保することが困難であると判断されたことから,________とさせていただきます。

• 安全性 안전성 • 確保 확보 • 困難 곤란 • 判断 판단

18 합승 合乘

정답 및 해설 162쪽

○ 합승할 동료를 찾는 일은 환경과 경제성 면에서도 의미있는 일이다.

○ ______パートナーを見つけることは、環境と経済性からも有意義なことである。

• パートナー 상대, 파트너 • 有意義な 의미있는

정답 및 해설

◈ 자연

1 경치(景致) → 景色(けしき)

- 「景致」는 일본어에도 있으나 「景色(けしき)」가 일반적이다.

2 낙도(落島) → 離島(りとう)

- 일본은 6,800여 개의 섬으로 이루어진 나라인데, 일본의 국토교통성은 이들 섬을 5개(北海道, 本州, 四国, 九州, 沖縄)의 본토와 나머지 섬을 「離島(りとう)」로 나누고 있다. 따라서 일본에서의 「離島(りとう)」라고 하는 것은 본토와 떨어져 있는 대부분의 섬을 가리키기 때문에 한국의 「落島」와는 다르다고 볼 수 있다.
- 「離島(りとう)」를 「離(はな)れ島(じま)」라고도 한다.

3 단풍(丹楓) →紅葉(もみじ)

- 「紅葉(こうよう)」라고도 읽는다.
- 일본어의 「紅葉」는 가을에 나뭇잎이 붉은색이나 황색으로 물든다는 의미와 더불어 「楓(かえで)の別称(べっしょう) (단풍나무의 별칭)」이기도 하다. 일본에서는 본래 이름인 「楓(かえで)」보다 별칭인 「紅葉(もみじ)」쪽을 일반적으로 많이 사용한다. 참고로 '고사리 같은 손'은 「紅葉(もみじ)のような手(て)」라고 한다.

4 동해안(東海岸) → 東岸(とうがん)

- '동쪽 해안'의 의미로 「東岸(とうがん)」이라 한다.

5 무궁화(無窮花) → 木槿(むくげ)

「無窮花」는 일본어에는 없는 말이며 「木槿」도 일본에서는 많이 알려지지 않은 말이다.

6 사계절(四季節) → 四季(しき)

- 일본어에 「四季節」이라는 말은 없고 일반적으로 「四季(しき)」라 한다.

7 서해안(西海岸) → 西岸(せいがん)

• ‘서쪽 해안’의 의미로 「西岸」이라 한다.

8 유기농야채(有機農野菜) → 有機野菜

• 일본어의 「有機野菜」는 「有機農業で作られた野菜 (유기농법으로 재배된 야채)」의 줄임말이므로 한국식으로 「有機農野菜」라 해도 의미는 통하겠지만 「有機野菜」가 일반적이다.

9 전답(田畓) → 田畑

• 「畓」은 일본에서는 사용되지 않는 한자이며 따라서 「田畓」도 일본어에 없는 말이다.

10 피해지역(被害地域) → 被災地

• 「被害地」도 「被災地」와 함께 사용되지만 「被害地域」은 잘 사용하지 않는다.

11 흉작(凶作) → 不作

• 일반적으로 「不作」보다 더 심한 경우에 「凶作」를 사용한다.

◈ 환경

1 기피오염시설(忌避嫌惡施設) → 迷惑施設

• 영어의 「Not In My Back Yard」의 머리글자를 따서 「ニンビー (NIMBY)」라고도 하며 사회적으로는 필요하나 가까운 곳에 있으면 곤란한 쓰레기 소각장, 하수처리장, 도살장, 발전소 등의 시설을 말하는 것으로 비교적 최근에 생긴 신조어이다.

2 멸종(滅種) → 絶滅

• 「滅種」은 일본어에 없는 말이다. 일반적으로 이미 멸종된 종(種)은 「絶滅種」이라 하며 멸종 위기에 처한 종(種)은 「絶滅危惧種(멸종위기종)」라 한다.

3 분리수거(分離收去) → 分別収集

• 일반적으로 분리수거는 「分別収集」라 하며 「資源ごみ(자원 쓰레기)」 「燃えるごみ(가연성 쓰레기)」 「燃えないごみ(재활용 쓰레기)」 등으로 분류한다. 쓰레기 분리를 「ごみの分別」라고 한다.

4 서식(棲息) → 生息(せいそく)

- 일본어도 「棲息(せいそく)」가 원래의 표기이며 「生息(せいそく)」는 상용한자로 표기하기 위한 대용 표기인데 일반적으로 후자 쪽을 많이 사용한다.

5 양서류(両棲類) → 両生類(りょうせいるい)

- 일본어도 「両棲類」가 원래의 표기이며 「両生類」는 상용한자로 표기하기 위한 대용 표기임.

6 양지(陽地) → 日向(ひなた)

- 「陽地」는 일본에서는 사용하지 않는 말이다. 「日向雨(ひなたあめ)」 또는 「日照雨(ひでりあめ)」를 '여우비'라 하고 「日向(ひなた)ぼっこ」를 '볕쬐기'라 한다.

7 원주민(原住民) → 先住民(せんじゅうみん)

- 「原住民(げんじゅうみん)」이라는 말도 많이 사용하나 「先住民」이 일반적이다.

8 은하수(銀河水) → 銀河(ぎんが)

- 일본에서 은하수는 보통 「銀河(ぎんが)」 또는 「天の川(あまのがわ)」라고 하며 한국어처럼 「銀河水」라고 하지는 않는다. 옛날에는 「銀漢(ぎんかん)」 「天漢(てんかん)」라고도 하였으며 영어로 「ミルキーウエー(Milky Way)」 또는 「ギャラクシー(galaxy)」라고도 한다.

9 음지(陰地) → 日陰(ひかげ)

- 양지(陽地)는 「日向(ひなた)」라고 한다.

10 이물질(異物質) → 異物(いぶつ)

- 한자를 보면 의미는 통하겠지만 「異物質」은 거의 사용하지 않는다.

11 재활용(再活用) → 再利用(さいりよう)

- 일본어에도 「再活用」이라는 말은 있다. 단 「再活用」은 물건이나 사람이 가진 기능이나 능력을 살려 다시 한 번 더 사용한다는 의미이고, 「再利用」은 다시 한 번 더 유용하게 사용한다는 의미이다. 따라서 일본어에서 재활용, 즉 「リサイクル(recycle)」은 「再利用(さいりよう)」의 의미이다.

12 정원수(庭園樹) → 庭木(にわき)

- 「庭園」도 「樹」도 일본어에 있지만 둘을 합친 「庭園樹」라는 말은 일본어에 없다.

• 「植木」라고도 한다.

13 청소(清掃) → 掃除

• 「清掃」는 일본어에도 있는 말이며 이와 관련된 말에는 「掃き掃除(비로 쓰는 청소)」 「拭き掃除(걸레질)」 「大掃除(대청소)」 「掃除機(청소기)」 「掃除婦(청소부)」 「清掃作業員(청소작업자)」 「清掃車(청소차)」 「ビル清掃 (빌딩청소)」 등이 있고, 회사 이름에는 「○○清掃」가 일반적이다.

14 폐지(廢紙) → 古紙

• 「廃紙」는 일본어에도 있으나 「古紙」가 일반적이다.
• 최근에는 보기 어렵지만 일본에서는 폐지수집상(塵紙交換屋)이 골목을 돌며 폐지를 수집했었다.

15 화분(花盆) → 植木鉢

• 「花盆」은 일본에서 사용하지 않는 말이며 「植木鉢」가 일반적이다.

16 환경미화원(環境美化員) → 清掃作業員

• 「環境美化」라는 말은 있지만 「環境美化員」이라는 말은 없고 일반적으로 「清掃作業員」이라고 한다.

17 황산(黃酸) → 硫酸

• 「黄酸」은 일본어에서 사용하지 않고 보통 「硫酸」이라 한다.

◈ 날씨 · 기상

1 강수량(降水量) → 降水量/雨量

• 「降水量」 또는 「降雨量」은 일본어에서도 「雨量」 또는 「降水量」라고도 하는데, 엄밀히 말하면 「降水量」에는 비뿐만 아니라, 눈, 우박, 싸락눈의 수분도 모두 포함되어 있으므로 빗물뿐인 「雨量」나 「降雨量」와는 다르다.
• 이와 관련된 말로 어떤 행사시에 그 사람이 있으면 반드시 비가 내리는, 즉 비를 부르는 남자 또는 여자를 「雨男」 또는 「雨女」라며 농담으로 말하는 경우가 있다.

2 기상도(氣象圖) → 天気図

- 일본에도 「気象」이라는 말은 있지만 「気象図」라는 말은 없다.

3 기상악화(氣象惡化) → 天候悪化

- 「気象悪化」는 일본어에 없는 말이며 「天気悪化」라는 말도 하지 않고 보통 「天候悪化」 혹은 「悪天候」라고 한다. 「気象悪化」라고 하고 싶을 때는 「天気が悪くなった。」라고 한다. 또 좋지 않은 날씨가 계속 되는 경우는 「天候不順」이라 한다.

4 기상이변(氣象異變) → 異常気象

- 「気象異変」은 일본어로는 「数万年前に気象異変が起こり恐竜は絶滅した。(수만 년 전에 일어난 기상이변으로 공룡은 멸종되었다.)」와 같은 일과성의 변화를 말할 때 사용하므로 현재의 기상 상태나 모습을 나타내는 「異常気象」와는 같은 의미로 사용할 수 없다.

5 역대최고기온(歷代最高氣溫) → 過去最高気温

- 기온뿐만 아니라 기록, 성적, 판매 등 다양한 장면에서 '역대 최고~'을 일본어로는 「過去最高~」 「~が過去最高」라고 한다.

예
- 「過去最高の成績(역대 최고의 성적)」
- 「過去最高の売上(역대 최고의 매상)」
- 「経常黒字が過去最高(경상수지가 역대 최고)」 등

6 위성사진(衛星寫眞) → 衛星画像

- 동영상을 「動画像」라고 하는 것처럼 '위성사진'은 「衛星画像」라고 한다.

7 일기예보(日氣豫報) → 天気予報

- 일본어에는 「日気」라는 말이 없기 때문에 「日気予報」라는 말도 없다. 일본에서는 「気象庁」이 관할하는 전국의 「気象台」에서 일기예보나 각종 「注意報」 또는 「警報」를 발령하고 있다.
- 일기예보를 담당할 수 있는 국가 자격을 갖춘 사람을 「気象予報士(기상캐스터, 기상예보사)」라고 한다.

8 직사광선(直射光線) → 直射日光

- 일본어에서는 「光線」만으로는 「日光」라 하지 않고 「太陽光線」이라고 한다. 직사광선도 「直射光線」이라 표현하지 않고 「直射日光」이라 한다.

9 폭설(暴雪) → 大雪

- 일본어에서 기상에 관계되는 말 중 「暴」이 붙는 것은 「暴風」뿐이며 「暴雪」이라는 말은 없다. 「暴雨」라는 말도 있기는 하나 거의 사용되지 않는다.
- 「大雪」보다 많이 내리는 눈을 「豪雪」이라 하고 단기간에 많이 내리는 눈을 「どか雪」라고 한다. 이밖에도 「小米雪(싸라기눈)」 「初雪(첫눈)」 「吹雪(눈보라)」 「万年雪(만년설)」 「綿雪(함박눈)」 「雪吹雪(눈보라)」 「雪崩(눈사태)」 「 雪煙(눈보라)」 등의 다양한 눈이 있다.

10 폭염(暴炎) → 猛暑/酷暑

- 일본어에 「暴炎」이라는 말은 없다. 그러나 일본어에는 「炎」을 사용한 「炎暑(염서)」 「炎天(염천)」 「炎熱(염열)」 등의 더위를 나타내는 말이 있다.
- 일본기상청에서는 낮 최고기온이 35℃ 이상인 날을 「猛暑日(2006년 이전에는 「酷暑日」라 부름)」, 야간의 최저온도가 25℃ 이상인 밤을 「熱帯夜」, 20℃ 이상인 밤을 「真夏夜」라 한다. 또한 낮 최고기온이 25℃이상인 날을 「夏日」, 낮 최고기온이 30℃ 이상인 날을 「真夏日」라 하는데 평균 「真夏日」 일수는 仙台 17일, 東京 45일, 大阪 66일 정도이다.
- 한편 낮 최저기온이 0℃ 미만인 날을 「冬日」, 낮 최고기온이 0℃ 미만인 날을 「真冬日」라 한다.

11 폭우(暴雨) → 大雨

- 「大雨」보다 세찬 비를 「豪雨(호우)」 또는 「集中豪雨(집중호우)」라고 하며 「暴風雨(폭풍우)」 「雷雨(뇌우)」도 있다. 이 밖에 「小雨(가랑비)」 「時雨(늦가을에 지나가는 비)」 「梅雨(장마)」 「春雨(봄비)」 「氷雨(진눈깨비, 가을의 차가운 비)」 등도 있다.
- 「暴雨」를 「ぼうう」로 읽으면 '폭우'라는 뜻이 되고 「はやさめ」로 읽으면 '소나기'라는 뜻이 된다. 「はやさめ」로 읽을 때는 「速雨」로 표기하는 경우도 있으며 「暴雨」는 거의 사용되지 않는다.
- 한국처럼 「洪水」라는 말도 사용한다.

12 폭풍권(暴風圈) → 暴風域

- 「暴風圈」은 일본어에도 있지만 최근에는 「暴風域」를 많이 사용하며 「強風域」도 자주 사용된다.

13 해일(海溢) → 津波

- 일본어로 지진으로 인한 해일은 「津波」, 태풍으로 인한 해일은 「高潮」라고 한다. 보통 「津波」의 높이가 2m로 예상되면 「津波警報」를 발령하고, 3m로 예상되면 「大津波警報」를 발령한다. 동일본대지진(2011.3.11)의 경우, 東北地方 연안부에서 「津波」의 높이가 16m에 이르렀다.
- 어느 지점에서의 지진의 강도를 일반적으로 「震度(진도)」라 하고, 「震央(진앙)」로부터 100km 떨어진 지점에 있는 지진계의 최대 진폭을 「マグニチュード(Magnitude), 기호 M」라 한다. 동일본대지진(2011.3.11)의 경우, 최대 진도 「7」로 관측되었으며 지진 규모는 「M 9.0」으로 일본기상청 관측사상 최대 규모였다.

14 호우주의보(豪雨主意報) → 大雨注意報

- 장마는 「梅雨」라고 한다.
- 일본에서는 「注意報」에 「豪雨」를 사용하지 않는다. 큰 비가 내리면 홍수가 일어나기 쉬워지므로, 「大雨·洪水注意報」를 발령하는 경우가 많으며, 태풍 접근 시에는 해변에 「暴風·波浪注意報」도 발령한다. 그리고 위험도가 높아지면 주의보에서 「警報」로 바뀐다.

◈ 차량 · 철도

1 관문(關門) → 玄関口

- 「玄関口」는 가정의 현관문이라는 의미도 있으나 최근에는 국가나 도시의 관문이 되는 철도, 항만 등을 가리키는 경우가 많다.

2 개통(開通) → 開業/開通

- 일본어의 「開業」와 「開通」는 의미가 다르다. 전자는 영업을 개시하는 것이고, 후자는 철도, 도로, 다리, 터널, 전화 회선 등을 통하게 하는 것이라는 의미이다.

예 ▪ 九州新幹線全線開通, 3月12日本日開業!(규슈신칸센 전선 개통, 3월 12일 오늘 영업개시!)

3 경차(輕車) → 軽自動車

- 「軽自動車」를 「軽」라고 생략해서 쓰기도 한다.

4 관용차(官用車) → 公用車

- 일본어에서는 「官用車」라고 하지 않고 「公用車」라고 한다. 보통은 정부나 공공단체가 사용하는 자동차를 의미한다.

5 보물선(寶物船) → 宝船

- 「宝物」+「船」=「宝物船」가 아니라 「宝船」이다.

6 상행선(上行線) → 上り線

- 일본어에는 「上行線」이라는 말은 없다. 기본적으로 수도나 대도시로 향하는 것을 「上り」라 하며 그 철도 노선이나 열차를「上り線」 「上り列車」라 한다. 한편, 지방에서 도쿄로 올라온 지 얼마 되지 않은 사람을 「お上りさん」이라고 한다.

7 역주행(逆走行) → 逆走

- 「逆走行」이라고 해도 틀린 말은 아니지만 「逆走」라고 하는 것이 일반적이다.

8 열차시간표(列車時間表) → 列車時刻表

- 항공기, 버스, 열차 등의 발차시간은 「時間表」가 아니라 「時刻表」라고 한다.

9 운행보류(運行保留) → 運転見合わせ

- 「運行」도 「保留」도 일본어에 있는 말이지만 보통 「運行保留」라고는 하지 않고 「運転見合わせ」라고 한다. 「運行見合わせ」라고도 한다. 「見合わせる」는 사정에 따라 일시적으로 중지하고 상황을 지켜보는 것을 의미한다.
- 전철이나 버스 등의 경우는 「地震のため一時運転を見わせたが、30分後に運転を再開した。(지진 때문에 일시적으로 운행을 보류했지만, 30분 후에 운행을 재개했다)」라고 한다.

10 운행중지(運行中止) → 運休

- 「運休」는 「運行休止」 「運航休止」 「運転休止」의 줄임말로서 정기적으로 운행하는 교통기관의 「運転(운전)」 「運航(운항)」를 중지하는 것이다.
- 배나 비행기의 경우, 「運航中止」에 의한 「運休」는 「欠航」라고 한다. 또, 공사 중이거나 채산성이 낮다는 이유로 장기적으로 「運行(운행) / 運航(운항)」를 중지하는 경우는 전철이나 버스, 배, 비행기도

「運休」를 사용한다.

11 열차(列車) → 電車

- 우리나라에서는 지하철 안내방송에서 '열차(列車)가 들어온다'고 하지만 일본에서는 「電車がまいります」라고 한다.

12 하행선(下行線) → 下り線

- 일본어에 「下行線」이라는 말은 없다. 기본적으로 수도나 대도시로부터 멀어지는 것을 「下り」라고 하며 그 철도 노선이나 열차를 「下り線」 「下り列車」라 한다.

◈ 운전 · 도로

1 가로등(街路燈) → 街灯

- 「街路灯」로도 알 수 있겠지만 일반적으로 「街灯」라고 한다. 「街灯が灯る時間(가로등이 켜지는 시간)」이란 표현이 자주 사용된다.

2 가로수(街路樹) → 街路樹/並木

- 「街路樹」는 일본어도 같다. 「並木」는 「並木道(가로수길)」의 형태로 사용되는 경우가 많다.

3 노약자석(老弱者席) → 優先席

- 「敬老席」 「老弱者席」은 최근에 모두 「優先席」로 바뀌었으나 예전에는 「シルバーシート(silver seat)」라고 불렀다.

4 교차로(交叉路) → 交差点

- 「交差」도 원래는 「交叉」로 표기했지만 「叉」가 상용한자에 없기 때문에 대용 표기로 해서 정착된 말이다. 일본어에서는 「交叉路」라고는 하지 않고 「交差点」이라고 하는데 교차하는 도로의 수를 나타낼 때는 「三叉路(3거리)」 「五叉路(5거리)」라고 한다. 특히 「三叉路(삼거리)」는 자주 사용하는 말이다.

5 교통체증(交通滯症) → 渋滞

- 일본어에서 「症」는 병에 관한 말에 사용되므로 「交通滯症」이라는 말은 없다. 「停滞」도 태풍이나 경제 등, 사물의 흐름이 더 나아가지 못하고 한곳에 머물러 막히게 될 때 사용되는 말이며, 교통에는 사용

하지 않는다.

- 보통 「渋滞」 「交通渋滞」라고 하며 그 원인에 따라 「事故渋滞(사고로 길이 막혀 생긴 정체)」 「自然渋滞(교통량이 많아 일어난 정체)」 「見物渋滞(반대 차선의 사고나 도로가의 이벤트 구경 때문에 생긴 정체)」 등이 있다.
- 일반도로에서 시속 20km 이하가 되면 경찰에서는 「渋滞」로 보고 있다.

6 단속(團束) → 取締

- 이것은 일본어에 없는 말로 전혀 뜻이 통하지 않는다. 일본어에서는 「取締」라고 하며, 속도위반, 음주운전 등, 여러 가지 단속을 한다. 「取締」는 교통위반뿐 아니라 범죄단속에도 사용되며 회사의 중역도 「取締役」라고 한다.

7 대리운전(代理運轉) → 代行運転

- 일본어에서는 「代理運転」이라 하지 않고 「代行運転」 또는 「運転代行」라고 한다.
- 「運転代行」이라고도 하며 「代行」로 생략하여 사용하는 경우가 많다.

8 반대차선(反對車線) → 対向車線

- 「反対車線」도 일본에서 자주 사용되지만 「対向車線」도 자주 사용된다.

예
- ▪ 対向車線と衝突する。(반대차선의 차량과 충돌하다)
- ▪ 対向車線にはみ出す。(반대차선으로 벗어나다)

9 순환선(循環線) → 環状線

- 원형으로 만들어져 있어 계속 달리면 원래 장소로 되돌아 오는 도로나 철도를 「環状線」이라 한다.

10 우회전(右回轉) → 右折

- 「右回轉」은 「右に曲がる (오른쪽으로 돌다)」라는 뜻이지만 「右曲」가 아니라 「右折」라고 한다. 일본어에서는 「回転」은 같은 장소에서 빙글빙글 도는 것을 뜻하므로, 「右回轉」은 「右折」의 의미가 아니라 그 자리에서 오른쪽으로 빙글빙글 돈다는 의미가 된다. 그러나 「転回」라고 하면 대부분의 경우 왔던 길로 되돌아가기 위해 180도 도는 것을 의미하므로 「Uターン」이라고도 한다. 도로표시에는 「右折禁止」 「転回禁止」 「Uターン禁止」 등이 있다.

11 운전학원(運轉學院) → 自動車学校

- 일본에서는 「自動車学校」라고 한다. 자동차학교를 졸업하면 면허시험 센터에서의 어려운 실기시험이 면제되고 학과시험만으로 끝나기 때문에 많은 사람들이 자동차학교를 이용하는데 요금이 매우 비싸다는 단점이 있다.

12 월정기주차(月定期駐車) → 月極駐車

- 1개월 단위로 요금을 지불하는 주차장을 일본에서는 「月極駐車場」라고 한다. 시간 단위로 요금을 지불하는 주차장을 「コインパーキング」, 입체 주차장을 「タワーパーキング」라고 한다. 도로에 주차하는 것을 「路上駐車」라고 하며, 노상 주차가 허용되는 도로에는 요금 지불을 위한 「パーキングメーター」가 있다. 일본에서는 주차장이 없는 사람은 차를 살 수 없기 때문에 주택가의 주차장은 「月極駐車場」가 많다.

13 육교(陸橋) → 歩道橋

- 일본어의 「陸橋」는 기본적으로는 「歩道橋」도 포함하여 육상의 도로나 철도에 가설되는 모든 다리를 말하지만 일반적으로는 차량용 구름다리는 육교, 보행자 전용 구름다리는 「歩道橋」라 한다.

14 인도(人道) → 歩道

- 일본어의 「人道」에도 「歩道」의 의미는 있지만 그것보다 '사람이 지켜야 할 도리'라는 의미로 사용되는 것이 일반적이다. 「歩道」는 「歩行者用道路」의 축약형으로 「車道」와 구별하기 위해 만들어진 것이다.

15 좌회전(左回轉) → 左折

- 「左回転」은 「左に曲がる(왼쪽으로 돌다)」라는 의미지만 「左曲」가 아니라 「左折」라고 한다. 한국의 도로는 우측통행이며 금지표지가 없는 한 교차로에서는 적(赤)신호라 하더라도 우회전을 할 수 있다. 그러나 일본에서는 좌측통행이므로 허가 표지가 없는 한, 적(赤)신호에서는 좌회전할 수 없으므로 주의해야 한다.

16 초보운전(初步運轉) → 初心者運転

- 「運転初心者」라고도 한다.
- 「初歩運転」은 일본어에서는 「初心者運転」이 된다. 운전면허를 취득 한 후 1년 동안은 초보운전 기간

에 해당하므로 통칭 「初心者マーク」를 자동차에 부착하고 주행해야 한다.

17 통행금지(通行禁止) → 通行止め

- 「通行禁止」는 일본어에도 사용된다. 「通行止め」는 사고나 공사 등으로 그곳을 지나갈 수 없는 경우에 사용되는데 비해 「通行禁止」는 「通行止め」와 같은 의미로 사용되는 경우와 「自転車通行禁止(자전거 통행금지)」 「大型車通行禁止(대형차 통행금지)」와 같이 특정 차량만을 통행금지시키는 경우가 있다.

18 합승(合乘) → 相乗り

- 11인승 이하의 승합차는 「乗合自動車」라고 한다.
- 한국어의 「合席(합석)」은 「合席」 「相席」가 되는 것처럼 한국어의 「合乗」은 일본어에서는 「相乗り」가 된다. 한국에서는 택시 합승이 당연시되지만, 일본에서는 택시에 합승하는 사람은 드물다. 또 「市の企画に相乗りする。(시의 기획에 참여하다.)」와 같이 탈 것 이외에 공동사업에 참여하는 경우에도 「相乗り」를 사용한다.

사회 · 직업

✪ 사회문제

1 노숙자 露宿者

정답 및 해설 176쪽

○ 대학생 등을 대상으로 노숙자문제에 대하여 생각하는 기회를 제공하고 있다.

○ 大学生などを対象に＿＿＿＿問題について一緒に考える機会を提供している。

• 対象(たいしょう) 대상 • 機会(きかい) 기회 •提供(ていきょう) 제공

2 뇌물 賂物

정답 및 해설 176쪽

○ 뇌물은 권력이 탄생한 때부터 존재했다.

○ ＿＿＿＿は権力が誕生した時から存在していた。

• 権力(けんりょく) 권력 • 誕生(たんじょう)する 탄생하다 • 存在(そんざい)する 존재하다

3 뇌물수수 賂物授受

정답 및 해설 176쪽

○ 단순 뇌물수수죄는 5년 이하의 징역에 처한다.

○ 単純＿＿＿＿罪の場合は5年以下の懲役となる。

• 単純(たんじゅん) 단순 • ~罪(ざい) 죄 • 懲役(ちょうえき) 징역

4 대소동 大騒動

정답 및 해설 176쪽

○ 미국에서는 이 법안으로 통신업계가 대소동을 벌이고 있다.

○ 米国では、この法案で通信業界が＿＿＿＿になっている。

• 法案(ほうあん) 법안 • 通信業界(つうしんぎょうかい) 통신업계

5 대피 待避

정답 및 해설 176쪽

○ 쓰나미를 경계해서 대피하고 있다.

○ 津波を警戒し＿＿＿＿している。

• 津波(つなみ) 쓰나미, 해일 • 警戒(けいかい) 경계

6 대피소 待避所

정답 및 해설 176쪽

○ 거주지 부근의 대피소 및 피난 경로를 확인해 둡시다.

○ お住まいの近くの＿＿＿＿＿や避難経路を確認しておきましょう。

• 避難経路 피난 경로

7 동반자살 同伴自殺

정답 및 해설 176쪽

○ 최근 젊은이들의 인터넷 동반자살이 사회적인 문제가 되고 있다.

○ 最近、若者たちのネット＿＿＿＿＿が社会的な問題になっている。

8 미아 迷児

정답 및 해설 177쪽

○ 미아에 대한 안내말씀 드리겠습니다.

○ ＿＿＿＿＿のご案内申し上げます。

9 사이비 似而非

정답 및 해설 177쪽

○ 사이비 종교는 정신의 파멸을 초래할 뿐이다.

○ ＿＿＿＿＿宗教は精神の破滅をもたらすだけである。

• 宗教 종교　• 精神 정신　• 破滅 파멸　• もたらす 초래하다

10 안내견 案内犬

정답 및 해설 177쪽

○ 안내견을 갖는다는 것은 새로운 가족을 맞이하는 것과 같다.

○ ＿＿＿＿＿をもつということは新しい家族を迎え入れることと同じである。

• 迎え入れる 맞이하다, 받아들이다

11 위조품 僞造品

정답 및 해설 177쪽

○ 위조품은 현재 시장에 범람하고 있다.

○ ＿＿＿＿＿は現在、市場に氾濫している。

• 氾濫 범람

12 이재민 罹災民

정답 및 해설 177쪽

○ 사고에 의한 이재민이 어떠한 의식을 갖고 있는지를 분명히 밝힐 필요가 있다.

○ 事故による＿＿＿＿がどのような意識を持っているのかを明らかにする必要がある。

• 意識(いしき) 의식　• 明(あき)らか 분명함, 명확함

13 장애인 障碍人

정답 및 해설 177쪽

○ 장애인 스포츠에 관한 정보를 게재하고 있다.

○ ＿＿＿＿スポーツに関する情報を掲載している。

• 掲載(けいさい)する 게재하다

14 주거부정 住居不定

정답 및 해설 177쪽

○ 뉴질랜드에서 돌아와 9일이 지났으나 아직까지 주거부정, 무직상태이다.

○ ニュージーランドから帰ってきて9日が経って未だに＿＿＿＿無職である。

• 帰(かえ)る 돌아오다　• 経(た)つ (시간 · 세월이) 지나다, 경과하다　• 未(いま)だに 아직껏

• 無職(むしょく) 무직

15 취업 就業

정답 및 해설 178쪽

○ 항공회사에 취업을 목표로 하고 있다.

○ 航空会社への＿＿＿＿を目指している。

• 航空(こうくう) 항공　• 目指(めざ)す 목표로 하다

16 취업활동 就業活動

정답 및 해설 178쪽

○ 통상, 학생이나 실업자 등이 기업이나 관공서에 정규적으로 고용되기 위한 활동을 취업활동이라 말한다.

○ 通常、学生や失業者などが企業や官公庁などに、雇用されるための活動を＿＿＿＿という。

• 通常(つうじょう) 통상　• 失業者(しつぎょうしゃ) 실업자　• 官公庁(かんこうちょう) 관공서　• 雇用(こよう) 고용

❂ 사건 · 사고

1 괴선박 怪船舶

정답 및 해설 178쪽

○ 괴선박이나 밀항자는 경찰서 및 해안보안청이 담당한다.

○ ________や密航者の対応は、警察署及び海上保安庁が担当する。

• 密航者(みっこうしゃ) 밀항자　• 海上保安庁(かいじょうほあんちょう) 해상보안청

2 괴전화 怪電話

정답 및 해설 178쪽

○ 최근에 사기, 절도, 괴전화가 이어지고 있다.

○ 最近、詐欺、窃盗や________が相次いでいる。

• 詐欺(さぎ) 사기　• 窃盗(せっとう) 절도

3 괴한 怪漢

정답 및 해설 178쪽

○ 괴한에게는 충분한 주의를 해주기 바랍니다.

○ ________には十分気をつけてください。

4 단서 端緒

정답 및 해설 178쪽

○ 문제해결의 단서를 파악하다.

○ 問題の解決の________をつかむ。

• 解決(かいけつ) 해결　• つかむ 손에 넣다, 붙잡다, 파악하다

5 모처 某處

정답 및 해설 179쪽

○ 모월 모일 모처에서 모 실행위원회의 간담회가 있었다.

○ 某月某日________にて某実行委員会の懇親会があった。

• 某月(ぼうげつ) 某日(ぼうじつ) 모월 모일　• 某実行委員会(ぼうじっこういいんかい) 모 실행위원회

• 懇親会(こんしんかい) 간담회, 친목회

6 발화 發火
정답 및 해설 179쪽

○ 소방당국은 정확한 발화지점을 찾아냈다.

○ 消防当局は正確な________地点を見つけた。

• 消防当局(しょうぼうとうきょく) 소방당국　• 正確(せいかく)な 정확한　• 地点(ちてん) 지점

7 부상자 負傷者
정답 및 해설 179쪽

○ 부상자 명단에 이름이 올라 있다.

○ ________リストに名前が載っていた。

• 載(の)る (글 등을) 싣다, 게재하다

8 분신자살 焚身自殺
정답 및 해설 179쪽

○ 인도에서는 저녁식사에 고기가 나오지 않았다는 이유로 60세 남성이 분신자살했다.

○ インドでは、夕食に肉が出なかったという理由で、60歳の男性が________を遂げた。

• 男性(だんせい) 남성　• 遂(と)げる 마치다, 달성하다

9 불심검문 不審檢問
정답 및 해설 179쪽

○ 경찰의 불심검문을 받던 39세의 남성이 그대로 행방불명이 되었다.

○ 警察の________を受けた39才の男性がそのまま行方不明になった。

• 警察(けいさつ) 경찰　• 行方不明(ゆくえふめい) 행방불명

10 사망자 수 死亡者數
정답 및 해설 179쪽

○ 연간 사망자 수는 금년 12월19일 현재 6,097명이다.

○ 年間________は今年12月19日現在で6,097人となっている。

11 수갑 手匣
정답 및 해설 179쪽

○ 수갑은 범죄자를 구속할 때 사용한다.

○ ________は犯罪者を拘束する時使う。

• 犯罪者(はんざいしゃ) 범죄자　• 拘束(こうそく) 구속

12 시체 屍體

정답 및 해설 179쪽

○ 화재현장에서 어린이 2명을 포함한 3명의 시체가 발견되었다.

○ 焼け跡から子供2人を含む、3人の________が見つかった。

• 焼け跡 화재현장, 불탄 자리　• 見つかる 발견되다, 눈에 띄다

13 신고 申告

정답 및 해설 180쪽

○ 살인, 자살예고 등, 긴급히 대응이 필요한 정보는 경찰에 110번으로 신고해 주세요.

○ 殺人、自殺予告など緊急に対応が必要な情報は警察に110番_______してください。

• 予告 예고　• 緊急 긴급

☞「110番」은「ひゃくとおばん」으로 읽는다.

14 연쇄추돌 連鎖追突

정답 및 해설 180쪽

○ 고속도로에서 14대의 자동차가 연쇄추돌했다.

○ 高速道路で14台の自動車が________した。

15 응급처치 應急處置

정답 및 해설 180쪽

○ 응급 시에는 110번으로 신고와 동시에 그 자리에서의 응급처치가 중요하다.

○ 緊急時は110番への通報と同時にその場での________が重要である。

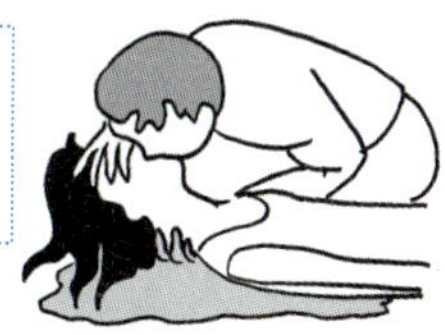

• 緊急時 긴급시, 응급시　• 通報 통보, 신고

16 익사 溺死

정답 및 해설 180쪽

○ 연못에 빠져 익사했다.

○ 池にはまって________した。

• はまる (깊은 곳, 또는 한 분야에)빠지다, 몰입하다

17 자해행위 自害行爲

정답 및 해설 180쪽

○ 자해행위에서 가장 위험한 것은 점점 심해지는 경우이다.

○ _______で最も危険なのはエスカレートする場合である。

• 最も 가장　• エスカレート 에스컬레이트(단계적으로 정도가 심해지는 것)

18 할복 割腹

정답 및 해설 180쪽

○ 할복은 세계적으로 유명한 일본의 자살방법이다.

○ ______は世界的に有名な日本の自殺方法である。

• 自殺(じさつ) 자살

19 혐의 嫌疑

정답 및 해설 180쪽

○ 남성은 혐의를 부인하고 있다.

○ 男性は________を否認している。

• 否認(ひにん) 부인

20 화재 火災

정답 및 해설 180쪽

○ 옛날부터 일본인이 무서워하는 것은 지진, 천둥, 화재, 아버지라고 한다.

○ 昔から日本人のもっとも怖いモノは「地震、雷、________親爺」という。

• 雷(かみなり) 천둥, 벼락

• 親爺(おやじ) 아버지(자신의 아버지를 친근하게 부르거나 타인에게 겸손하게 지칭하는 말)

직업 · 직함

1 명함 名銜

정답 및 해설 181쪽

○ 깜빡 잊고 명함을 갖고 오지 못했다.

○ うっかり________をきらしてしまった。

• うっかり 깜빡, 무심코 • 切(き)らす (가지고 있던 것을) 다 없애다, 바닥나다

예 • 小銭(こぜに)を切らす。(용돈을 다 쓰다)

2 서예가 書藝家

정답 및 해설 181쪽

○ B대학에서는 졸업생에게 수여하는 졸업증서의 이름을 서예가에게 의뢰하고 있다.

○ B大学では、卒業生に授与する卒業証書の氏名を______に依頼している。

• 卒業生(そつぎょうせい) 졸업생 • 授与(じゅよ) 수여 • 証書(しょうしょ) 증서 • 氏名(しめい) 성명 • 依頼(いらい) 의뢰

3 아역배우 児役俳優

정답 및 해설 181쪽

○ 이번 작품에 출연한 **아역배우**의 리스트이다.

○ 今度の出演した________のリストである。

• 出演(しゅつえん) 출연

4 암표상 闇票商

정답 및 해설 181쪽

○ **암표상** 행위는 위법이다.

○ ______行為は違法である。

• 違法(いほう) 위법

5 어부 漁夫

정답 및 해설 181쪽

○ 당신도 대자연 속에서 사는 **어부**가 되어 보지 않겠는가?

○ あなたも大自然の中で生きる________になってみないか。

• 大自然(だいしぜん) 대자연 • 生(い)きる 살다, 생활하다, 유효하다

6 역무원 駅務員

정답 및 해설 181쪽

○ **역무원**의 태도가 너무 쌀쌀맞다고 느껴졌다.

○ ______の態度がすごく冷たいなと感じた。

• 態度(たいど) 태도 • すごい 대단히, 무척 • 冷(つめ)たい 쌀쌀맞다, 차갑다

• 感(かん)じる 느끼다, 감동하다,

7 연예인 演藝人

정답 및 해설 181쪽

○ 요즘 하와이를 방문하는 **연예인**의 수는 매년 감소추세이다.

○ 最近にハワイを訪れる________は年々減少気味である。

• 訪(おとず)れる 방문하다, (계절이나 어떤 상황이) 찾아오다 • 年々(ねんねん) 매년, 해마다

• 減少(げんしょう) 감소 • 気味(ぎみ) 기미, 경향

8 요리사 料理師

정답 및 해설 182쪽

○ 요리사에게 가장 필요한 것은 혀(맛을 감별하는 능력)이다.

○ ______に最も必要なものは舌である。

- 舌 혀

9 은행장 銀行長

정답 및 해설 182쪽

○ 미쓰비시은행은 4월 1일자로 부행장이 은행장으로 취임한다고 발표했다.

○ 三菱銀行は4月1日付けで新任の________が就任すると発表した。

- ○月○日付けで ○월○일자로
- 新任 신임
- 就任する 취임하다

10 일용직 日用職

정답 및 해설 182쪽

○ 나는 동경에서 일용직 아르바이트를 하고 있다.

○ 僕は東京で________バイトをしている。

- 僕 나 (남자가 동등하거나 손아래 상대에게 사용하는 허물없는 말)

11 장인 匠人

정답 및 해설 182쪽

○ 역사적으로 일본에서는 장인(匠人)을 존경하는 전통이 있다.

○ 歴史的に日本では________を尊ぶ伝統がある。

- 歴史的に 역사적으로
- 尊ぶ 존경하다, 중요시하다 (=尊ぶ)
- 伝統 전통

12 정규직 定規職

정답 및 해설 182쪽

○ 후리타를 그만 두고 정규직에 취업하고 싶다.

○ フリーターを辞めて________に就きたい。

- フリーター 후리타(구속을 싫어하여, 정직으로 일하지 않고 아르바이트로만 생활해 가는 사람)
- 辞める 그만두다, 사직하다
- 就く 취업하다, 즉위하다

13 정원사 庭園師

정답 및 해설 182쪽

○ 정원사라는 직업에 강한 흥미를 느끼게 되었다.

○ ______という職業に強く興味を持つようになった。

- 職業 직업
- 興味 흥미
- 持つ 마음에 품다, 지니다

14 조경 造景

정답 및 해설 182쪽

○ 조경기술사는 정원에 관한 다양한 지식과 기능 검정을 실시하여 합격자에게 주어지는 국가자격입니다.

○ ______技能士は庭に関するさまざまな知識と技能の検定を行い、その合格者だけに与えられる国家資格です。

• 技術士(ぎじゅつし) 기술사 • 知識(ちしき) 지식 • 技能(ぎのう) 기능 • 検定(けんてい) 검정
• 合格者(ごうかくしゃ) 합격자 • 与(あた)える 주다, 부여하다 • 国家資格(こっかしかく) 국가자격

15 직함 職銜

정답 및 해설 182쪽

○ 대표자의 직함을 기입해 주세요.

○ 代表者の________を記入して下さい。

• 代表者(だいひょうしゃ) 대표자 • 記入(きにゅう) 기입

16 집배원 集配員

정답 및 해설 183쪽

○ 박물관에 갈 때 길을 잃어 집배원에게 길을 묻기도 했다.

○ 博物館に行く時、道に迷って________に道を尋ねたりもした。

• 博物館(はくぶつかん) 박물관 • 迷(まよ)う 길을 잃다, 헤매다 • 尋(たず)ねる 묻다

인간관계

1 기회주의 機會主義

정답 및 해설 183쪽

○ 아무 것도 하지 않고 기회주의로 있으면 타인으로부터 비판받을 걱정은 없다.

○ 何もしないで________でいれば他人からの批判を受ける心配はない。

• 批判(ひはん) 비판

2 몰이해 沒理解

정답 및 해설 183쪽

○ 장애인에 대한 몰이해와 무관심이 사회적으로 문제이다.

○ 障害者に対しての________や無関心が社会的な問題である。

• 障害者(しょうがいしゃ) 장애인 • 無関心(むかんしん) 무관심

3 배신 背信

정답 및 해설 183쪽

○ 그것은 국가에 대한 배신이다.

○ それは国家に対する________である。

• 国家(こっか) 국가, 나라

4 비밀 秘密

정답 및 해설 183쪽

○ 아내에게는 비밀로 해 주세요.

○ 妻には________にしてください。

5 선물 膳物

정답 및 해설 183쪽

○ 생일 선물을 받다.

○ 誕生日の________をもらう。

6 신세 身世

정답 및 해설 183쪽

○ 아무리 돈이 있고 지위가 있다 해도 사람은 반드시 누군가의 신세를 지게 마련이다.

○ どんなにお金があっても、どんなに地位があっても、必ず人は誰かの________になる。

• 地位(ちい) 지위

7 애인 愛人

정답 및 해설 184쪽

○ 애인이 없는 크리스마스이브는 쓸쓸하다.

○ ________がいないクリスマスイブは寂しい。

8 양해 諒解

정답 및 해설 184쪽

○ 암묵의 양해는 이 문화에서 자란 사람들에게는 통용되지 않는다.

○ 暗黙の________は、異文化で育った人たちには通用しない。

• 暗黙(あんもく) 암묵 • 異文化(いぶんか) 이문화 • 通用(つうよう) 통용

9 언약 言約

정답 및 해설 184쪽

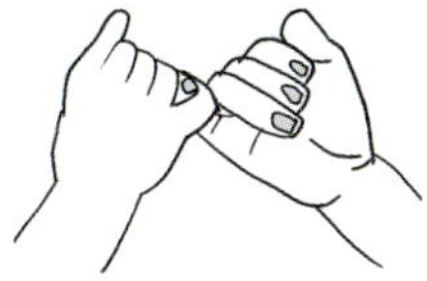

○ 언약(구두약속)이라도 계약은 성립한다.

○ ______でも契約は成立する。

- 契約(けいやく) 계약
- 成立(せいりつ) 성립

10 용납 容納

정답 및 해설 184쪽

○ 결코 용납할 수 없다.

○ 決して______できない。

- 決(け)して 결코, 절대로

11 용서 容恕

정답 및 해설 184쪽

○ 경솔한 발언을 용서해 주십시오.

○ 軽々しい発言をご______下さい。

- 軽(かる)々(がる)しい 경솔하다, 경망하다
- 発言(はつげん) 발언

12 초면 初面

정답 및 해설 184쪽

○ 남성은 초면에 여성의 전체적인 분위기를 파악한다.

○ 男性は______で女性の全体的な雰囲気をつかむ。

- 雰囲気(ふんいき) 분위기

정답 및 해설

◈ 사회문제

1 노숙자(露宿者) → 野宿者

- 노숙자를 일본에서는 「路上生活者」「ホームレス(homeless)」「野宿者」 등으로 부르고 있다.

2 뇌물(賂物) → 賄賂

- 「賄賂」는 「袖の下(소매아래)」「目薬(안약)」「鼻薬(간단한 뇌물)」라고도 하며 옛날에는 「まいない(賂)」라고도 했다. 지금도 「袖の下を使う」「目薬を利かす」「鼻薬を利かせる」라고 하면 '뇌물을 주다'의 의미로통용된다.

3 뇌물수수(賂物授受) → 贈収賄

- 「賄賂(뇌물)」에는 주는 측과 받는 측 입장에서 「贈賄」「収賄」가 있으며 합쳐서 「贈収賄(뇌물수수)」라고 한다.

4 대소동(大騷動) → 大騒ぎ

- 「大騒動」도 사용된다. 「大騒動」은 「大問題(큰문제)」와 같은 의미로 사용할 수 있지만, 「大騒ぎ」는 사용할 수 없다. 또, 「大騒ぎ」는 흥분하거나 술에 취해 시끄럽게 하는 경우에 사용되지만 이 경우 「大騒動(대소동)」이라고는 하지 않는다.

5 대피(待避) → 退避

- 「待避」와 「退避」는 읽기와 의미가 비슷하지만 일반적으로는 「退避」가 사용되며 「待避」는 철도, 교통관계에서 사용되는 경우가 많다. 터널 내에서 작업원들이 열차가 지나가기를 기다리는 곳을 「待避所」라 하며 열차가 다른 열차가 통과하는 것을 기다리기 위해 설치된 선로를 「待避線」이라고 한다.

6 대피소(待避所) → 避難所

- 일본에서 「待避所」는 철도나 교통관계로 주로 사용하고 일반적인 대피소는 「避難所」라고 한다.

7 동반자살(同伴自殺) → 心中

- 일본에서 「心中」는 원래 사랑하는 남녀의 동반자살, 정사(情死)를 의미했으나 최근에는 친한 사이인 2명 또는 여러 명이 합의하에 동반 자살하는 의미로 사용되고 있다. 특히 인터넷 자살사이트를 통해 알게 된 사람들의 동반자살을 「ネット心中(인터넷동반자살)」라고 하고 가족동반 자살처럼 동의하지 않는 상대를 먼저 죽이고 본인도 자살하는 것을 「無理心中」라 한다.

8 미아(迷兒) → 迷子

- 「迷児」로도 의미는 통하지만 「迷子」라고 표기하며, 아이뿐만 아니라 어른, 또는 「迷子犬」나 「迷子猫」와 같이 애완동물에게도 사용한다.

9 사이비(似而非) → 似非

- 한국어에서는 「似而非」만 사용하지만 일본에서는 「似非」와 「似而非」를 모두 사용.

10 안내견(案內犬)→ 盲導犬

- 한국에서도 「맹도견(盲導犬)」을 사용하나 이것은 일본어식 표현이며 「盲人犬」도 최근에는 차별어로 인식되어 사용하지 않는 경향이 있다. 요즘에는 주로 「視覚障碍人案内犬(시각장애인안내견)」 또는 줄여서 「障碍人案内犬(장애인안내견)」이나 「案内犬(안내견)」을 많이 사용한다.

11 위조품(僞造品) → 偽物

- 「偽造品」도 사용된다. 「偽物」는 「贋物」라고도 하며, 미술 · 예술 작품의 위조품은 「贋作」라고 한다. 「模造品(모조품)」 「フェイク(fake)」라는 말도 사용하는데 최근에는 일본에도 「偽ブランド品(짝퉁 제품)」이 증가하고 있다고 한다.

12 이재민(罹災民) → 被災者/被災住民

- 「被災住民」보다 「被災者」를 많이 사용한다.

13 장애인(障碍人) → 障害者

- 「障害者」는 「身体障害者」의 줄임말인 「身障者」라고도 한다.

14 주거부정(住居不定) → 住所未定

- 「住所未定」는 정해진 장소에 살지 않는 범죄자 등을 말할 때 사용되는 경우가 많으나 그다지 좋은

뉘앙스의 말은 아니다. 「住所不定」라고도 한다.

15 취업(就業) → 就職

- 한국에서는 「就業」과 「就職」을 같은 의미로 사용하지만, 일본어의 「就業」와 「就職」는 의미가 다르다. 즉 「就業」는 '업무에 종사하다'의 의미로 사용되고 「就職」는 '기업이나 회사에 새로운 직을 얻어 근무하다'의 의미로 사용된다. 따라서 「会社に就職する」는 사용하지만 「会社に就業する」라고는 하지 않고, 「就職難(취직난)」이라고는 하지만 「就業難(취업난)」이라고는 하지 않는다.

16 취업활동(就業活動) → 就活

- 「就活」는 「就業活動」의 약자이다.

◈ 사건 · 사고

1 괴선박(怪船舶) → 不審船

- 「怪船舶」은 사용하지 않는 말이다. 사전적으로는 국적이나 정체불명의 배를 「不審船」이라 하는데 일본에서 「不審船」이라고 하면 '북한의 공작선'이라는 이미지가 강하다.

2 괴전화(怪電話) → 不審電話

- 「怪電話」도 이전에는 「不審電話」와 같은 의미로 사용되었다. 대표적인 괴전화는 「無言電話」이다. 「無言電話」를 비롯한 협박전호, 외설전화 등을 「迷惑電話」라고 한다.

3 괴한(怪漢) → 不審者

- 「怪漢」은 일본어에도 있고 사전에도 나와 있지만 사용되지 않는 말이다. 「不審者」 또는 「不審人物」라고 한다.

4 단서(端緒) → 糸口

- 「端緒」는 일본어에도 있으며 「端緒につく(단서가 붙다)」와 같은 형태로 사용되는 경우가 많은데 비해, 「糸口」는 「つかむ(잡다)」 「見つける(발견하다)」 「さぐる(찾다)」 등과 함께 사용되는 경우가 많다.

5 모처(某處) → 某所

• 「某」는 「なにがし」라고도 읽으며, 모르는 사람의 이름을 「田中某(다나카 모)」라고 한다.

예 ▪ 文学仲間に田中某という男がいる。(문학모임에 다나카 모씨라는 남자가 있다)

6 발화(發火) → 出火

• 「発火」는 사물에 저절로 불이 붙은 것(자연발화)을 말하는 경우가 많으며, 자연발화가 아닌 대부분의 화재에는 「出火」가 사용된다.

7 부상자(負傷者) → 怪我人/負傷者

• 일본어에서도 한국어와 같이 「負傷者」도 「怪我人」과 같이 자주 사용된다. 사망한 사람과 부상자 모두를 말하는 「死傷者」도 자주 사용된다.

8 분신자살(焚身自殺) → 焼身自殺

• 「焚殺」라는 말은 있으나 「焚身自殺」이라는 말은 사용하지 않는다. 「焼身自殺」를 줄여서 「焼殺」라고도 한다.

9 불심검문(不審檢問) → 不審尋問

• 일본에서 「検問」은 주로 차량을 대상으로 실시하는 것이므로 사람에 대해서는 「不審尋問」 또는 「職務質問」이라고 한다.

10 사망자수(死亡者數) → 死者数

• 일본어에도 「死亡者数」는 사용되지만 「死者数」가 일반적이다.

11 수갑(手匣) → 手錠

• 「手錠」는 차량 바퀴처럼 생겼다고 해서 경찰에서는 보통 「ワッパ(輪っぱ)」라고 한다.

12 시체(屍體) → 遺体

• 보통 「遺体」는 죽은 사람을 말하고 「死体/屍体」는 사람뿐만 아니라 죽은 동물도 포함한다. 한편 「遺体」는 「死体」보다 격식을 차린 말이며 「亡骸」 「遺骸」라고도 한다.

13 신고(申告) → 通報

- 일본에서 「申告」는 세금을 위한「確定申告(확정신고)」나 출입국시의 「税関申告(세관신고)」에 많이 사용되며, 경찰에 범죄 신고를 할 때는 「申告」라 하지 않고 「通報」를 사용한다. 「気象通報(기상통보)」에도 사용된다.

14 연쇄추돌(連鎖追突 → 玉突き衝突

- 「連鎖追突」이라 해도 의미는 통하지만 사용하지 않는 말이다. 「玉突き衝突」는 「玉突き事故」 「多重衝突事故」라고도 한다. 「玉突き」는 당구를 말한다.

15 응급처치(応急處置) → 応急手当

- 「応急処置」는 일본에서도 사용된다. 단 「応急手当」는 의료처치에만 사용하는데 비해서 「応急処置」는 의료처치뿐만 아니라 긴급한 상황에서도 사용할 수 있다.

16 익사(溺死) → 水死

- 「溺死」는 일본어에서는 사망 원인을 말할 때에 자주 사용된다. 「水死」도 자주 사용된다.

17 자해행위(自害行爲) → 自傷行為

- 「自傷行為」라고 하면 대부분 손목의 안쪽을 절단하는 「リストカット(wrist cut)」를 연상한다.

18 할복(割腹) → 切腹

- 「割腹」는 일본어에도 있으나 보통은 「割腹自殺」라고 한다. 「切腹」는 단독으로 사용되며 「切腹自殺」라고는 하지 않는다. 「腹切」라고도 한다.

19 혐의(嫌疑) → 容疑

- 「嫌疑」는 일본어에서도 「容疑」와 같은 의미로 사용되지만 '혐의자'는 「嫌疑者」라고는 잘하지 않고 「容疑者」를 많이 사용한다.

20 화재(火災) → 火事

- 「火災」도 일본어에서 「ビル火災(빌딩화재)」 「列車火災(열차화재)」 등의 형태로 자주 사용된다. 특히 '화재보험'은 「火事保険」이라고 하지 않고 「火災保険」이라고 한다.

◈ 직업 · 직함

1 명함(名銜) → 名刺

- 「名銜」은 일본어에는 없으며 「名刺」라고 한다. 인사이동 철에는 「名刺交換会(명함교환회)」가 자주 열리므로 명함지갑뿐 아니라 지갑 안에 예비명함을 여러 장 넣어 두는 것이 샐러리맨의 상식이다.

2 서예가(書藝家) → 書家

- 「書芸家」는 일본어에 없는 말이고 일본어에서는 보통 「書家」 「書道家」라고 한다.

3 아역배우(兒役俳優) → 子役

- 일본어에서는 「子役」에는 「俳優 (배우)」를 붙이지 않는다.

4 암표상(闇票商) → だふ屋

- 「だふ」는 지폐를 뜻하는 「札」를 거꾸로 읽은 것.
- 「闇票商」은 일본어에 없다. 옛날의 「ダフ屋」는 야쿠자 관계자가 중심이었지만, 최근에는 일반인에 의한 인터넷 경매가 중심이 되고 있다.

5 어부(漁夫) → 漁師

- 어부지리는 「いつぼうの争い」라고 한다.(「鷸蚌(방휼)」는 도요새와 대합)
- 「漁夫」는 일본어에도 있지만, 속담의 「漁夫の利(어부지리)」에 사용된 것 외에는 거의 사용되지 않으며 일반적으로 「漁師」를 더 많이 사용한다.

6 역무원(驛務員) → 駅員

- 「駅務員」으로도 의미는 통하지만 사용하지 않는다. 「駅員」이라 한다.

7 연예인(演藝人) → 芸能人

- 일본어에도 「演芸」라는 말은 있지만 「演芸人」이라고는 하지 않으며 「芸人」이라고 한다. 오락 중에서도 특히 만담이나 익살스런 이야기 등을 하는 코미디 계통의 사람들을 가리키는 경우가 많다. 이에 비해 「芸能人」은 연예인도 포함하여 연예계에 속한 모든 사람을 가리키는 말이다.

8 요리사(料理師) → 料理人

- 「料理師」로도 의미는 통하지만 일본어에서는 「料理人」 또는 「調理師」라고 한다. 특히 일식(和食)은 「板前」, 양식은 「コック(cook)」 「シェフ(chef)」라고도 한다.

9 은행장(銀行長) → 頭取

- 은행 각 지점에는 「支店長(지점장)」이 있으므로 은행 전체의 장은 한국처럼 「銀行長」으로 부르는 것이 맞는 것 같지만 일본에서는 「頭取」로 부른다. 그리고 일본 중앙은행인 「日本銀行」의 대표는 「総裁(총재)」라고 하며 부은행장은 「副頭取」, 부지점장은 「副支店長 」라고 부른다.

10 일용직(日用職) → 日雇い

- 「日用職」은 일본어에 없는 말이며, 아르바이트 등 비정규직으로 생활비를 버는 사람은 「フルーター」라고 한다. 「フルーター」는 「free＋Arbeiter(독일어)」로 이루어진 일본제 외래어.

11 장인(匠人) → 職人

- 「匠人」은 일본어에도 있지만 잘 사용하지 않으며 한 글자로 「匠」 또는 「職人」이라 한다. 「工匠」라고도 한다. 장인의 기술을 「職人芸」 또는 「職人技」라고 한다.

12 정규직(正規職) → 定職

- 「定職」는 수입이나 신분이 보장된 직업을 말하며 한국처럼 「正社員(정사원)」이라고도 한다. 비정규직은 「不定期雇用」 또는 「非正規雇用」라고 한다.

13 정원사(庭園師) → 庭師

- 「庭園師」로도 의미는 통하지만 일본어에서는 「庭師」라고 한다.

14 조경(造景) → 造園

- 「造景」이라는 말도 있으나 「造園」이 일반적이다. 「造景業者(조경업자)」는 「造園業者」라고 하며 회사이름은 보통 「○○造園」이라고 한다.

15 직함(職銜) → 肩書

- 「職銜」은 일본어에는 없다. 「肩書」는 「職名(직명)」 「役名(직함)」을 말하지만 사회적인 지위나 신분,

직무를 말하는 경우도 있다.

16 집배원(集配員) → 集配人

- 「集配員」으로도 의미는 통하지만 일반적으로 「集配人」을 사용한다. 「郵便屋さん」은 옛날부터 사용되고 있는 말이다.

◈ 인간관계

1 기회주의(機會主義) → 日和見主義

- 「機会主義」는 일본어에 없다. 「日和見主義」는 정세를 보고 유리한 편에 붙기 위해 태도를 명확하게 하지 않는 것을 뜻하며 「風見鶏」라고도 한다.

2 몰이해(沒理解) → 無理解

- 「不理解」라고도 한다.

3 배신(背信) → 裏切り

- 「背信」은 일본어에도 있으며 보통은 「背信行為 (배신행위)」의 형태로 사용되는 경우가 많다. 「背信」은 사람의 행위만 가지고 말하지만, 「裏切る (배신하다)」는 사람의 행위 뿐 아니라, 사물이 기대나 예상에 어긋나는 경우에도 사용된다.

4 비밀(秘密) → 内証

- 「秘密」도 사용된다. 「内証」는 발음이 짧아져 「内緒」 「内所」라고도 한다. 「内緒」가 가장 많이 사용된다.

5 선물(膳物) → お土産/贈り物

- 「膳物」은 일본어에 없다. 「贈り物」는 「進物」 「ギフト」 「プレゼント」라고도 한다. 「お土産」는 여행갔을 때 사 오는 선물이며, 누군가를 방문할 때 가지고 가는 선물은 「手土産」라고 한다.

6 신세(身世) → 世話

- 「身世」는 사전에 수록되어 있으나 거의 사용되지 않는다. 여기서의 「世話になる(신세지다, 폐를 끼치

다)」는 「面倒をかける(폐를 끼치다)」 「厄介になる(신세지다)」의 의미이다. 관련어에는 「世話好き(도움을 좋아함, 또는 그런 사람)」 「世話焼き(남을 위해 즐겨 수고 함. 또는 그런 사람)」 「世話女房(살림 잘 하고 내조를 잘 하는 아내)」 등이 있다.

7 애인(愛人) → 恋人/愛人

- 일본어에서는 미혼자의 애인에게는 「恋人」를 사용하고 「愛人」은 사용할 수 없다. 기혼자의 경우는 「恋人」와 「愛人」 모두 사용할 수 있으나 「愛人」이 일반적이며 「情婦」 「情夫」라고도 한다.

8 양해(諒解) → 了解

- 「諒解」는 「了解」의 대용 표기.
- 「了解」는 「理解」와 유사표현이다. 즉 「了解」와 「理解」는 '말의 내용을 이해하다, 납득하다'라는 공통점이 있는데 「理解」보다는 「了解」가 납득의 의미가 강하다. 예를 들어, 상사에게 「明日までにやって下さい」라고 들었을 때 「了解」는 사용할 수 있지만 「理解」는 사용할 수 없다.

9 언약(言約) → 口約束

- 「言約」은 일본어에서는 잘 사용하지 않으며 줄여서 「口約」라고도 한다.

10 용납(容納) → 容認

- 「容納」은 일본어에 없다. 「容認」은 인정하여 용서한다는 의미이므로 「認容」라고도 한다.

11 용서(容恕) → 容赦

- 「容恕」는 일본어에서는 잘 사용하지 않는다. 「容赦」는 용서하여 나무라지 않는 것을 의미하지만 「許す」와 같은 의미로 사용되는 경우도 많다.

12 초면(初面) → 初対面

- 「初面」은 일본어에 없다. 「初対面」은 「初顔合わせ」라고도 한다.

경제 · 금융

❁ 은행 · 금융

1 계좌번호 計座番號
정답 및 해설 201쪽

○ 당신의 계좌번호를 알려주십시오.

○ あなたの＿＿＿＿＿をお知らせください。

• 知らせる 알리다

☞ 「お知らせください」는 「知らせてください」의 존경 표현

2 계좌이체 計座移替
정답 및 해설 201쪽

○ 계좌이체 수수료는 고객 부담이 된다.

○ ＿＿＿＿の手数料はお客様の負担になる。

• 手数料 수수료 • 負担 부담

3 대형은행 大型銀行
정답 및 해설 201쪽

○ 한국의 대형은행에는 국민은행과 우리은행 등이 있다.

○ 韓国の＿＿＿＿＿には国民銀行やウリ銀行などがある。

4 부실채권 不實債權
정답 및 해설 201쪽

○ 부실채권이란 은행이 빌려준 돈이 회수되지 않는 것을 말한다.

○ ＿＿＿＿とは銀行が貸したが、返ってこないお金のことである。

• 貸す 빌려주다 • 返ってくる 돌아오다, 회수되다

5 비밀번호 秘密番號
정답 및 해설 201쪽

○ 제3자에게 비밀번호는 절대로 가르쳐주시지 마십시오.

○ 第三者に＿＿＿＿＿は絶対に教えないでください。

• 第三者 제3자 • 絶対に 절대로

6 수표 手票

정답 및 해설 201쪽

○ 수표를 현금으로 바꾸다.

○ ______を現金に換える。

- 現金(げんきん) 현금
- 換(か)える 바꾸다

7 예금주 預金主

정답 및 해설 202쪽

○ 예금주의 성함을 적어 주십시오.

○ ______の氏名をお書きください。

- 氏名(しめい) 이름, 성함

8 외화보유고 外貨保有高

정답 및 해설 202쪽

○ 일본의 외환보유고는 크게 적립되었다.

○ 日本の______は大きく積み上がった。

- 積(つ)み上がる 적립되다, 많아지다

9 위조지폐 僞造紙幣

정답 및 해설 202쪽

○ 중앙은행인 한국은행은 5일 위조지폐의 판별법을 공표했다.

○ 中央銀行の韓国銀行は5日______の見分け方を公表 した。

- 見分(みわ)け方(かた) 판별법, 구별법

10 이자 利子

정답 및 해설 202쪽

○ 이자란 빌린 돈의 사용료(수수료)로서 지불하는 돈이다.

○ ______とは借りたお金の使用料(手数料)として支払うお金である。

- 借(か)りる 빌리다
- 使用料(しようりょう) 사용료
- 支払(しはら)う 지불하다

11 환율 換率

정답 및 해설 202쪽

○ 환율은 15분마다 자동 갱신된다.

○ ______は15分ごとに自動更新される。

- ごとに (일정 간격) ~마다(접미사)
- 自動(じどう) 자동
- 更新(こうしん) 갱신

12 환전 換銭

정답 및 해설 202쪽

○ 환전이란 어떤 나라의 통화를 다른 나라의 통화로 교환하는 것이다.

○ ________とは、ある国の通貨を別の国の通貨に交換することである。

- 通貨(つうか) 통화
- 交換(こうかん) 교환

❂ 주식 · 보험

1 개장가 開場價

정답 및 해설 202쪽

○ 하루 중, 최초로 거래된 주가를 개장가라 한다.

○ 一日の最初に取引された株価を________と言う。

- 最初(さいしょ) 최초
- 取引(とりひき) 거래
- 株価(かぶか) 주가

2 개장시간 開場時間

정답 및 해설 203쪽

○ 거래소에 따라 개장시간은 다른 것이 일반적이다.

○ 取引所により________は異なるのが一般的である。

- 取引所(とりひきじょ) 거래소

☞「~所」는 보통「しょ」로 읽지만「取引所(とりひきじょ)(거래소)」「近所(きんじょ)(근처)」「鉄工所(てっこうじょ)(철공소)」「興信所(こうしんじょ)(흥신소)」「研究所(けんきゅうじょ)(연구소)」「収容所(しゅうようじょ)(수용소)」처럼「じょ」로 읽는 경우도 있다.

3 거래 去來

정답 및 해설 203쪽

○ 야간거래의 주문이 최근 2개월간에 배로 증가했다.

○ 夜間________の注文がこの約2カ月で倍増した。

- 注文(ちゅうもん) 주문
- 倍増(ばいぞう) 배로 증가, 배가

4 산재보험 産災保險

정답 및 해설 203쪽

○ 업무 중의 교통사고는 산재보험이 적용된다.

○ 業務中の交通事故は________の適用となる。

- 業務中(ぎょうむちゅう) 업무 중
- 適用(てきよう) 적용

5 시세 市勢

정답 및 해설 203쪽

○ 싸게 사고 싶은 분을 위한 중고차, 자동차 시세 검색 사이트입니다.

○ 安く買いたい方のための中古車・自動車________検索サイトです。

• 中古車(ちゅうこしゃ) 중고차 • 検索(けんさく) 검색

6 악재 悪材

정답 및 해설 203쪽

○ 북한 핵실험의 악재에도 불구하고 연중 최고치에 서서히 접근하고 있다.

○ 北朝鮮核実験の________にもかかわらず今年の高値に近づきつつある。

• 北朝鮮(きたちょうせん) 북한 • 核実験(かくじっけん) 핵실험 • 高値(たかね) 최고치

7 오전장 午前場

정답 및 해설 203쪽

○ 오전 장이 끝나는 11시 30분까지 방송합니다.

○ ________が終わる11時30分まで放送します。

• 放送(ほうそう) 방송

8 오후장 午後場

정답 및 해설 203쪽

○ 증권거래소의 경우, 오후 12시 30분부터 오후 3시까지가 오후 장이 됩니다.

○ 証券取引所の場合、午後12時30分から15時までが________となります。

• 証券取引所(しょうけんとりひきじょ) 증권거래소

9 주식상장 株式上場

정답 및 해설 204쪽

○ 당사는 5년 후 창립 50주년을 맞이하여 주식상장을 예정하고 있습니다.

○ 当社は5年後創立50周年を迎え, ______を予定しています。

• 創立(そうりつ) 창립 • 周年(しゅうねん) 주년

10 주식종목 株式種目

정답 및 해설 204쪽

○ 초보자를 대상으로 주식종목의 선택방법을 꼼꼼히 해설합니다.

○ 初心者向けに________の選び方をていねいに解説します。

• 初心者(しょしんしゃ) 초보자 • 解説(かいせつ) 해설

11 **최고치** 最高値

정답 및 해설 204쪽

○ 폐장가는 5월 중순 이후, 약 1개월 만에 최고치를 회복했다.

○ 終値は5月中旬以来、約1カ月ぶりの________を回復した。

- 終値(おわりね) 폐장가
- 中旬(ちゅうじゅん) 중순
- 回復(かいふく) 회복

12 **최저치** 最低値

정답 및 해설 204쪽

○ 상하이 종합지수가 5개월 만에 최저치가 되었다.

○ 上海総合指数が約5カ月ぶりの________となった。

- 上海(シャンハイ) 상하이
- 総合(そうごう) 종합
- 指数(しすう) 지수

13 **폐장가** 閉場價

정답 및 해설 204쪽

○ 다음 날 개장가가 전날 폐장가와 동일하다고는 볼 수 없다.

○ 次の日の始値が前日の________と同一であるとは限らない。

- 始値(はじめね) 개장가
- 前日(ぜんじつ) 전일
- 同一(おづいつ) 동일

14 **호재** 好材

정답 및 해설 204쪽

○ 신기술개발 등은 호재가 되는 반면 회사의 불상사 등은 악재가 된다.

○ 新技術開発などは_______となる反面、会社の不祥事などは悪材料となる。

- 不祥事(ふしょうじ) 불상사
- 悪材料(あくざいりょう) 악재

✪ 공과금 · 요금

1 **결혼축의금** 結婚祝儀金

정답 및 해설 205쪽

○ 결혼축의금에는 몇 가지 터부(금기사항)가 있습니다. 짝수금액(4万円、6万円 등)은 '쪼개진다'는 의미가 있기 때문에 피해야 한다.

○ _______には、いくつかのタブーがあります。偶数金額(4万円、6万円など)は「割れる」という意味があるため、避けるべきである。

- 偶数(ぐうすう) 짝수
- 割(わ)れる 나누어지다, 쪼개지다. 깨지다
- 避(さ)ける 피하다, 멀리하다

2 공과금 公課金

정답 및 해설 205쪽

○ 전기나 가스 등 공과금을 크레디트 카드로 지불하는 움직임이 확산되고 있다.

○ 電気やガスなど______をクレジットカード払いにできる動きが広がっています。

- 払(はら)い 지불

3 과태료 過怠料

정답 및 해설 205쪽

○ 벌금은 1만엔 이상인데 비해서 과태료는 천엔 이상 1만엔 미만이다.

○ 罰金は1万円以上であるのに対し、______は1000円以上1万円未満である。

- 罰金(ばっきん) 벌금 • 以上(いじょう) 이상 • 未満(みまん) 미만

4 상향조정 上向調整

정답 및 해설 205쪽

○ 상반기의 목표를 상향조정했다.

○ 上半期の目標を______した。

- 上半期(かみはんき) 상반기(하반기는 「下半期(しもはんき)」라고 함) • 目標(もくひょう) 목표

5 식대 食代

정답 및 해설 205쪽

○ 병원에 지불하는 환자의 식대는 소위 입원비의 일부이다.

○ 病院に支払う入院患者の______は、いわゆる入院費用の一部である。

- 支払(しはら)う 지불하다 • 患者(かんじゃ) 환자 • 入院(にゅういん) 입원 • 費用(ひよう) 비용

6 전기요금 電氣料金

정답 및 해설 205쪽

○ 기온과 시간대에 따라 전기요금을 바꾸어 절전을 촉구한다.

○ 気温や時間帯に応じて______を変えて節電を促す。

- 気温(きおん) 기온 • 時間帯(じかんたい) 시간대 • 節電(せつでん) 절전 • 促(うなが)す 독촉하다, 촉구하다

7 충당금 充當金

정답 및 해설 205쪽

○ 부동산 융자에 대한 충당금을 최대 47% 늘린다.

○ 不動産融資への______を最大47%増やす。

- 不動産(ふどうさん) 부동산 • 融資(ゆうし) 융자 • 増(ふ)やす 늘이다

8 하숙비 下宿費
정답 및 해설 206쪽

○ 이 부근의 하숙비는 정말 비싸다.

○ この辺の________は本当に高い。

• この辺 이 근처, 그 부근, 이쯤

❂ 노동 · 임금

1 감봉 減俸
정답 및 해설 206쪽

○ 대폭적인 감봉이 어쩔 수 없이 이루어진다는 것이 29일 알려졌다.

○ 大幅な________を余儀なくされることが29日、分かった

• 大幅 대폭 • 余儀ない 어쩔 수 없다, 부득이하다

2 노동 勞動
정답 및 해설 206쪽

○ 사원의 노동시간 삭감은 옛날부터의 과제이다.

○ 社員の________時間の削減は古くからの課題である。

• 削減 삭감 • 課題 과제

3 노사분규 勞使紛糾
정답 및 해설 206쪽

○ 최근 해고, 이지매 등의 개별 노사분규가 증가하고 있다.

○ 最近、「解雇」「いじめ」などの個別 ______が増加している。

• 解雇 해고 • 個別 개별

4 선불 先拂
정답 및 해설 206쪽

○ 국민연금보험료를 2년분 선불하면 보험료를 4.0% 할인하는 안을 제시했다.

○ 国民年金保険料を2年分________すれば保険料を4.0%割り引く案を示した。

• 国民年金保険料 국민연금보험료 • 保険料 보험료 • 割り引く 할인하다

5 연말정산 年末精算

정답 및 해설 206쪽

○ 일반 샐러리맨이나 공무원은 연말정산을 함으로써 그 해의 소득세가 확정된다.
○ 一般のサラリーマンや公務員は______をすることによってその年の所得税が確定する。

• 公務員(こうむいん) 공무원 • 所得税(しょとくぜい) 소득세 • 税額(ぜいがく) 세액

6 인력부족 人力不足

정답 및 해설 207쪽

○ 많은 중소기업이 인력부족으로 고민하고 있다.
○ 多くの中小企業が______に悩んでいる。

• 中小企業(ちゅうしょうきぎょう) 중소기업 • 悩(なや)む 고민하다

7 인원감축 人員減縮

정답 및 해설 207쪽

○ 대규모의 인원감축이 이루어질 전망이다.
○ 大規模な______が行なわれる見込みである。

• 大規模(だいきぼ) 대규모

8 임금인상 賃金引上

정답 및 해설 207쪽

○ 06년 춘투에서는 자동차와 전기가 임금인상을 실시했다.
○ 06年春闘では、自動車や電機が______を実施した。

• 春闘(しゅんとう) 춘투, 임금인상투쟁 • 実施(じっし) 실시

9 주5일근무제 周5日勤務制

정답 및 해설 207쪽

○ 지금은 주5일근무제가 당연한 근무조건이 되었다.
○ 今では______が当然の労働条件となった。

• 労働条件(ろうどうじょうけん) 노동조건, 근로조건

10 초봉 初俸

정답 및 해설 207쪽

○ 중국에서는 대졸자의 급증으로 최근 수년간 초봉이 내려갔다.
○ 中国では大卒者の急増でここ数年は______が下がっていた。

• 大卒者(だいそつしゃ) 대졸자 • 急増(きゅうぞう) 급증

11 피고용인 被雇傭人

정답 및 해설 207쪽

○ 피고용인 연금의 일원화에 대한 검토를 개시했다.

○ ______年金一元化の検討を開始した。

• 年金(ねんきん) 연금 • 一元化(いちげんか) 일원화 • 検討(けんとう) 검토 • 開始(かいし) 개시

12 후불 後拂

정답 및 해설 207쪽

○ 크레디트 카드, 후불 결제로 구입 가능하다.

○ クレジットカード、________決済で購入可能である。

• クレジットカード(credit card) 크레디트 카드 • 決済(けっさい) 결제 • 購入(こうにゅう) 구입

회사 · 비즈니스

1 계열사 系列社

정답 및 해설 208쪽

○ 손님의 다양한 니즈(요구)에 응할 수 있도록 부동산 관련 계열사를 설립했습니다.

○ お客様のいろいろなニーズにお応えできるよう不動産関連の_______を設立しました。

• 応(こた)える(=答(こた)える) 응답하다 • 不動産(ふどうさん) 부동산 • 関連(かんれん) 관련 • 設立(せつりつ) 설립

2 급선무 急先務

정답 및 해설 208쪽

○ 뉴스의 질적 향상이 급선무이다.

○ ニュースの質的向上が________である。

• 質的(しつてき) 질적 • 向上(こうじょう) 향상

3 낙하산인사 落下傘人事

정답 및 해설 208쪽

○ 공무원의 낙하산 인사는 일반적으로 악으로 되어 있지만, 없어지지 않는다.

○ 公務員の________は一般に悪とされているが、なくならない。

• 公務員(こうむいん) 공무원

4 대표이사 代表理事

정답 및 해설 208쪽

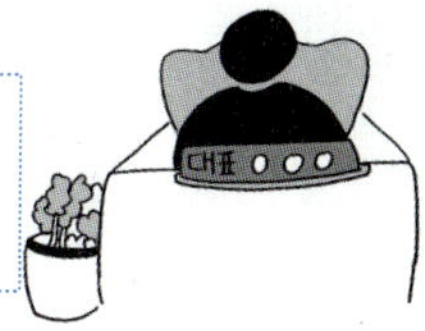

○ 대표이사인 나 개인에게도 책임이 있다.

○ ________である私個人にも責任がある。

• 個人(こじん) 개인　• 責任(せきにん) 책임

5 도매 都買

정답 및 해설 208쪽

○ 중앙청과도매주식회사는 신선한 야채, 과일을 풍부하게 취급하고 있다.

○ 中央青果________株式会社は新鮮なお野菜·果物を豊富に扱っている。

• 中央(ちゅうおう) 중앙　• 青果(せいか) 청과물　• 株式会社(かぶしきかいしゃ) 주식회사　• 新鮮(しんせん) 신선　• 野菜(やさい) 야채
• 果物(くだもの) 과일　• 豊富(ほうふ) 풍부

6 비자금 秘資金

정답 및 해설 208쪽

○ 미국에서 받은 비자금을 땅속에 묻은 것이다.

○ アメリカから受けた________を地中に埋めたのである。

• 地中(ちちゅう) 지중　• 埋(う)める 묻다

7 임원 任員

정답 및 해설 208쪽

○ 하기와 같이 임원이동을 결의했습니다.

○ 下記のとおりの________の異動を決議いたしまた。

• 下記(かき) 하기　• 異動(いどう) (인사)이동　• 決議(けつぎ) 결의

8 정년퇴임 停年退任

정답 및 해설 209쪽

○ 정년퇴임을 맞이한 베이비붐 세대가 앞으로 어떠한 라이프 스타일을 보내는가가 주목받고 있다.

○ ______を迎えた団塊世代が今後どのようなライフスタイルを送るのかが注目されている。

• 迎(むか)える 맞이하다　• 団塊世代(だんかいせだい) 베이비붐 세대　• 注目(ちゅうもく) 주목

☞ 일본에서는 2차세계대전후인 1947년부터 1949년까지의 제1차 베이비붐 시기에 출생한 세대를 보통 「団塊世代(だんかいせだい)」라 한다. 그리고 제1차 베이비붐 세대가 결혼해서 제2차 베이비붐 시기(1971- 1974년)에 출생한 약 960만 명을 「団塊(だんかい)ジュニア」라고 부른다. 넓은 의미로는 1970

년대에 출생한 세대를 가리키는 경우도 있다.

9 채용비리 採用非理

정답 및 해설 208쪽

○ 그는 채용비리 사건으로 이미 체포되어 있다.

○ 彼は________事件で既に逮捕されている。

- 事件(じけん) 사건
- 既(すで)に 이미, 벌써
- 逮捕(たいほ) 체포

✪ 경기 · 제품

1 경제회생 經濟回生

정답 및 해설 209쪽

○ 경제회생을 위한 정책을 검토한다.

○ ______のための政策を検討する。

- 政策(せいさく) 정책
- 検討(けんとう) 검토

2 사분기 四分期

정답 및 해설 209쪽

○ 구글이 9월30일 제4분기 결산을 발표했다.

○ Googleが9月30日 ______決算を発表した。

- 決算(けっさん) 결산
- 発表(はっぴょう) 발표

3 성수기 盛需期

정답 및 해설 209쪽

○ 본격적인 성수기를 맞이하기 전에 필요량을 확보한다.

○ 本格的な________を迎える前に必要量を確保する。

- 必要量(ひつようりょう) 필요량
- 確保(かくほ) 확보

4 시제품 試製品

정답 및 해설 209쪽

○ 한 가운데 보이는 것이 시제품입니다.

○ 真ん中上の方に見えるのが________です。

- 真(ま)ん中(なか) 한가운데

5 진품 眞品

정답 및 해설 210쪽

○ 진품(정품) 신사복입니다.
○ ______の紳士服です。

• 紳士服(しんしふく) 신사복

6 첨단 尖端

정답 및 해설 210쪽

○ 첨단 건설기술 센터는 더 나은 환경조성의 큰 힘이 된다.
○ ______建設技術はよりよい環境づくりの大きな力になる。

• 建設(けんせつ) 건설 • 技術(ぎじゅつ) 기술 • 環境(かんきょう) 환경

7 침체 沈滞

정답 및 해설 210쪽

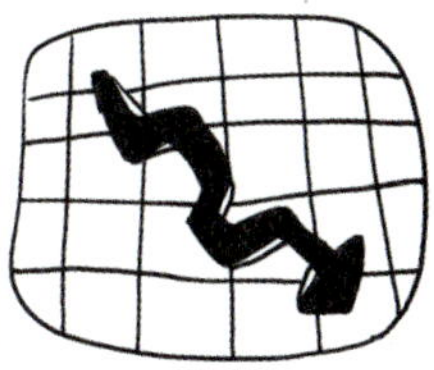

○ 내년에는 세계적으로 해운경기가 침체할 것이라는 견해를 표명했다.
○ 来年は世界的に海運景気が______するとの見方を示した。

• 海運(かいうん) 해운 • 景気(けいき) 경기 • 見方(みかた) 견해

8 품귀 品貴

정답 및 해설 210쪽

○ 3월 초에 발매되고 나서 품귀 상태가 계속되고 있다.
○ 3月始めに発売されてから______状態が続いている。

• 発売(はつばい) 발매 • 状態(じょうたい) 상태

9 하반기 下半期

정답 및 해설 210쪽

○ 신제품은 2006년 하반기에 발매될 예정이다.
○ 新製品は2006年 ______に発売される予定である。

• 新製品(しんせいひん) 신제품 • 予定(よてい) 예정 • 発売(はつばい) 발매

✪ 금전 · 지급

1 보증금 保證金

정답 및 해설 210쪽

○ 보증금은 집세의 2개월분이 일반적이다.

○ ______は家賃の二ヶ月分というのが一般的です。

• 家賃(やちん) 집세

2 부금 賦金

정답 및 해설 211쪽

○ 부금은 매월 1일에 미리 약속한 금액이 인출된다.

○ ______は毎月1日にあらかじめ約束した金額が引き落とされる。

• あらかじめ 미리, 사전에 • 約束(やくそく) 약속 • 金額(きんがく) 금액

• 引(ひ)き落(お)とす (자동)이체하다. 예 ▪「ガス料金を引き落とす(가스요금을 자동이체하다)」

3 사례금 謝禮金

정답 및 해설 211쪽

○ 사례금은 은행 송금하겠습니다.

○ ______は銀行振込となります。

• 振込(ふりこみ) 송금, 불입

4 상환 償還

정답 및 해설 211쪽

○ 금리를 생각하면 바로 상환하는 방법이 좋다.

○ 金利を考えればすぐ______する方法がいい。

• 金利(きんり) 금리

5 수금 收金

정답 및 해설 211쪽

○ 고객의 정보를 기재한 서류 등을 넣은 수금 가방을 분실했다.

○ お客さまの情報を記載した書類などを入れた______かばんを紛失しまった。

• 情報(じょうほう) 정보 • 記載(きさい) 기재 • 書類(しょるい) 서류 • 紛失(ふんしつ) 분실

6 완납 完納

정답 및 해설 211쪽

○ 보험료는 완납하지 않아도 그 해에 납부한 금액은 확정 신고 시에 공제할 수 있습니다.

○ 保険料は________しなくとも、その年に支払った金額は確定申告時に控除できます。

- 保険料(ほけんりょう) 보험료
- 支払(しはら)う 지불하다, 납부하다
- 金額(きんがく) 금액
- 確定申告(かくていしんこく) 확정 신고
- 控除(こうじょ) 공제

7 위자료 慰藉料

정답 및 해설 211쪽

○ 교통사고 위자료는 어떻게 정해지는 것일까?

○ 交通事故の________はどのように決まるのか。

- 交通事故(こうつうじこ) 교통사고

8 일시불 一時拂

정답 및 해설 211쪽

○ 일시불을 선택한 경우, 5%의 보험료가 할인됩니다.

○ ________を選択した場合、5%程度の保険料がディスカウントされます。

- 選択(せんたく) 선택
- 程度(ていど) 정도
- 保険料(ほけんりょう) 보험료

9 차입금 借入金

정답 및 해설 211쪽

○ 차입금 문제로 고민하고 있다.

○ ________問題で悩んでいる。

- 悩(なや)む 고민하다

10 합의금 合意金

정답 및 해설 211쪽

○ 교통사고의 합의금으로서 100만엔을 요구해 왔다.

○ 交通事故の________として100万円を要求してきた。

- 交通事故(こうつうじこ) 교통사고
- 要求(ようきゅう) 요구

11 환급금 還給金

정답 및 해설 212쪽

○ 환급금 사기피해를 피하는 중요한 포인트를 소개합니다.

○ _______詐欺の被害を避ける大切なポイントを紹介します。

• 詐欺(さぎ) 사기 • 被害(ひがい) 피해 • 避(さ)ける 피하다 • 紹介(しょうかい) 소개

정답 및 해설

◈ 은행 · 금융

1 계좌번호(計座番號) → 口座番号

- 「計座」는 일본에서 사용하지 않는 말이다. 예금의 종류로는 「普通預金」「当座預金」「定期預金」「外貨預金」 등이 있다.

2 계좌이체(計座移替) → 振込

- 「計座移替」라는 말은 일본에서 사용하지 않는다.

3 대형은행(大型銀行) → 大手銀行

- 일본의 대형은행에는 「みずほ銀行」「三菱東京UFJ銀行」「三井住友銀行」 등이 있다.

4 부실채권(不實債權) → 不良債券

- 빌려준 돈을 받지 못해 손해를 입는 것을 「貸し倒れ」라고 하며 부실채권이란 「貸し倒れ」될 가능성이 높은 채권을 말한다. 불량채권화를 염려하여 돈을 잘 빌려주지 않는 것을 「貸し渋り」라고 한다.

5 비밀번호(秘密番號) → 暗証番号

- 「秘密番号」도 뜻은 통하지만 일반적이지 않다. 「暗証番号」는 「パスワード」「セキュリティコード」라고도 불린다. 최근의 인터넷뱅킹에서는 「ログインID」에 「ログイン用暗証番号」 그리고 계좌이체 등의 거래는 「取引用暗証番号」가 필요하여 안전관리가 엄격해졌다.

6 수표(手票) → 小切手

- 「手票」는 일본어에 없는 말이다. 일본에서 수표는 회사 간의 결제에 사용되는 경우가 많고 개인이 이용하는 경우는 매우 드물다. 수표로 지불하는 것은 「小切手を切る(수표를 끊다)」라고 말하는 데서 유래되었으며 현금을 사용하지 않고 크레디트카드로 지불하는 것은 「カードを切る(카드를 끊다)」라고 한다. 또한 「小切手」는 「株券」「債権」「手形」「商品券」 등과 함께 「有価証券」이라고 불린다.

7 예금주(預金主) →口座名義人

• 「預金主」는 사용하지 않지만 의미는 통할 것이다. 이전에는 「口座名義人」가 「本人名義」가 아닌 적당한「他人名義」로도 계좌를 만들 수 있었지만 「振り込め詐欺」 등의 범죄에 이용되는 경우가 많아졌기 때문에 지금은 본인명의 이외에는 계좌를 가질 수 없게 되었다.

8 외화보유고(外貨保有高) → 外貨準備高

• 일본의 「外貨準備高」에는 보유하고 있는 외화뿐 아니라 미국 「国債(국채)」 등 「債券(채권)」도 포함되어 있기 때문에 「保有高」라고 하지 않는다. 「外貨準備高」는 엔고(円高)의 진행을 억제하기 위해 정부가 일본은행을 통해 「為替介入(외환개입)」 혹은 「市場介入(시장개입)」으로 대량의 엔(円) 매도 달러매수를 실시함으로써 늘고 있다.

9 위조지폐(僞造紙幣) →僞札

• 「贋札」라고도 한다.

10 이자(利子) → 利子/利息

• 「利息」와 「利子」는 거의 같은 의미로 사용되지만, 통상 빌린 경우에 지불하는 것을 「利子」라 하고, 빌려준 경우에 받는 것을 「利息」라고 한다.

11 환율(換率) → 為替相場

• 「外国為替交換比率(외국환교환비율)」을 통상 「為替相場」 또는 「為替レート」라 한다.

12 환전(換錢) → 両替

• 일본에서는 「換銭」이 아니라 「両替」 혹은 「換金」이라 한다. 「両替」는 외국통화뿐 아니라 자국 통화끼리의 교환에도 사용되는 말이다. 일본의 버스 안이나 자동판매기 옆에서 자주 「両替機」를 볼 수 있다.

◈ 주식 · 보험

1 개장가(開場價) → 始値

• 개장가는 「寄り値」 또는 「寄り付き相場」라고도 한다.

2 개장시간(閉場時間) → 立会時間

• 「東京証券取引所」의 경우, 현물 개장시간은 오전 9시부터 오후 3시까지가 「立会時間」인데, 그 중 오전 장(前場)은 오전 9시부터 11시 30분까지이며 오후 장(後場)은 오후 12시 30분부터 3시까지로 되어 있다.

3 거래(去來) → 取引

• 일본어의 「去来」에는 「取引(거래)」의 의미는 전혀 없다. 거래의 종류에는 「時間外取引(시간외거래)」 「電話取引(전화거래)」 「大口取引(거액거래)」 「電子商取引(전자상거래)」 등이 있다.

4 산재보험(產災保險) → 労災保険

• 「産災」는 일본어에 없다. 「労災(산재)」는 「労働者災害保障保険(노동자재해보장보험)」의 약어인데 전국 각지에서 「過労死」를 둘러싼「労災認定訴訟(산재인정소송)」이 벌어지고 있다.

5 시세(市勢) → 相場

• 일본어의 「市勢」는 '市의 인구, 산업, 재정 등의 현황을 의미하는 것으로 「相場」의 의미는 전혀 없다. 관련어로는 「市場価格(시장가격)」 「為替相場(외환시세)」 「原油相場(원유시세)」 「穀物相場(곡물시세)」 등이 있으며 「軍隊は辛いものと相場が決まっている(군대는 괴로운 곳이라는 것이 시세로 정해져 있다)」라는 말도 있다.

6 악재(惡材) → 悪材料

• 무엇인가가 악재가 되어 값이 내려가는 것을 「~を嫌気して値を下げた」라 한다.

예 ▪ 原油価格の急落を嫌気して値を下げた」 (원유가격의 급락을 악재로 해서 주가를 하락시켰다)

• 「悪材料」의 동의어로는 「下げ材料」 「弱材料」 「売り材料」 「悲観材料」 등이 있다.

7 오전장(午前場) → 前場

• 오전 장의 마지막 매매를 「前引け」라 한다.

8 오후장(午後場) → 後場

• 오후장의 마지막 매매를 「大引け」라 한다.

9 주식상장(株式上場) → 株式公開

- 주식상장은 IPO(initial public offering)라고도 한다.

10 주식종목(株式種目) → 株式銘柄

- 「株式(주식)」을 「証券取引所(증권거래소)」를 통해 「証券市場(증권시장)」에 「上場(상장)」하는 것을 「株式公開(주식공개)」라고 하며 상장되는 주식을 「上場銘柄(상장종목)」라고 한다.

11 최고치(最高値)→ 高値

- 주식 거래에서 1일 또는 1개월간 최고가. 「上値」라고도 함.

12 최저치(最低値)→ 安値

- 주식 거래에서 1일 또는 1개월간 최저가. 「下値」라고도 함.

13 폐장가(閉場價) → 終値

- 폐장가는 「引け値」「大引け値」라고도 한다. 「高値」와 「安値」는 「上値」 또는 「下値」라고도 하며 그다지 값이 오르지 않을 때 「上値が重い展開だ」 또는 「株はほぼ横ばい(주식은 보합세)」라고 한다. 한편 높은 시세와 낮은 시세의 중간을 「中値」, 양자의 차액을 「値幅」라 한다. 주식상장 직후의 주가와 연초의 시세를 「初値」라 한다. 「相場」가 가장 비쌀 때의 가격을 「天井値」라 하고 가장 쌀 때의 가격을 「底値」라 한다.

14 호재(好材) → 好材料

- 무엇인가 호재가 되어 값이 오르는 것을 「~を好感して値を上げた」라 한다.

예 ▪ 選挙結果を好感して値を上げた。(선거결과를 호재로 해서 주가를 올렸다)

- 「好材料」의 동의어로는 「上げ材料」 「硬材料」 「強材料(「つよざいりょう」라고도 읽음)」 「買い材料(かいざいりょう)」 등이 있다

◈ 공과금 · 요금

1 결혼축의금(結婚祝儀金) → 結婚祝い金

- 일본어의 「祝儀」에는 '축하의식, 축하금, 팁'의 의미가 있으나 팁의 의미로 사용되는 경우가 많아서 구별하여 「結婚祝い金」이라 하는 것이 일반적이다. 일본에서는 축의금을 받으면 「祝い返し(답례품)」 혹은 「お返し(답례)」를 하는 것이 보통이며 상대와의 관계에 따라 받은 금액의 절반에서 3분의 1에 해당하는 물건을 보내는 것이 일반적이다.

2 공과금(公課金) → 公共料金

- 「公課金」은 일본어에 없으며 공공요금은 정부나 「地方公共団体-都道府県、市町村」의 인가가 없으면 요금을 변경할 수 없다.

3 과태료(過怠料) → 過料

- 「科料」는 형법규정에 의해 경미한 범죄에 부과하는 벌금형이며 「過料」는 국가나 지방자치단체에서 가벼운 법령을 위반한 사람에게 부과하는 벌금형으로 우리나라의 과태료에 해당한다. 「科料」와 구분하기 위해 「過料」라고 발음하기도 한다.

4 상향조정(上向調整) → 上方修正

- 하향조정은 「下方修正」라고 한다.

5 식사비(食事費)/식대(食代) → 食事代

- 한국어에는 「食事費」 「食代」라고 하지만 일본에서는 「食費」 또는 「食事代」라고 하는 것이 일반적이다.

6 전기요금(電氣料金) → 電気代

- 「電気料金」도 사용하지만 「電気代」가 일반적이며 「電気料」로 짧게 생략해서도 사용한다.

7 충당금(充當金) →引当金

- 「充当金」은 일본어에도 있으나 '어떤 목적이나 용도에 채우는 돈'의 의미이고 「引当金」은 '장래의 특정 지출 또는 손실에 대비한 준비금'이다. 「準備金」이라고도 한다.

예 ▪「賞与引当金(상여충당금)」「退職給与引当金(퇴직급여충당금)」 등

8 하숙비(下宿費) → 下宿代

- 「下宿代」뿐만 아니라 「下宿費」「下宿料」라고도 말할 수 있으나, 보통은 다른 「賃貸住宅(임대주택)」과 마찬가지로 「家賃(집세)」이라고 하는 것이 일반적이다.
- 「残業費」도 「残業代」라고 한다.

◈ 노동 · 임금

1 감봉(減俸) → 減給/減俸

- 감봉은 벌로서 이루어지는 경우가 많으므로 불경기 등이 원인이 되어 회사 전체에서 이루어지는 경우에는 「賃金カット(임금삭감)」라 한다. 「ボーナスカット(보너스 삭감)」도 있다.

2 노동(勞動) → 労働

- 「労働」의 「働」이나 「畑」「峠」「辻」처럼 일본에서 만들어진 한자를 「国字」 또는 「和字」라고 하는데 「働」은 중국에서 들어온 「動」이 일본에서 사용되는 과정에서 「はたらく(일하다)」라는 훈독을 획득한 후, 「動く(움직이다)」와 구별하기 위해서 「人偏」을 부가해서 만들어진 「国字」이다. 「国字」는 주로 훈독만 있는데 비해서 「働」은 「働く」라는 훈독과 「労働」「稼働」「自働」와 같은 「ドウ」라는 음독도 있는 특이한 「国字」이다.

3 노사분규(勞使紛糾) → 労使紛争

- 「労使分争」은 한국에서도 사용하지만 「労使紛糾」는 일본에서 사용하지 않는다.

4 선불(先拂) → 前金

- 선불은 「前払い」「前金」이라고도 하며 가게 등에서는 「前金でお願いします(선불 부탁합니다)」라고 자주 듣는 말이다. 지불대상기간에 따라 「日払い(당일 지불)」「月払い(월부)」「年払い(연부)」 등으로 말한다. 또 임금을 예정일보다 빨리 받는 것을 「前借り(가불)」이라 한다.

5 연말정산(年末精算) → 年末調整

- 「年末精算」은 일본어에서 사용하지 않는다.

6 인력부족(人力不足) → 人手不足

- 인력부족의 반대는 「人余り(인력과잉)」「余剰人員(잉여인원)」이라 한다.

7 인원감축(人員減縮) → 人員削減

- 「減縮」이라고는 하지 않는다. 「人員削減」은 「人員整理」라고도 하는데 기업의 「リストラ」에 따른 「整理解雇」에 의해 이루어진다. 「リストラ」는 「リストラクチュアリング(restructuring)」의 약어로 기업의 구조조정을 말한다.

8 임금인상(賃金引上) → 賃上

- 「賃金引上げ」라는 말도 있기는 하나 보통 줄여서 「賃上」 또는 「賃上げ」라고 한다.
- 「春闘(춘투)」는 「春季闘争(춘계투쟁)」의 약어이며, 「ベア」는 「ベースアップ(base up」의 약어로 '기본급을 올린다'는 뜻이다. 신문에 「春闘、ベア３％要求(춘투, 기본급 3% 인상 요구」 등으로 쓰인다.

9 주5일근무제(週5日勤務制) → 週休二日制

- 일본에서는 「週休二日制」의 주(週) 40시간 근무가 일반적이다. 「有給休暇(유급휴가)」는 연간 최대 20일이 보통이며 여름휴가와 「お盆休み(오봉 연휴)」「正月休み(설날 연휴)」 등의 휴가가 별도로 있다.

10 초봉(初俸) → 初任給

- 「初俸」은 일본어에서는 없는 말이며 한국에서 「初俸(초봉)」의 의미로 쓰이는 「初任」은 일본어에서는 '첫 임무'라는 의미가 되며 임금의 의미는 전혀 없다.

11 피고용인(被雇傭人) → 被用者

- 「被用者」는 「被傭者」의 대용표기이지만 전자가 일반화되어 후자는 사용하지 않게 되었다. 피고용자 연금이란 「厚生年金(후생연금)」이나「共済年金(공제연금)」 등을 말한다.

12 후불(後拂) → 後納

- 「後払い」라고도 한다.
- 카드로 지불할 때에는 「一括払い(일시불)」인지 「分割払い(할부)」인지 질문 받는 경우가 많다. 이전에

는 할부를 「月賦(월부)」라고 해서 매달 일정액을 불입했지만, 최근의 할부는 고객이 사용한 카드대금 중 매달 일정 비율만 결제하면 나머지 금액은 대출 형태로 전환되어 자동 연장되는 「リボ払い」를 많이 이용한다. 「リボ」는 「revolving system」의 약어이다. 또한 아키하바라(秋葉原)에서 가전제품을 살 때에는 여름이나 겨울 보너스 받을 때 일시불로 지불하는 「ボーナス一括払い」라는 방법도 있다.

◈ 회사 · 비즈니스

1 계열사(系列社) →系列會社

- 자회사는 「子会社」, 모기업은 「親会社」라고 한다. 이 밖에 관련어로 「持ち株会社(지주회사)」 「下請け企業(하청기업)」 「孫請け企業(재하청기업)」 「中小企業(중소기업)」 등이 있다.

2 급선무(急先務) → 急務

- 관련어로서 「急用(급한 용무)」 「可及的速やかに(가급적 신속히)」 등이 있다.

3 낙하산인사(落下傘人事) → 天下り

- 「天下り」는 「天降り」라고도 쓴다. 낙하산 인사는 관청의 「高級官僚(고급관료)」가 관련 「外郭団体(외곽단체)」나 「関連企業(관련기업)」의 임원으로 부임하는 것을 말한다.

4 대표이사(代表理事) → 代表取締役

- 「代表取締役」는 회사를 대표하는 「代表権(대표권)」을 갖는 이사로 사장뿐 아니라 「会長(회장)」이나 「相談役(상담역)」도 맡을 수 있다.

5 도매(都買) → 卸売

- 관련어로서 「問屋(도매상)」 「仲卸(중개도매)」 「小売店(소매점)」 「卸値(도매가격)」 「小売値(소매가격)」 등이 있다.

6 비자금(秘資金)→ 秘密資金

- 관련어로서 「裏金(뒷돈)」 「闇献金(검은 헌금)」 등이 있다.

7 임원(任員) → 役員

- 「代表取締役(대표이사)」뿐만 아니라 「専務取締役(전무이사)」나 「常務取締役(상무이사)」 「監査役(감사)」 등도 「重役(중역)」에 포함된다.

8 정년퇴임(停年退任)/정년퇴직(停年退職) → 定年退職

- 일본어에서도 「停年退職」은 사용하나 「停年退任」이라는 말은 잘 사용하지 않는다. 대학교수의 경우는 「定年退官」이라고 한다.

9 채용비리(採用非理) → 不正採用

- 「非理」는 일본어에 없다. 「不正採用(부정채용)」은 아니지만 「縁故採用(연고채용)」 「コネ採用(연줄채용)」은 예전부터 계속되고 있다. 「コネ」는 「コネクション(connection)」의 줄임말이며 그 밖에 「臨時採用(임시채용)」 「正式採用(정식채용)」 등의 관련어가 있다.

◈ 경기 · 제품

1 경제회생(經濟回生) → 経済再生

- 관련어로서 「再建(재건)」 「再興(재흥)」 「再起(재기)」 등이 있다.

2 사분기(四分期) → 四半期

- 참고로 제1/4분기는 「第1四半期」, 제2/4분기는 「第2四半期」, 제3/4분기는 「第3四半期」, 제4/4분기는 「第4四半期」라고 한다.
- 이 밖에 관련어로서 「四半世紀(사반세기, 1세기의 4분의1, 즉 25년」 「四半分(4분의1)」 「四半身(생선 한 마리를 네 등분으로 크게 포를 뜬 것)」 등이 있다.

3 성수기(盛需期) → 需要期

- 성수기 중의 성수기를 「最需要期」라고 하며 「ピーク期」 「ピークシーズン(peak season)」이라고도 한다.

4 시제품(試製品) → 試作品

- 관련어로서 「試作機(시험제작기)」 「試作車(시험제작차)」 「試運転(시운전)」 「試供品(고객에게 무료로 제공하는 시제품, 무료샘플)」 등이 있다.

5 진품(眞品) → 本物

- 유사품(가짜)은 「偽物」라고 하며 그 밖에 「真正品(참 정품)」「真跡/真蹟(진필)」「真筆(진필)」「真贋(진위)」「真偽(진위)」 등의 관련어가 있다.

6 첨단(尖端) → 先端

- 「先端技術(첨단기술)」의 「先端(첨단)」은 한국어와 같은「尖端」의 대용표기. 관련어로서 「先進技術(선진기술)」「ハイテク」「ハイテク産業」 등이 있다.

7 침체(沈滯) → 低迷

- 「沈滞」도 사용하지만 「 低迷 」가 일반적이다. 「低迷」는 「景気が低迷する(경기가 침체하다)」「暗雲が低迷する(먹구름이 낮게 드리우다)」「成績が低迷していると(성적이 저조하다)」 등 다양한 장면에서 바람직하지 못한 상태가 계속되고 있는 것을 나타낸다. 관련어로서 「低調(저조)」「低落(하락)」「伸び悩み(시세 등이 오르지 않고 낮은 수준에서 주춤거리다)」「停滞 (정체)」 등이 있다.

8 품귀(品貴) → 品薄

- 「売れ筋(잘 팔리는 상품)」은 「売れ行き(판매호조)」로 「入荷(입하)」해도 바로 「売り切れ(매진)」「品枯(품귀)」상태가 계속되고 있다.

9 하반기(下半期) → 下半期

- 하반기는 「下期」라고도 하며 상반기는 「上半期」 또는 「上期」라고 한다. 이 밖에 「前期(전기)」「後期(후기)」「前半(전반)」「後半(후반)」 등의 관련어가 있다.

◈ 금전 지불

1 보증금(保證金) → 敷金/保証金

- 관동지방(関東地方)을 비롯한 전국의 부동산업계에서는 주로 「敷金」을 사용하지만, 관서지방(関西地方)에서는 「保証金」을 사용하는 경향이 있다.
- 부동산을 통해서 물건(物件)을 구할 때는 敷金(보증금)」「礼金(사례금)」「前家賃(선납할 집세)」「不動産手数料(부동산 수수료)」를 최저 각1개월분, 도합 집세의 4개월분을 최초 계약 시에 지불하는 것이

일반적이다.

2 부금(賦金) → 掛金

• 일부나 월부로 붓는 적립금(부금)을 「掛金」이라 하며, 관련어로서 「日掛け(매일 붓는 적립금)」 「月掛け(매월 붓는 적립금)」 「積立金(적립금)」 「掛け捨て(보험 등의 부금을 중도에 그만둠)」 등이 있다.

3 사례금(謝禮金) → 謝金

• 「謝礼金」도 사용하지만 「謝金」 또는 「礼金」이 일반적이다.

4 상환(償還) → 返済

• 「償還」도 많이 사용하지만 「返済」가 일반적. 이 밖에 「完済(완전 변제)」 「皆済(완전 변제)」 「返納(반납)」 「弁済(변제)」와 같은 관련어가 있다.

5 수금(收金) → 集金

• 「収金」이라는 말은 사용하지 않으며 관련어로서 「書類カバン(서류가방)」 「書類入れ(서류함)」 「ブリーフケース(briefcase, 서류가방)」 「アタッシェケース(attache case 007가방)」 등이 있다.

6 완납(完納) → 全納

• 「完納」라고도 한다.

7 위자료(慰藉料) → 慰謝料

• 「慰謝料」는 「慰藉料」의 대용표기. 관련어로서 「迷惑料(보상금)」 「賠償金(배상금)」 「補償金 (보상금)」 「示談金(합의금)」 「和解金(화해금)」 등이 있다.

8 일시불(一時拂) → 全納

• 「一括払い」 「一時払い」 「全額払い」아고도 한다.

9 차입금(借入金) → 借入金

• 「借入金」 「借入金」양쪽 모두 읽기가 가능하며, 「借金(빚)」 「負債(부채)」 등의 관련어가 있다.

10 합의금(合意金) → 示談金

- 일본어에서 「合意金」이라는 말은 사용하지 않는다.

11 환급금(還給金) → 還付金(かんぷきん)

- 행정기관이 본래의 소유자에게 되돌려 주는 것을 한국어로서는 「還給」이라 하지만 일본어로는 「還付(かんぷ)」라고 한다.

예 ▪ 「所得税(しょうとくぜい)の超過額(ちょうかがく)が還付される。(소득세 초과금액이 환급되다)」

정치 · 행정

✪ 정치 · 선거

1 개각 改閣

정답 및 해설 227쪽

○ 개각은 국무대신의 전부 또는 일부가 바뀌는 것을 말한다. 내각 총리대신은 바뀌지 않는다.

○ _____は国務大臣の全部、又は一部が入れ代わること。内閣総理大臣は代わらない。

• 国務大臣(こくむだいじん) 국무대신 • 又(また) 또는 • 内閣(ないかく) 내각 • 総理大臣(そうりだいじん) 총리

2 당선사례 當選謝礼

정답 및 해설 227쪽

○ 당선사례 인사를 하는 요시다 씨.

○ ______のあいさつをする吉田氏。

3 대변인 代辯人

정답 및 해설 227쪽

○ 백악관의 얼굴 역할을 해 왔던 TV캐스터 출신의 토니 스노 대통령 대변인이 사임을 표명했다.

○ ホワイトハウスの顔となってきたテレビキャスター出身のトニー・スノー大統領_______が辞任を表明した。

• 出身(しゅっしん) 출신 • 辞任(じにん) 사임 • 表明(ひょうめい) 표명

4 만장일치 滿場一致

정답 및 해설 227쪽

○ 만장일치로 새로운 법률안이 가결되었다.

○ _______で新しい法律案が可決された。

• 法律案(ほうりつあん) 법률안 • 可決(かけつ) 가결

5 보궐선거 補闕選擧

정답 및 해설 227쪽

○ 보궐선거로 결원이 된 의원이 보충된다.

○ _______によって、欠員になった議員が補充される。

• 欠員(けついん) 결원 • 議員(ぎいん) 의원 • 補充(ほじゅう) 보충

6 소식통 消息通

정답 및 해설 227쪽

○ 소식통에 의하면 이 수용소에는 많은 의사들이 근무하고 있다고 한다

○ ＿＿＿＿によると、この収容所には多くの医師たちが働いているという。

• 収容所(しゅうようじょ) 수용소 • 医師(いし) 의사 • 働(はたら)く 일하다, 근무하다

7 소집 召集

정답 및 해설 227쪽

○ 주주 총회 소집 통지서가 도착했다.

○ 株主総会の＿＿＿＿通知が届いた。

• 株主(かぶぬし) 주주 • 総会(そうかい) 총회 • 通知(つうち) 통지 • 届(とど)く 도착하다

8 순방 巡訪

정답 및 해설 228쪽

○ 이번 달 1일부터 미국 대통령이 한국, 중국, 일본을 순방한다.

○ 今月1日から、アメリカの大統領が韓国、中国、日本を＿＿＿＿する。

• 今月(こんげつ) 이번 달 • 大統領(だいとうりょう) 대통령

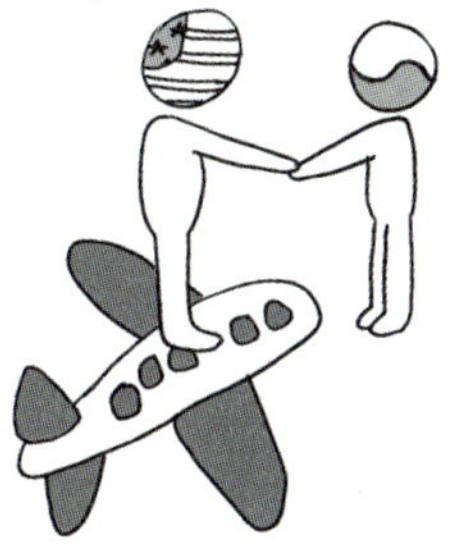

9 여론조사 輿論調査

정답 및 해설 228쪽

○ 여론조사란 일반적으로 개인을 대상으로 해서 행해지는 대규모 의식조사를 말한다.

○ ＿＿＿＿とは一般に、個人を対象として行われる大規模な意識調査のことを言う。

• 個人(こじん) 개인 • 対象(たいしょう) 대상 • 大規模(だいきぼ) 대규모 • 意識(いしき) 의식 • 調査(ちょうさ) 조사

10 인준 認准

정답 및 해설 228쪽

○ 신약이 인준을 받아 내년에 우리 회사에서 발매가 된다.

○ 新薬が＿＿＿＿され、来年に我が社から発売される。

• 新薬(しんやく) 신약 • 我(わ)が 社(しゃ) 우리 회사 • 発売(はつばい) 발매

11 저명인사 著名人士

정답 및 해설 228쪽

○ 업계의 저명인사가 강의한다.

○ 業界の＿＿＿＿が講義する。

• 業界(ぎょうかい) 업계 • 講義(こうぎ) 강의

12 전대통령 前大統領

정답 및 해설 228쪽

○ 미국의 클린턴 전 대통령은 10일 중국을 방문했다.

○ 米国のクリントン________は10日、中国を訪問した。

• 米国 미국 • 訪問する 방문하다

13 정권교체 政權交替

정답 및 해설 228쪽

○ 현재의 야당과 여당이 전면적으로 교체되는 것을 정권교체라 한다.

○ 現在の与党と野党が全面的に交替することを________という。

• 与党 여당 • 野党 야당 • 交替 교체

14 정기국회 定期國會

정답 및 해설 228쪽

○ 정기국회의 주된 일은 국가 예산의 심의다.

○ ______の主な仕事は、国の予算の審議である。

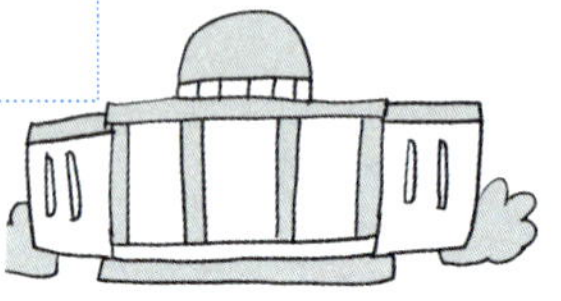

• 仕事 일 • 予算 예산 • 審議 심의

15 지방자치단체 地方自治團體

정답 및 해설 229쪽

○ 지방자치단체의 행, 재정을 체크하는 외부 감사제도의 도입이 필요하다.

○ ______の行財政をチェックする外部監査制度の導入が必要である。

• 行財政 행정과 재정 • 監査 감사 • 制度 제도 • 導入 도입

16 지역유지 地域有志

정답 및 해설 229쪽

○ 지역유지에게서의 기부금으로 새 학교를 지었다.

○ ______からの寄付金で、新しい学校を建てた。

• 寄付金 기부금 • 建てる (건물 등) 짓다, 세우다

17 초선의원 初選議員

정답 및 해설 229쪽

○ 경험이 부족한 초선의원만으로는 국회 대응 등에 문제가 생길 가능성이 있다.

○ 経験の乏しい______だけでは国会対応などに問題が生じる可能性がある。

• 経験 경험 • 乏しい 부족하다 • 国会 국회 • 対応 대응

18 추가경정예산 追加更定豫算

정답 및 해설 229쪽

○ 경기의 악화에 따라 **추가경정예산** 안이 제출되었다.

○ 景気の悪化に伴って、________案が出された。

• 景気(けいき) 경기 • 悪化(あっか) 악화 • 伴(とも)う 따르다, 수반하다, 동반하다 • 案(あん) 계획 구상

19 추대 推戴

정답 및 해설 229쪽

○ 명예시민은 시장이 **추대**한다.

○ 名誉市民は市長が________する。

• 名誉(めいよ) 명예 • 市民(しみん) 시민 • 市長(しちょう) 시장

20 탈당 脫黨

정답 및 해설 229쪽

○ 당수가 **탈당**을 결정한 이상에는 뭔가 큰 이유가 있을 것이다.

○ 党首が________を決断するというからには、なにか重大な理由があるはずだ。

• 党首(とうしゅ) 당수 • 決断(けつだん) 결단 • 重大(じゅうだい) 중대

21 탈퇴 脫退

정답 및 해설 229쪽

○ 좋아하던 가수의 팬클럽을 **탈퇴**하기로 했다.

○ 好きだった歌手のファンクラブを________することにした。

• 歌手(かしゅ) 가수

22 협상 協商

정답 및 해설 229쪽

○ 인질을 구출하기 위해 범인과 **협상**을 계속할 필요가 있다.

○ 人質を救出するため、犯人と________を続ける必要がある。

• 人質(ひとじち) 인질 • 救出(きゅうしゅつ) 구출 • 犯人(はんにん) 범인 • 続(つづ)ける 계속하다

✪ 행정 · 관공서

1 관공서 官公署

정답 및 해설 230쪽

○ 대법원, 일본은행, 외무성은 관공서에 포함된다.

○ 最高裁判所、日本銀行、外務省は________に含まれる。

• 最高裁判所(さいこうさいばんしょ) 대법원 • 日本銀行(にほんぎんこう) 일본은행 • 外務省(がいむしょう) 외무성 • 含む(ふくむ) 포함하다

2 관할 管轄

정답 및 해설 230쪽

○ 재판소에는 관할 구역이 나눠져 있다.

○ 裁判所は________区域が分けられている。

• 裁判所(さいばんしょ) 재판소 • 区域(くいき) 구역 • 分ける(わける) 나누다

3 구청 區廳

정답 및 해설 230쪽

○ 전출 신고를 구청에 제출할 필요가 있다.

○ 転出届を________に提出する必要がある。

• 転出(てんしゅつ) 전출 • 届(とどけ) 신고, 신고서 • 提出(ていしゅつ) 제출

4 구청장 區廳長

정답 및 해설 230쪽

○ 요미우리신문사는 동경 23구의 구청장을 대상으로 쓰레기 처리에 대한 앙케트를 실시했다.

○ 読売新聞社は東京23区の_______を対象にゴミ処理についてアンケートを実施した。

• 読売新聞社(よみうりしんぶんしゃ) 요미우리 신문사 • 対象(たいしょう) 대상 • 処理(しょり) 처리 • 実施(じっし) 실시

5 국무회의 國務會議

정답 및 해설 230쪽

○ 국무회의에는 정례국무회의와 임시국무회의가 있다.

○ _______には、定例閣議と臨時閣議がある。

• 定例(ていれい) 정례 • 臨時(りんじ) 임시

6 부처 部處

정답 및 해설 230쪽

○ 카스미가세키 주변에 중앙 부처가 소재한다.

○ 霞が関の周辺に中央________が所在する。

• 周辺 주변 • 中央 중앙 • 所在 소재

☞ 「皇居」의 남서쪽에 위치한 「永田町」는 「国会議事堂」 「国会図書館」 「首相官邸」 등이 있어 국정(일본정치)의 중심지로 통칭되고 있으며, 「霞が関」는 「外務省」 「財務省」 을 비롯한 중앙관청(「省庁」, 행정기관)이 밀집해 있어 중앙관청가로 통칭되고 있다.

7 생활보호대상자 生活保護對象者

정답 및 해설 230쪽

○ 생활보호대상자 중에 고독사가 다발하고 있다.

○ ______の中で孤独死が多発している。

• 孤独死 고독사 (가족에게서 버림받은 채 홀로 쓸쓸히 맞는 죽음) • 多発 다발

8 시의원 市議員

정답 및 해설 231쪽

○ 시민의 생활을 가까이서 떠받칠 수 있는 시의원으로서 젊음을 무기로 열심히 하겠습니다.

○ 市民の生活を身近に支えられる______として、若さを武器に頑張ります。

• 身近に 가까이서 • 支える 떠받들다 • 武器 무기 • 頑張る 열심히 하다, 분발하다

9 시청 市廳

정답 및 해설 231쪽

○ 시청의 창구 업무시간은 오전8시30분부터 오후5시까지이다.

○ ______の窓口業務時間は、午前8時30分から午後5時までである。

• 窓口 창구 • 業務 업무

10 우체국 郵遞局

정답 및 해설 231쪽

○ 우체국에서 우표를 사야 되겠다.

○ ______で切手を買わなければならない。

• 切手 우표 • 買う 사다

11 인허가 認許可

정답 및 해설 231쪽

○ 인허가에는 개인을 대상으로 하는 것과 법인, 단체를 대상으로 하는 것이 있다.

○ ______には個人のものと、法人·団体を対象とするものがある。

• 個人(こじん) 개인 • 法人(ほうじん) 법인 • 団体(だんたい) 단체 • 対象(たいしょう) 대상

12 장관 長官

정답 및 해설 231쪽

○ 방위 장관은 내각 총리대신 밑에서 자위대를 지휘한다.

○ 防衛________は、内閣総理大臣の下で自衛隊を指揮する。

• 防衛(ぼうえい) 방위 • 内閣(ないかく) 내각 • 総理大臣(そうりだいじん) 총리 • 自衛隊(じえいたい) 자위대 • 指揮(しき) 지휘

13 주민등록대장 住民登錄臺帳

정답 및 해설 231쪽

○ 주민등록대장의 사본을 받으러 시청에 갔다.

○ ______の写しをもらいに市役所に行った。

• 写(うつ)し 사본, 복사본 • 市役所(しやくしょ) 시청

14 지구대 地區隊

정답 및 해설 231쪽

○ 지갑을 습득하면 곧 지구대에 전합시다.

○ 財布を拾ったらすぐに________に届けましょう。

• 財布(さいふ) 지갑 • 拾(ひろ)う 줍다, 습득하다 • 届(とど)ける 전하다, 보내다, 신고하다

✪ 법률 · 법원

1 검찰총장 檢察總長

정답 및 해설 232쪽

○ 검찰조직의 톱을 검찰총장이라고 한다.

○ 検察組織のトップを________という。

• 検察(けんさつ) 검찰 • 組織(そしき) 조직

2 대법원 大法院

정답 및 해설 232쪽

○ 대법원이 그 재판의 판결을 내렸다.

○ ______がその裁判の判決を下した。

• 裁判(さいばん) 재판 • 判決(はんけつ) 판결 • 下(くだ)す (판결, 명령을) 내리다

3 불구속입건 不拘束立件

정답 및 해설 232쪽

○ 경찰은 현장책임자를 업무상 과실치사 혐의로 불구속 입건했다.

○ 警察は現場責任者を業務上過失致死の疑いで______した。

• 現場責任者(げんばせきにんしゃ) 현장 책임자 • 業務上過失致死(ぎょうむじょうかしつちし) 업무상과실치사

• 疑(うたが)い 혐의, 의문

4 불법체류자 不法滞留者

정답 및 해설 232쪽

○ 불법체류자가 많은 범죄를 저질러서 입국관리국이 단속을 강화했다.

○ ______が多くの犯罪をおかしており、入国管理局が取締りを強化した。

• 犯罪(はんざい) 범죄 • 犯(おか)す (법률, 규칙 등) 어기다, 범하다

• 入国管理局(にゅうこくかんりきょく) 입국관리국(보통 줄여서 「入管(にゅうかん)」이라 한다)

• 取締(とりしま)り 단속 • 強化(きょうか) 강화

5 사체부검 死體剖檢

정답 및 해설 232쪽

○ 사체부검을 해서 사인을 규명할 필요가 있다.

○ ______をして、死因を究明する必要がある。

• 死因(しいん) 사인 • 究明(きゅうめい) 규명

6 소환조사 召喚調査

정답 및 해설 232쪽

○ 소환조사를 거절할 수는 있지만 혐의가 높아질 수도 있다.

○ ______を断ることもできるが、嫌疑が高まるかもしれない。

• 断(ことわ)る 거절하다 • 嫌疑(けんぎ) 혐의

7 송치 送致

정답 및 해설 232쪽

○ 범죄자의 신병과 서류, 또는 서류만을 검찰청에 보내는 것을 송치라고 한다.

○ 犯罪者の身柄と書類、または書類だけを検察庁に送ることを________という。

• 犯罪者(はんざいしゃ) 범죄자 • 身柄(みがら) 신병, 당사자의 몸 • 書類(しょるい) 서류
• 検察庁(けんさつちょう) 검찰청

8 수감자 收監者

정답 및 해설 233쪽

○ 일본에서는 수감자는 의식주가 보장되어 있다.

○ 日本では________は衣食住が保障されている。

• 衣食住(いしょくじゅう) 의식주 • 保障(ほしょう) 보장

9 압류 押留

정답 및 해설 233쪽

○ 압류란 재산처분을 금지하는 강제행위이다.

○ ______とは、財産処分を禁止する強制行為である。

• 財産(ざいさん) 재산 • 処分(しょぶん) 처분 • 禁止(きんし) 금지 • 強制行為(きょうせいこうい) 강제행위

10 정상참작 情狀參酌

정답 및 해설 233쪽

○ 범행이 너무나 잔혹하여 정상참작의 여지도 없었다.

○ 犯行は極めて残酷で________の余地もないものであった。

• 犯行(はんこう) 범행 • 残酷(ざんこく) 잔혹 • 余地(よち) 여지

11 죄수 罪囚

정답 및 해설 233쪽

○ 죄수로 15년간 교도소에서 지냈던 남자가 가석방되었다.

○ ________として、15年間刑務所で暮した男が仮出所した。

• 刑務所(けいむしょ) 형무소 • 暮(くら)す 살다, 지내다 • 仮出所(かりしゅっしょ) 가석방

12 증인소환 證人召喚

정답 및 해설 233쪽

○ 증인소환은 국회가 국정에 관한 일에 대해 증인을 불러내서 캐어묻는 것이다.

○ _____は国会が、国政に関わることについて証人を呼び出して問いただすことである。

• 国会(こっかい) 국회 • 国政(こくせい) 국정 • 関(かか)わる 관계되다 • 証人(しょうにん) 증인

• 呼(よ)び出(だ)す 불러내다 • 問(と)いただす 캐묻다, 추궁하다

13 지방법원 地方法院

정답 및 해설 233쪽

○ 지방법원에서는 원칙적으로 소송의 제일심을 하다.

○ _____では原則的に訴訟の第1審を行う。

• 原則(げんそく) 원칙 • 訴訟(そしょう) 소송 • 第(だい)1審(しん) 제1심

14 진상규명 眞相糾明

정답 및 해설 233쪽

○ 사건의 진상규명에 전력을 다하다.

○ 事件の_____に全力を尽くす。

• 事件(じけん) 사건 • 全力(ぜんりょく) 전력 • 尽(つ)くす 다하다

15 진술 陳述

정답 및 해설 233쪽

○ 범인은 취조를 받아서 범행의 동기를 진술했다.

○ 犯人は取り調べを受けて、犯行の動機を_____した。

• 取(と)り調(しら)べ 취조 • 動機(どうき) 동기

16 특별사면 特別赦免

정답 및 해설 234쪽

○ 특별사면은 국가의 형벌권의 전부 또는 일부를 소멸 또는 경감시키는 제도다.

○ _____とは国家の刑罰権の全部または一部を、消滅もしくは軽減させる制度のことだ。

• 国家(こっか) 국가 • 刑罰権(けいばつけん) 형벌권 • 消滅(しょうめつ) 소멸 • 軽減(けいげん) 경감

✿ 국제관계 · 전쟁

1 국제연합 國際聯合

정답 및 해설 234쪽

○ 국제연합은 세계의 안전보장과 경제, 사회의 발전을 위해 협력하는 것을 목적으로 한다.

○ ＿＿＿は世界の安全保障と経済、社会の発展のために協力することを目的としている。

• 安全保障(あんぜんほしょう) 안전보장 • 経済(けいざい) 경제 • 発展(はってん) 발전 • 協力(きょうりょく) 협력

2 공습 空襲

정답 및 해설 234쪽

○ 태평양전쟁 중, 일본 본토에 대한 공습이 반복해서 이루어졌다.

○ 太平洋戦争中、日本本土への＿＿＿＿が繰り返し行われた。

• 太平洋戦争(たいへいようせんそう) 태평양전쟁 • 本土(ほんど) 본토, 본국 • 繰(く)り返(かえ)す 반복하다

3 대량살상무기 大量殺傷武器

정답 및 해설 234쪽

○ 이라크에 정말로 대량살상무기가 있는지를 먼저 밝혀야만 한다.

○ イラクに本当に＿＿＿＿があったのかを、まず明らかにすべきである。

• 明(あき)らか 분명함, 명료함, 밝힘

4 속전속결 速戰速決

정답 및 해설 234쪽

○ 속전속결의 시대이긴 해도 조급해하지 않고, 여유있게 살아가는 것이 중요하다.

○ ＿＿＿の時代であるが、あせらず、ゆっくり生きていくことが大切である。

• 焦(あせ)る 조급하게 굴다, 안달하다 • 大切(たいせつ) 중요

5 실전배치 實戰配置

정답 및 해설 234쪽

○ 지금까지보다 훨씬 대형의 미사일이 실전배치 되어있다는 보도가 흘러 나왔다.

○ これまでよりはるかに大型のミサイルが＿＿＿＿されているとの報道が流れた。

• はるかに 훨씬 • 大型(おおがた) 대형 • 報道(ほうどう) 보도 • 流(なが)れる 퍼지다, 유포되다

6 아군 我軍

정답 및 해설 235쪽

○ 적인지 아군인지 분간하기 어렵다.

○ 敵か________か、判別が難しい。

• 敵(てき) 적　• 判別(はんべつ) 판별, 분간

7 정상회담 頂上會談

정답 및 해설 235쪽

○ 2000년에 남북 정상회담이 이루어져 남북공동선언이 발표되었다.

○ 2000年に南北________が行われ、南北共同宣言が出された。

• 南北(なんぼく) 남북　• 共同(きょうどう) 공동　• 宣言(せんげん) 선언

8 주둔 駐屯

정답 및 해설 235쪽

○ 오키나와에 주둔해 있는 미군에 대한 일본의 부담액은 두드러지게 많다.

○ 沖縄に________しているアメリカ軍に対する日本の負担額は、突出している。

• 沖縄(おきなわ) 오키나와　• 負担額(ふたんがく) 부담액　• 突出(とっしゅつ) 돌출, 두드러짐

9 주한미군 駐韓美軍

정답 및 해설 235쪽

○ 주한미군은 전후 계속 한국에 주재해 있는 미군을 이른다.

○ ________は、戦後引き続き韓国に駐在しているアメリカ軍のことである。

• 戦後(せんご) 전후　• 引(ひ)き続(つづ)き 계속　• 駐在(ちゅうざい) 주재

10 지뢰매설 地雷埋設

정답 및 해설 235쪽

○ 지뢰매설을 계획한 적이 있다.

○ ________を計画したことがある。

• 計画(けいかく) 계획

11 철수 撤收

정답 및 해설 235쪽

○ 이라크에서 자위대가 철수하기로 결정했다.

○ イラクから自衛隊が________することをきめた。

• 自衛隊(じえいたい) 자위대

12 핵무기 核武器

정답 및 해설 235쪽

○ 핵무기는 핵반응으로 인한 폭발을 이용한 것이다.

○ ______は、核反応による爆発を利用したものである。

• 核反応(かくはんのう) 핵반응 • 爆発(ばくはつ) 폭발 • 利用(りよう) 이용

정답 및 해설

◈ 정치 · 선거

1 개각(改閣) → 内閣改造

- 관련어로「内閣総辞職(내각총사퇴)」「組閣 (조각, 내각구성)」「内閣人事(내각인사)」「入閣 (입각)」「任命 (임명)」「罷免 (파면)」 등이 있다.

2 당선사례(當選謝禮) → 当選御礼

- 「謝礼」와 「御礼」는 유의관계에 있는 말이지만 「謝礼」는 '금품, 답례품 '의 의미가 강하고 「御礼」는 '고마운 마음'의 의미가 강하다.

3 대변인(代辯人) → 報道官

- 「スポークスマン(spokesman)」이라고도 한다.
- 관련어로 「定例記者会見(정례기자회견)」「記者発表(기자발표)」「記者クラブ(기자클럽)」 등이 있다.

4 만장일치(滿場一致) → 全会一致

- 「満場一致」도 많이 쓰이며 「賛成多数(다수찬성)」이라는 말도 있다.

5 보궐선거(補闕選擧) → 補欠選挙

- 줄여서 「補選」이라고도 하며 관련어로서 「総選挙(총선거)」「公職選挙法(공직선거법)」「直接選挙(직접선거)」「間接選挙(간접선거)」 등이 있다.

6 소식통(消息通) → 消息筋

- 「消息通」이라고도 하며 「事情通(정보통)」「情報屋(정보실)」「情報源(정보원)」「ニュースソース(news source, 정보 출처)」 등의 관련어가 있다.

7 소집(召集) → 招集

- 일본어의 「召集(소집)」는 윗사람이 아랫사람을 불러 모은다는 고압적인 의미이므로 현재는 「招集(소

집)」를 사용한다. 관련어로서 「徴集(징집)」 「招請(초청)」 「募集(모집)」 「集合(집합)」 「参集 (참집, 모여듦)」 등이 있다.

8 순방(巡訪) → 歴訪

- 관련어로서 「歴遊(이곳저곳을 돌아다님)」 「巡歴(걸어 돌아다님)」 「巡覧(곳곳을 보고 다님)」 「巡察(순찰)」 「巡遊(각지를 여행하고 돌아다님)」 「巡行(목적을 가지고 이곳저곳을 두루 다님)」 「巡回(순회)」 등이 있다.

9 여론조사(輿論調査) → 世論調査

- 「世論」은 「輿論」의 다른 표현이므로 「世論」이라고도 읽는다. 관련어로서 「巷の声(항간의 소리, 세상 여론)」 「パブリック・オピニオン(public opinion, 퍼블릭 오피니언, 여론)」 등이 있다.

10 인준(認准) → 承認

- 「認准」이라는 말은 일본어에서 사용하지 않고 「承認」을 사용한다. 관련어로서 「認可(인가)」 「認証(인증)」 「認定(인정)」 등이 있다.

11 저명인사(著名人士) → 著名人

- 「著名」도 「人士」도 일본어에 있으므로 의미는 통하지만 「著名人士」라고는 하지 않고 「著名人」이라 한다.

12 전대통령(前大統領) → 元大統領/前大統領

- 「元大統領」은 전직 대통령 모두를 말하는 것이고 「前大統領」은 직전 대통령만을 의미하므로 미국의 「クリントン大統領」은 「元大統領」이며 「前大統領」라고는 할 수 없다.

13 정권교체(政權交替) → 政権交代

- 「政権交代」는 의회에서의 여당과 야당이 바뀌는 것을 의미하며 관련어로서 「単独政権(단독정권)」 「連立政権(연립정권)」 「独裁政権(독재정권)」 「軍事政権(군사정권)」 등이 있다.

14 정기국회(定期國會) → 通常国会

- 「通常国会」는 매년 한번 1월에 소집되며 회기는 150일이다. 관련어로서는 「臨時国会(임시국회)」 「特別国会(특별국회)」 「会期延長(회기연장)」 등이 있다.

15 지방자치단체(地方自治團體) → 地方自治体

- 「地方公共団体」라는 말도 많이 사용되며 관련어로서 地方公共団体(지방공공단체)」「都道府県」「市町村」 등이 있다.

16 지역유지(地域有志) → 地元有力者

- 관련어로서 「有志」「地元の名士(지역의 명사)」「有名人」 등이 있다.

17 초선의원(初選議員) → 初当選議員

- '첫 당선'을 「初当選」이라고 하고 '첫 당선자'를 「初当選者」라고 한다.

18 추가경정예산(追加更定豫算) → 補正予算

- 관련어로서 「当初予算(당초예산)」「本予算(본 예산)」「追加予算(추가예산)」「修正予算(수정예산)」 등이 있다.
- 「補正予算」은 추가예산뿐만 아니라 남은 예산을 다른 용도로 돌리는 것도 포함되므로 '추가경정예산'과 완전히 동일하다고 보기는 어렵다.

19 추대(推戴) → 推挙

- 관련어로서 「推薦(추천)」「推奨(좋은 것이라며 남에게 권함)」「自薦(자천)」「他薦(타천)」 등이 있다.

20 탈당(脫黨) → 離党

- 「脱党」라는 말도 있기는 하나 「離党」가 일반적이다. 관련어로서 「離脱(이탈)」「脱退(탈퇴)」「離反(이반)」「離合(헤어짐과 모임)」 등이 있다.

21 탈퇴(脫退) → 脱会

- 「脱退」도 사용하지만 「脱会」가 일반적이다. 「脱会」는 「入会」의 반대말로 종교단체 등 개인적인 모임에서 탈퇴하는 것이고 「脱退」는 「加入」의 반대말로 공적인 조직이나 단체에서 탈퇴하는 것을 말한다. 「脱会」는 조직이름이 「○○会」인 경우에 사용하는 것이 일반적이다.

22 협상(協商) → 交渉

- 일본어에도 「協商」라는 말도 있기는 하나 「交渉」가 일반적이다. 관련어로서 「折衝(절충)」「談判 (담

판)」「話し合い(의논)」 등이 있다.

◈ 행정 · 관공서

1 관공서(官公署) → 官公庁

- 「官公署」라는 말도 있으나 「官公庁」 또는 「お役所」를 사용한다. 관련어로서 「役人(공무원)」「役人根性(융통성이 권위적인 공무원 근성)」 등이 있다.

2 관할(管轄) → 所轄/管轄

- 「所轄」를 많이 사용하나 「管轄」도 사용한다. 관련어로서 「総括(총괄)」「総轄(총할)」「統轄(통할)」「直轄(직할)」「分轄(분할)」「管轄権(관할권)」「縦割行政(종적행정)」 등이 있다.

3 구청(區廳) → 区役所

- 관련어로서 「区民」「区議会」「区政(구의 행정)」 등이 있다.

4 구청장(區廳長) → 区長

- 일본에서 구청장은 공직선거법에 의해 선거로 선출되며 일반적으로 「市長」에 상당하는 직위가 적용된다.

5 국무회의(國務會議) → 閣議

- 일본의 「定例閣議」는 매주 화요일과 금요일 오전에 열리며 만장일치로 안건을 결정하는 것이 관례로 되어 있다. 관련어로는 「閣僚(각료)」「国務大臣(국무장관)」「閣議決定(국무회의 결정)」 등이 있다.

6 부처(部處) → 省庁

- 국가공무원 1종 시험에 합격하여 채용된 일본의 엘리트 공무원을, 속칭「キャリア(career)」라 부르고 그 외의 공무원을 「ノンキャリ(non-career)」로 부르고 있다.

7 생활보호대상자(生活保護對象者) → 生活保護受給者

- 관련어로서 「独居老人(독거노인)」「年金受給者(연금수급자)」「生活保護の不正受給(생활보호 부정수급)」 등이 있다.

8 시의원(市議員) → 市會議員
- 정식명칭은「市議会議員」이며 임기는 4년이다.

9 시청(市廳) → 市役所
- '시청사'는「市庁舎」라고 한다.

10 우체국(郵遞局) → 郵便局
- 「ゆうちょ銀行」는「日本郵政公司」가 민영화되면서 우편저금 등을 승계하여 2007년에 설립한 은행. 「ゆうちょ銀行」「JPゆうちょ」라고도 하며 영어로는 'JP BANK'라고 한다. 「ゆうちょ」는「郵便貯金」의 줄임말이며「JP」는 'Japan Bank'의 줄임말이다.

11 인허가(認許可) → 許認可
- '인허가권'도「許認可権」이라고 하며 관련어로서「許可証(허가증)」「認証(인증)」등이 있다.

12 장관(長官) → 大臣
- 「外務省」「文部科学省」처럼「省」의 수장은 「大臣」이라 하고,「文化庁」「環境庁」처럼「庁」의 수장은「長官」이라고 한다.「庁」는「省」의 하부기관이므로 격으로서는「大臣」이「長官」보다 위이다.「大臣」의 아래 직위는「副大臣」이라 하고,「長官」 아래 직위는「次官」이라 하는데「次官」에는 정치인이 담당하는「政務次官(정무차관)」과 관료가 담당하는「事務次官(사무차관)」이 있다.

13 주민등록대장(住民登錄臺帳) → 住民票
- 외국인은「外国人登録制度」라는 다른 제도로 등록된다. 관련어로서「本籍(본적)」「戸籍謄本(호적등본)」「戸籍抄本(호적초본)」「現住所(현주소)」등이 있다.

14 지구대(地區隊) → 交番
- 본래 명칭은「派出所」였는데, 1994년부터「交番」이 정식명칭이 되었다.
- 관련어로「警察庁(경찰청)」「警視庁(경시청/동경에 있는 경찰본부)」「県警本部(현의 경찰 본부/한국의 도경(道警)에 해당함)」「警部(경감)」「巡査(순경)」「お巡りさん(경찰을 친근하게 부르는 말)」등이 있다.

◈ 법률 · 법원

1 검찰총장(檢察總長) → 検事総長

- 관련어로「検察官(검찰관)」「最高検察庁(대검찰청)」「高等検察庁(고등검찰청)」「地方検察庁(지방검찰청)」 등이 있다.

2 대법원(大法院) → 最高裁判所

- 관련어로「裁判所(재판소)」「判事(판사)」「最高裁(대법원)」「上告審(상고심)」「高等裁判所(고등법원)」「高裁(고등법원의 약어)」「控訴審(공소심)」 등이 있다.

3 불구속입건(不拘束立件) → 書類送検

- 일본에서 「立件」은 불구속입건된 후 검사가 기소할 수 있다고 판단하는 것을 말한다.

4 불법체류자(不法滯留者) → 不法滞在者

- 관련어로 「不法入国(불법입국)」「不法残留(불법잔류)」「オーバーステイ(overstay, 불법잔류)」「資格外活動(자격외 활동)」 등이 있다.

5 사체부검(死體剖檢) → 司法解剖

- 관련어로 「検視(사건 현장 또는 변사체의 사망 원인이 범죄에 의한 것인가를 조사함)」「検死(변사자의 시체를 검사함)」「鑑識(감식)」「科学捜査(과학수사)」 등이 있다.

6 소환조사(召喚調査) → 事情聴取

- 관련어로 「別件逮捕」가 있는데 이는 증거가 없는 혐의자에 대해, 증거가 있는 다른 죄목으로 체포하여 증거가 없는 사건에 대해서 조사하는 것을 말한다.

예 ▪ 任意/別件で引っ張る。(임의/별건으로 연행하다)

- 이 밖에 「任意同行(임의동행)」「取り調べ(조사, 취조)」「尋問(심문)」 등이 있다.

7 송치(送致) → 送検

- 일본어의 「送致」는 송달(送達-보내는 것)하는 것을 말하며 관련어로「勾留(구류)」「勾留質問(구류질문)」「拘置所(구치소)」「収監(수감)」 등이 있다.

8 수감자(收監者) → 受刑者

- 관련어로「実刑(실형)」「量刑(양형 형벌의 종류나 정도를 정함)」「刑罰(형벌)」「懲役(징역)」「刑期(형기)」 등이 있다.

9 압류(押留) → 差押

- 관련어로「脱税(탈세)」「税金滞納(세금체납)」「債務不履行(채무불이행)」「財産没収(재산몰수)」 등이 있다.
- 한국에서는 차압(差押)이라는 말도 사용하나 일본어에서「押留」는 거의 사용하지 않는다.

10 정상참작(情狀參酌) → 情状酌量

- 정상참작에 관련된 말로「事情(사정)」「境遇(경우)」「年齢(연령)」「動機(동기)」「犯行目的(범행목적)」「勘案(감안)」 등이 잇다.

11 죄수(罪囚) → 囚人

- 「罪囚」도 사용하며 관련어로「囚人番号(수인번호)」「囚人服(죄수복)」「実刑判決(실형판결)」「服役(복역)」「模範囚(모범수)」「仮釈放(가석방)」「前科者(전과자)」 등이 있다.

12 증인소환(證人召喚) → 証人喚問

- 관련어로「議院証言法(의원증언법)」「国会召致(국회소환)」「証言(증언)」「虚偽(허위)」「偽証罪(위증죄)」 등이 있다.

13 지방법원(地方法院) → 地方裁判所

- 관련어로「地裁(지방법원의 줄임말)」「判決(판결)」「決定(결정)」「命令(명령)」「家庭裁判所((가정법원)」「家裁(가정법원의 줄임말)」「調停(조정, 중재)」「審判(심판)」「簡易裁判所(간이재판소)」「簡判(간이재판소의 줄임말)」 등이 있다.

14 진상규명(眞相糾明) → 真相究明

- 관련어로「真実(진실)」「真偽(진위)」「追究(추구)」「解明(해명)」 등이 있다.

15 진술(陳述)→ 供述

- 「陳述」도 사용하며 관련어로「供述調書(진술조서)」「自供(자백)」「自白(자백)」「吐く(실토하다)」「黙秘権(묵비권)」 등이 있다.

16 특별사면(特別赦免) → 恩赦

- 관련어로「大赦(일반사면)」「特赦(특별사면)」「減刑(감형)」「刑執行免除(형집행면제)」「復権(복권)」 등이 있다.

◈ 국제관계 · 전쟁

1 국제연합(國際聯合)/UN → 国連

- 한국에서는 'UN'을 많이 사용하나 일본에서는「国際連合」을 줄여서 보통「国連」이라고 한다. 관련어로「事務総長(사무총장)」「国連決議(유엔결의)」「常任理事国(상임이사국)」「拒否権(거부권)」 등이 있다.
- UN(국제연합)의 공용어(Official language)는 현재 영어, 러시아어, 중국어, 프랑스어, 아랍어, 스페인어 등 6개 언어이다.

2 공습(空襲) → 空襲/空爆

- 일본어로도「空襲」라고 하나 최근에는「空爆」도 많이 사용한다. 특히「東京大空襲」처럼 공격을 당한 경우에는「空襲」를 많이 사용하고 항공기가 폭탄으로 공격하는 경우에는 일반적으로「空爆」를 많이 사용한다. 관련어로「爆撃((폭격)」「爆弾(폭탄)」「焼夷弾(소이탄)」 등이 있다.

3 대량살상무기(大量殺傷武器) → 大量破壊兵器

- 「大量殺傷武器」도 사용하나「大量殺傷兵器」 또는「大量破壊兵器」가 일반적이며, 관련어로「核兵器(핵무기)」「毒ガス兵器(독가스 무기)」 등이 있다.

4 속전속결(速戰速決) → 速戦即決

- 관련어로「短期決戦(단기결전)」「長期戦(장기전)」 등이 있다.

5 실전배치(實戰配置) → 実戦配備

- 「実戦配置」도 사용하나「実戦配備」가 일반적이며 관련어로「実戦投入(실전투입)」「前線(전방)」

「最前線(최전방)」「実戦訓練(실전훈련)」「実弾射撃訓練(실탄사격훈련)」「米韓合同演習(한미합동훈련)」 등이 있다.

6 아군(我軍) → 味方

- 동의어로「御方(내 편)」「身方(우리 편)」「わがほう(우리 쪽)」 등이 있으며 반대말로 「敵」가 있다.

7 정상회담(頂上會談) → 首脳会談

- 관련어로 「トップ会談(정상회담)」「サミット(summit, 主要国頂上会議)」「晩餐会(만찬회)」「共同記者会見(공동기자회견)」「首脳宣言(정상선언)」 등이 있다.

8 주둔(駐屯) → 駐留

- 「駐屯」도 사용되며 관련어로 「駐留経費(주둔경비)」占領軍(점령군)」「在日米軍(주일미군)」「思いやり予算(주일미군 주둔경비 부담으로 계상된 예산의 통칭)」 등이 있다.

9 주한미군(駐韓美軍) → 在韓米軍

- 관련어로 「駐留(주둔)」「SOFA(Status of Forces Agreement), 주둔미군의 지위에 관한 협정」「基地問題(기지문제)」 등이 있다.

10 지뢰매설(地雷埋設) → 地雷配備

- 「地雷埋設」은 일본어에도 있는 말이며 「地雷配備」는 주로 「地雷を配備する(지뢰를 매설하다)」의 형태로 주로 쓰인다. 관련어로는 「地雷廃絶運動(지뢰폐절 운동)」「地雷原(지뢰밭)」「地雷除去(지뢰제거)」 등이 있다.

11 철수(撤收) → 撤退

- 일본어로 「撤収」는 일반적으로 이벤트 등을 종료하고 장비를 정리하여 철수하는 것을 말할 때 자주 사용하며 군대나 부대철수인 경우에는 「撤退」를 사용한다. 관련어로 「撤兵(철병, 철군)」「退却(퇴각, 후퇴)」「敗退(패퇴)」「退散(퇴산/달아남)」「退避(퇴피/위험을 피하여 그 자리에서 물러남)」 등이 있다.

12 핵무기(核武器) → 核兵器

• 관련어로 「核実験(핵실험)」「核爆弾(핵폭탄)」「原子爆弾(원자폭탄)」「水素爆弾(수소폭탄)」「核弾頭(핵탄두)」「核ミサイル(핵미사일)」「大陸間弾道ミサイル(대륙간 탄도미사일)」「核兵器保有国(핵무기 보유국)」 등이 있다.

기타

✪ 사자성어

1 골육상쟁 骨肉相争

정답 및 해설 265쪽

○ 부친의 상속을 둘러싼 골육상쟁 다툼이 일어났다.

○ 父親の相続をめぐって_______争いが行われた。

• 父親(ちちおや) 부친, 아버지 • 相続(そうぞく) 상속 • 争(あらそ)い 다툼, 싸움

2 군계일학 群鶏一鶴

정답 및 해설 265쪽

○ 이 회사에서 그녀는 군계일학의 인재다.

○ この会社で彼女は_______の逸材だ。

• 逸材(いつざい) 인재

3 궁여지책 窮餘之策

정답 및 해설 265쪽

○ 유학중에 돈이 떨어져 궁여지책으로 일용직 아르바이트를 시작하기로 했다.

○ 留学中にお金が尽き、_______で日雇いアルバイトを始めることにした。

• 尽(つ)きる 끝나다, 떨어지다 • 日雇(ひやと)い 일용, 날품팔이

4 근검절약 勤儉節約

정답 및 해설 265쪽

○ 젊을 때는 근검절약에 힘쓰는 것이 좋다.

○ 若い時は_______に励むのがよい。

• 励(はげ)む 힘쓰다, 노력하다

5 금의환향 錦衣還鄕

정답 및 해설 265쪽

○ 금의환향은 고급 옷을 입고 고향에 돌아간다는 의미이다.

○_______はぜいたくな衣服を着て故郷へ帰るという意味である。

• ぜいたく 사치 • 衣服(いふく) 옷 • 着(き)る 입다 • 故郷(こきょう) 고향 • 意味(いみ) 의미

6 기정사실 旣定事實

정답 및 해설 265쪽

○ 기정사실을 정교하게 쌓아올려 개혁을 진행하고 있다.

○ ________を巧みに積み重ねて、改革を進めている。

- 巧(たく)み 교묘, 정교, 솜씨좋음
- 積(つ)み重(かさ)ねる 포개어 쌓다, 겹쳐 쌓다
- 改革(かいかく) 개혁
- 進(すす)める 진행하다

7 대서특필 大書特筆

정답 및 해설 265쪽

○ 대서특필해야 할 것은 그가 남긴 작품의 수가 많다는 것이다.

○ ________すべきは、彼の残した作品の数の多さである。

- 残(のこ)す 남기다
- 作品(さくひん) 작품

8 동서고금 東西古今

정답 및 해설 266쪽

○ 동서고금 들은 적 없는 터무니없는 이야기다.

○ ________聞いたことがない馬鹿げ話だ。

- 馬鹿(ばか)げ話(ばなし) 터무니없는 이야기

9 미풍양속 美風良俗

정답 및 해설 266쪽

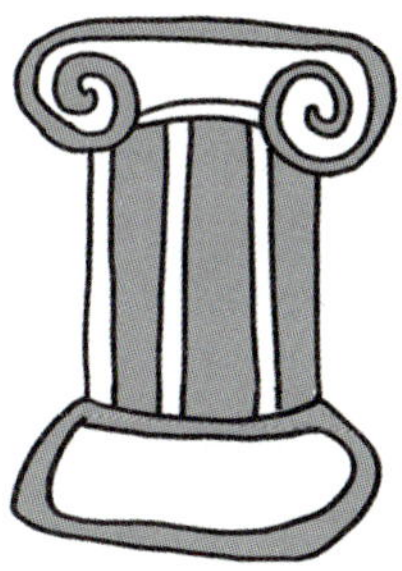

○ 미풍양속에 반하는 것과 같은 인터넷 사이트는 공개해서는 안 된다.

○ ________に反するようなインターネットサイトは、公開すべきではない。

- 反(はん)する 위반되다, 어긋나다
- 公開(こうかい) 공개

10 변화무쌍 變化無雙

정답 및 해설 266쪽

○ 산은 변화무쌍하여 그 아름다움이 사람의 마음을 끌어당긴다.

○ 山は________し、その美しさは人の心を惹き付ける。

- 惹(ひ)き付(つ)ける (마음을) 끌다, 매혹하다

11 사자성어 四字成語

정답 및 해설 266쪽

○ 사자성어에는 인간의 심리, 보편적인 사물의 이치 등이 간결하게 나타납니다..

○ ________には人間 の心理、普遍的なことわりなどが簡潔に表されます。

- 普遍的(ふへんてき) 보편적
- ことわり(理)사물의 이치(도리)
- 簡潔(かんけつ) 간결
- 表(あらわ)される 나타나다

12 산전수전 山戦水戦

정답 및 해설 266쪽

○ 산전수전 다 겪은 정치인들이 많아 일본의 미래가 걱정이다.

○_______の政治家たちが多く、日本の未来が心配である。

• 政治家(せいじか) 정치인 • 未来(みらい) 미래

13 상전벽해 桑田碧海

정답 및 해설 266쪽

○ 중국 상해를 방문하는 사람들은 상전벽해라고 찬탄하는 경우가 많다.

○ 中国の上海を訪問する人々は_______と賛嘆する場合が多い。

• 上海(シャンハイ) 상해, 샹하이 • 訪問(ほうもん) 방문 • 賛嘆(さんたん) 찬탄 • 場合(ばあい) 경우

14 시종일관 始終一貫

정답 및 해설 266쪽

○ 그는 시종일관 범행을 부인했다.

○ 彼は_______して犯行を否認した。

• 犯行(はんこう) 범행 • 否認(ひにん) 부인

15 심사숙고 深思熟考

정답 및 해설 266쪽

○ 심사숙고 끝에 후에 명작이라 불릴만한 작품이 탄생했다.

○_______の末に、後に名作と呼ばれる作品が生まれた。

• 名作(めいさく) 명작 • 作品(さくひん) 작품

16 양자택일 両者択一

정답 및 해설 266쪽

○ 해외로 전근할지 어쩔지 양자택일에 직면했다.

○ 海外転勤するかどうか_______を迫られた。

• 海外(かいがい) 해외 • 転勤(てんきん) 전근 • 迫(せま)る 다가오다, 육박하다

17 예의범절 禮儀凡節

정답 및 해설 266쪽

○ 할머니에게 예의범절을 엄격하게 배웠다.

○ 祖母に_______を厳しくしつけられた。

• 祖母(そぼ) 조모, 할머니 • 厳(きび)しい 엄격한

18 오합지졸 烏合之卒

정답 및 해설 267쪽

○ 우리들은 오합지졸이긴 해도 함께 힘을 합쳐 노력해 가려고 한다.

○ 私たちは_______であるが、共に力を合わせて頑張っていこうと思う。

• 共(とも)に 함께　• 頑張(がんば)る 노력하다

19 이구동성 異口同聲

정답 및 해설 267쪽

○ 부모님은 내 유학을 이구동성으로 찬성해 주었다.

○ 両親は私の留学を_______に賛成してくれた。

• 両親(りょうしん) 부모　• 賛成(さんせい) 찬성

20 일희일비 一喜一悲

정답 및 해설 267쪽

○ 최근 그녀는 그의 언행에 일희일비하고 있다.

○ 最近、彼女は彼の言動に_______している。

• 言動(げんどう) 언동

21 자초지종 自初至終

정답 및 해설 267쪽

○ 사건의 경위를 자초지종 보고 있다.

○ 事のいきさつを_______見ていた。

• 事(こと) 일, 사건　• いきさつ(経緯) 경위, 내막

22 작심삼일 作心三日

정답 및 해설 267쪽

○ 매일아침 6시에 일어나 공부하려고 굳게 결심했지만 작심삼일로 끝났다.

○ 毎朝6時に起きて勉強しようと誓ったが、_______に終わった。

• 誓(ちか)う 맹세하다, 굳게 결심하다

23 천태만상 千態萬象

정답 및 해설 267쪽

○ 내용은 천태만상이다.

○ 中身は_______である。

• 中身(なかみ) 내용

24 현모양처 賢母良妻

정답 및 해설 267쪽

○ 옛날 여성들은 현모양처가 되기 위한 교육을 받았다.

○ 昔の女性は＿＿＿＿になるための教育を受けた。

25 호언장담 豪言壮談

정답 및 해설 267쪽

○ 선거에서 반드시 이길 것이라고 호언장담했던 후보가 낙선했다.

○ 選挙にきっと勝つと＿＿＿＿していた候補が落選した。

• 選挙(せんきょ) 선거　• 勝(か)つ 이기다, 승리하다　• 候補(こうほ) 후보　• 落選(らくせん) 낙선

26 호화찬란 豪華燦爛

정답 및 해설 267쪽

○ 그 배는 호화찬란한 호텔 같은 내부 장식이었다.

○ その船は＿＿＿＿で、ホテルのような内装であった。

• 船(ふね) 배　• 内装(ないそう) 내부 장식

앞뒤가 바뀐 2자 한자

1 기강 紀綱

정답 및 해설 268쪽

○ 기강을 심사하는 위원회가 발족되었다.

○ ＿＿＿＿を審査する委員会が発足した。

• 審査(しんさ) 심사　• 委員会(いいんかい) 위원회　• 発足(ほっそく) 발족

2 시종 始終

정답 및 해설 268쪽

○ 그녀는 시종 고개를 숙이고 부끄러운 듯 아무 말이 없었다.

○ 彼女は＿＿＿＿下を向いて、恥ずかしそうに黙っていた。

• 向(む)く 향하다　• 恥(は)ずかしい 부끄러운　• 黙(だま)る 침묵하다, 말없이 있다

3 약혼 約婚
정답 및 해설 268쪽

○ 며칠 전 남자 친구와 함께 **약혼**반지를 사러 갔다.
○ 先日、彼と一緒に______指輪を買いに行った。

• 指輪(ゆびわ) 반지

4 영광 榮光
정답 및 해설 268쪽

○ 만나 뵙게 되서 정말로 **영광**입니다.
○ お会いできて誠に______です。

• 誠(まこと)に 정말로, 매우

5 위협 威脅
정답 및 해설 268쪽

○ 스토커같은 그의 행동에 **위협**을 느끼기 시작했다.
○ ストーカーまがいの彼の行動に______を感じ始めた。

• 行動(こうどう) 행동 • 感(かん)じる 느끼다

6 잉여 剩餘
정답 및 해설 268쪽

○ 생산자 **잉여**란 거래에서 얻은 기업, 업자 등의 이익이다.
○ 生産者______とは、取り引きから得られる企業、業者などの利益である。

• 生産者(せいさんしゃ) 생산자 • 取(と)り引(ひ)き 거래 • 得(え)る 얻다, 획득하다
• 企業(きぎょう) 기업 • 業者(ぎょうしゃ) 업자 • 利益(りえき) 이익

7 제작 製作
정답 및 해설 269쪽

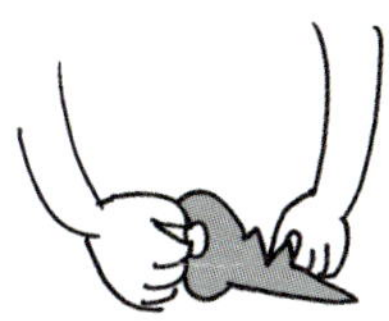

○ 열쇠를 잃어버렸기 때문에 맞는 열쇠를 **제작**했다.
○ 鍵を落としてしまったので合い鍵を______した。

• 鍵(かぎ) 열쇠 • 落(お)とす 떨어뜨리다, 분실하다

8 탄생 誕生
정답 및 해설 269쪽

○ 모차르트 **탄생** 250주년 기념.
○ モーツァルト______250周年記念。

• 周年(しゅうねん) 주년, 주기 • 記念(きねん) 기념

9 평화 平和

정답 및 해설 269쪽

○ 중동의 평화문제가 중동뿐만 아니라 세계전체의 평화와 안정에 직결된다.

○ 中東の＿＿＿問題が中東地域のみならず世界の全体の平和と安定に直結される。

- 中東(ちゅうとう) 중동
- 地域(ちいき) 지역
- 全体(ぜんたい) 전체
- 平和(へいわ) 평화
- 安定(あんてい) 안정
- 直結(ちょっけつ) 직결

10 풍파 風波

정답 및 해설 269쪽

○ 풍파가 일어나지 않도록 세상을 잘 살아갈 것이다.

○ ＿＿＿が立たぬよう、うまく世間を渡っていく。

- 世間(せけん) 세상
- 渡(わた)る 건너다, 지나가다, 살아가다

11 해당 該當

정답 및 해설 269쪽

○ 해당 토지의 권리를 양도하는 계약이 체결됐다.

○ ＿＿＿土地の権利を譲る契約が結ばれた。

- 土地(とち) 토지
- 権利(けんり) 권리
- 譲(ゆず)る 양도하다, 양보하다, 물려주다
- 契約(けいやく) 계약
- 結(むす)ぶ 맺다, 묶다

12 형량 刑量

정답 및 해설 269쪽

○ 변호사는 형량이 너무 무거워 부당하다고 주장했다.

○ 弁護士は＿＿＿が重すぎて不当であると主張した。

- 弁護士(べんごし) 변호사
- 不当(ふとう) 부당

13 화초 花草

정답 및 해설 270쪽

○ 화초가 말라 겨울이 왔음을 느꼈다.

○ ＿＿＿が枯れ、冬の訪れを感じた。

- 枯(か)れる 마르다, 시들다
- 訪(おとず)れ 방문

14 흑백 黒白

정답 및 해설 270쪽

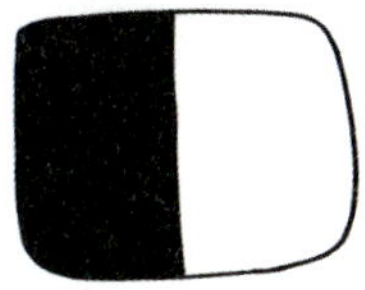

○ 그 건에 대해서는 확실히 흑백을 가려야하지 않을까

○ その件についてははっきり＿＿＿＿つけようではないか。

• 件(けん) 건 • はっきり 확실히, 분명히

✪ 「~필(畢)/완료(完了)」→「~済(ず)み」

1 검사필 検査畢

정답 및 해설 270쪽

○ 이 쌀은 검사필이므로 안심하고 드십시오.

○ この米は＿＿＿＿ですので、安心してお召し上がりください。

• 米(こめ) 쌀 • 召(め)し上(あ)がる 잡수시다, 드시다

2 등록필 登録畢

정답 및 해설 270쪽

○ 손님의 ID는 이미 등록필입니다.

○ お客様のIDはすでに＿＿＿＿です。

3 사용완료 使用完了

정답 및 해설 270쪽

○ 사용완료한 종이컵은 쓰레기통에 버려주십시오.

○＿＿＿＿の紙コップは、ゴミ箱に捨ててください。

• 紙(かみ)コップ 종이컵 • ゴミ箱(ばこ) 쓰레기통 • 捨(す)てる 버리다

4 설정완료 設定完了

정답 및 해설 270쪽

○ 이 사이트에서는 개인정보를 설정완료 했기 때문에 직접 로그인 할 수 있습니다.

○ このサイトでは個人情報を＿＿＿＿なので、直接ログインできます。

• 個人(こじん) 개인 • 情報(じょうほう) 정보 • 直接(ちょくせつ) 직접

5 송신완료 送信完了

정답 및 해설 270쪽

○ 송신완료한 메일을 한 번 더 모두 체크한다.

○＿＿＿＿のメールをもう一度すべてチェックする。

6 예약완료 豫約完了

정답 및 해설 270쪽

○ 사원여행으로 숙박할 호텔은 예약완료입니다.

○ 社員旅行で宿泊するホテルは_______です。

• 社員(しゃいん) 사원 • 旅行(りょこう) 여행 • 宿泊(しゅくはく) 숙박

7 지불완료 支佛完了

정답 및 해설 270쪽

○ 일전에 주문한 상품의 대금은 지불완료 했습니다.

○ 先日注文した品の代金は_______です。

• 先日(せんじつ) 전일, 요전 • 注文(ちゅうもん) 주문 • 品(しな) 상품, 물건 • 代金(だいきん) 대금

8 확인필 確認畢

정답 및 해설 270쪽

○ 부장의 승인은 확인필입니다.

○ 部長の承認は_______です。

• 承認(しょうにん) 승인

❂ 「~처(處)/지(地)」 → 「~先(さき)」

1 거래처 去來處

정답 및 해설 270쪽

○ 거래처의 사장과 함께 술을 마셨다.

○_______の社長と一緒に酒を飲んだ。

• 社長(しゃちょう) 사장

2 구입처 購入處

정답 및 해설 270쪽

○ 사고 싶은 화장품이 있지만 구입처를 모른다.

○ 欲しい化粧品があるが_______が分からない。

• 欲(ほ)しい 갖고 싶다, 원하다 • 化粧品(けしょうひん) 화장품

3 근무처 勤務處

정답 및 해설 270쪽

○ 용지에 근무처를 써 주십시오.

○ こちらの用紙に_______を書いてください。

- 用紙(ようし) 용지

4 문의처 問議處

정답 및 해설 270쪽

○ 문의처는 제품의 설명서에 기재되어 있다.

○_______は製品の説明書に記載されている。

- 製品(せいひん) 제품
- 説明書(せつめいしょ) 설명서
- 記載(きさい) 기재

5 배송지 配送地

정답 및 해설 271쪽

○ 배송지를 확인하고 나서 배달에 나서야만 한다.

○_______を確認してから配達に出なければならない。

- 確認(かくにん) 확인
- 配達(はいたつ) 배달

6 송신처 送信處

정답 및 해설 271쪽

○ 송신처의 메일주소를 잘못알고 있었다.

○_______のメールアドレスが間違っていた。

- 間違(まちが)う 틀리다, 잘못되다

7 수신처 受信處

정답 및 해설 271쪽

○ 엽서에 수신처 쓰는 것을 잊어버렸다.

○ ハガキに_______を書き忘れた。

- 書(か)き忘(わす)れる (꼭 써야 할 것을)잊고 쓰지 않다

8 연락처 連落處

정답 및 해설 271쪽

○ 헤어질 때 연락처를 교환했다.

○ 別れ際に_______を交換した。

- 別(わか)れ 이별
- 際(さい) 때, 즈음
- 交換(こうかん) 교환

9 접수처 接受處

정답 및 해설 271쪽

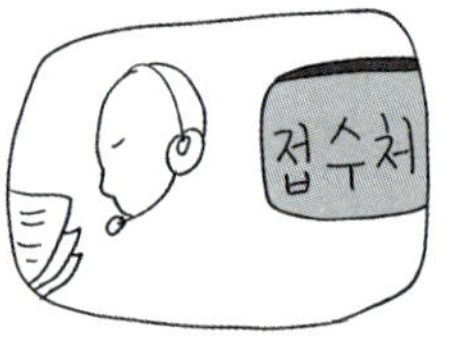

○ 카드 분실 시에는 카드회사의 접수처에 바로 연락할 것.

○ カード紛失時にはカード会社の_______にまず連絡すること。

• 紛失時(ふんしつじ) 분실 시 • 連絡(れんらく) 연락

10 제출처 提出處

정답 및 해설 271쪽

○ 레포트 제출처는 학부 사무실이다.

○ レポートの_______は、学部の事務所である。

• 学部(がくぶ) 학부 • 事務所(じむしょ) 사무실

11 출장지 出張地

정답 및 해설 271쪽

○ 출장지에서 짬을 내서 찍은 사진입니다.

○ _____で合間を見て撮った写真です。

• 合間(あいま) 틈, 틈새, 짬

12 행선지 行先地

정답 및 해설 271쪽

○ 행선지를 가르쳐주고 가출하는 사람은 없다.

○_______を教えて家出をする人はいない。

• 家出(いえで) 가출

✪ 「~신고(申告)」→「~届(とどけ)」

1 도난신고 盜難申告

정답 및 해설 271쪽

○ 지갑을 도난당해 도난신고를 경찰에 제출했다.

○ 財布を盗まれて_______を警察に出した。

• 財布(さいふ) 지갑 • 盗む(ぬすむ) 훔치다, 도둑질하다 • 警察(けいさつ) 경찰

2 변경신고 變更申告

정답 및 해설 271쪽

○ 주소나 근무지가 바뀔 경우에는 변경신고를 제출해 주십시오.

○ 住所や勤務先が変わった場合は______を提出してください。

• 住所(じゅうしょ) 주소 • 勤務先(きんむさき) 근무지 • 提出(ていしゅつ) 제출

3 분실신고 紛失申告

정답 및 해설 271쪽

○ 여권을 분실한 경우 분실신고를 내지 않으면 안 된다.

○ パスポートを紛失した場合______を出さなければならない。

• 紛失(ふんしつ) 분실

4 사망신고 死亡申告

정답 및 해설 271쪽

○ 사망이 확인되고 7일 이내에 사망신고를 관청에 제출하지 않으면 안 된다.

○ 死亡が確認されてから7日以内に______を役場に提出しなければならない。

• 死亡(しぼう) 사망 • 確認(かくにん) 확인 • 以内(いない) 이내 • 役場(やくば) 관청

5 입국신고 入國申告

정답 및 해설 271쪽

○ 귀국 후에는 반드시 입국신고를 제출하지 않으면 안 된다.

○ 帰国後には必ず______を提出しなければならない。

• 帰国後(きこくご) 귀국 후

6 전입신고 轉入申告

정답 및 해설 271쪽

○ 해외 전출을 한 경우의 전입신고는 호적을 전출증명서로 대신합니다.

○ 海外転出をした場合の______は、戸籍を転出証明書の代わりにします。

• 海外転出(かいがいてんしゅつ) 해외전출 • 戸籍(こせき) 호적 • 転出証明書(てんしゅつしょうめいしょ) 전출증명서 • 代(か)わる 대신하다

7 전출신고 轉出申告

정답 및 해설 271쪽

○ 이사 후 14일 이내에 전출신고 수속을 하지 않으면 5만엔의 벌금이라고 적혀 있다.

○ 引越し後14日以内に______の手続きをしないと5万円の罰金と書いてある。

• 手続(てつづ)き 수속 • 罰金(ばっきん) 벌금

8 주소이전신고 住所移轉申告

정답 및 해설 271쪽

○ 주소이전신고는 우편, 택배사업자에게 구주소로 온 우편물, 소포 등을 신주소로 전송하도록 의뢰하기 위한 신고서이다.

○______は郵便・宅配事業者に旧住所宛の郵便物・荷物等を新住所に転送するよう依頼するための届けである。

- 宅配事業者 택배사업자
- 旧住所宛 구 주소 앞
- 転送 전송
- 依頼 의뢰
- 届け 신고서

9 출국신고 出國申告

정답 및 해설 271쪽

○ 그녀는 출국신고를 하지 않은 채 해외유학을 가버렸다.

○ 彼女は______を出さないまま海外留学に行ってしまった。

10 출생신고 出生申告

정답 및 해설 271쪽

○ 해외에서 태어난 아이의 출생신고는 3개월 이내에 하지 않으면 안 된다.

○ 海外で生まれた子供の______は3ヶ月以内に出さなければならない。

- 生まれる 태어나다

11 폐업신고 廢業申告

정답 및 해설 271쪽

○ 영업을 폐지한 경우 폐업신고를 낼 필요가 있다.

○ 営業を廃止した場合______を出す必要がある。

- 営業 영업
- 廃止 폐지

12 혼인신고 婚姻申告

정답 및 해설 271쪽

○ 혼인신고를 제출하지 않고 동거하는 커플이 늘고 있다.

○______を提出せず同棲するカップルが増えている。

- 提出 제출
- 同棲 동거
- 増える 늘다

✪「~축하(祝賀)」→「~祝(いわ)」

1 개업축하 開業祝賀

정답 및 해설 272쪽

○ 친척 가게의 개업축하 선물로 화분을 선물했다.

○ 親戚の店の_______に鉢植えをプレゼントした。

• 親戚(しんせき) 친척 • 鉢植え(はちうえ) 화분에 심은 초목

2 결혼축하 結婚祝賀

정답 및 해설 272쪽

○ 결혼축하금을 보낼 경우, 지폐의 매수는 3매, 5매, 8매가 좋다고 한다.

○_______金を送る場合、紙幣の枚数は3枚、5枚、8枚が良いとされている。

• 紙幣(しへい) 지폐 • 枚数(まいすう) 매수, 장수

3 고희축하 古稀祝賀

정답 및 해설 272쪽

○ 할머니의 고희축하로 온천여행을 선물했다.

○ 祖母の_______に、温泉旅行をプレゼントした。

• 祖母(そぼ) (본인의)조모, 할머니 • 温泉(おんせん) 온천

4 미수축하 米壽祝賀

정답 및 해설 272쪽

○ 미수축하는 88세에 축하하는 것이다.

○_______は88歳で行う祝いである。

• 歳(さい) 세, 살 • 祝い(いわい) 축하

5 백일축하 百日祝賀

정답 및 해설 272쪽

○ 일본의 백일축하에서는 처음으로 아기에게 밥을 먹인다.

○ 日本の_______では、初めて赤ちゃんにご飯を食べさせる。

• 赤ちゃん(あかちゃん) 아기

6 생일축하 生日祝賀

정답 및 해설 272쪽

○ 그가 생일축하 선물로 빨간 장미 꽃다발을 사주었다.

○ 彼が＿＿＿＿に赤いバラの花束を買ってくれた。

• 花束(はなたば) 꽃다발

7 승진축하 昇進祝賀

정답 및 해설 272쪽

○ 가족을 위해 노력한 아버지의 승진축하를 가족 모두가 했다.

○ 家族のためにがんばったお父さんの＿＿＿＿を家族みんなでした。

8 약혼축하 約婚祝賀

정답 및 해설 272쪽

○ 약혼축하 선물로 한 쌍의 머그컵을 선물했다.

○＿＿＿＿にペアのマグカップをプレゼントした。

• ペア(pair) 쌍, 짝　• マグカップ(mug cup)

9 완쾌축하 完快祝賀

정답 및 해설 272쪽

○ 다음 주말에는 입원했던 할아버지의 완쾌축하를 한다.

○ 来週末は入院していた祖父の＿＿＿＿をする。

• 入院(にゅういん) 입원　• 祖父(そふ) (본인의) 조부, 할아버지

10 입사축하 入社祝賀

정답 및 해설 272쪽

○ 입사축하 선물로 무엇을 보내면 좋을까?

○＿＿＿＿に何を贈ったらいいだろう。

• 贈(おく)る (감사한 마음을 담아서) 남에게 금품을 보내다

11 입학축하 入學祝賀

정답 및 해설 272쪽

○ 초등학교 입학축하 선물로 책가방을 받았다.

○ 小学校の ＿＿＿＿に、ランドセルを買ってもらった。

• ランドセル 초등학생용 메는 가방

12 졸업축하 卒業祝賀

정답 및 해설 273쪽

○ 이 가방(백)은 졸업축하 선물로 어머니가 사주신 것이다.

○ このバッグは______に母に買ってもらったものだ。

13 출산축하 出産祝賀

정답 및 해설 273쪽

○ 출산축하 선물로 아기 옷을 받았다.

○ ______として、ベビー服をもらった。

• ベビー服(ふく) 아기 옷

14 취업축하 就業祝賀

정답 및 해설 273쪽

○ 취업축하 선물로 아버지에게 시계를 받았다.

○ ______として父から時計をもらった。

15 회갑축하 回甲祝賀

정답 및 해설 273쪽

○ 회갑축하 선물로는 붉은 색 찬찬코 등의 옷을 보낸다.

○ ______には、赤いちゃんちゃんこなどの衣服を贈る。

• ちゃんちゃんこ 어린이용 소매 없는 짧은 겉옷 • 衣服(いふく) 옷

✪ 한일 양국어에 있는 속담 비교

1. 가는 정이 있어야 오는 정이 있다.

○ 魚心(うおごころ)あれば水心(みずごころ)(물고기가 물에 호의를 가지면 그 물도 물고기에 호의를 갖는다)

○ 網心(あみごころ)あれば魚心(うおごころ)(상대방이 호의를 베풀면 거기에 부응하려는 마음이 생긴다)

• 魚心(うおごころ) 상대편에 대한 호의 • 網心(あみごころ) 상대편에게 호의를 베풀다

2. 가랑잎이 솔잎더러 바스락거린다고 한다.

○ 目糞(めくそ)鼻糞(はなくそ)を笑(わら)う(눈곱이 코딱지더러 지저분하다고 한다)

○ 腐(くさ)れ柿(がき)が熟柿(じゅくし)を笑(わら)う(썩은 감이 잘 익은 감을 보고 웃는다)

• 目糞(めくそ) 눈곱(目やに) • 鼻糞(はなくそ) 코딱지 • 腐(くさ)れ柿(がき) 썩은 감 • 熟柿(じゅくし) 잘 익은 감

3. 가문 덕에 대접받는다.

○ 親(おや)の光(ひかり)は七光(ななひかり)(부모의 사회적 지위가 높으면 자녀는 그 덕을 크게 본다)

• 七光(ななひかり) 부모님이나 모시고 있는 주인의 덕분에 이익을 보다

4. 고생 끝에 낙이 온다(苦盡甘來)

○ 雨(あめ)降(ふ)って地(じ)固(かた)まる(비온 뒤에 땅이 굳어진다)

○ 石(いし)の上(うえ)にも三年(さんねん)(돌 위에 3년 동안 앉아 있으면 돌이 따뜻해진다)

○ 待(ま)てば海路(かいろ)の日和(ひより)あり(기다리면 바다가 조용해지는 좋은 날 이 온다)

• 固(かた)まる 딱딱해진다 • 海路(かいろ) 항로 • 日和(ひより) 맑은 날씨

5. 공자 앞에서 문자 쓴다.

○ 釈迦(しゃか)に説法(せっぽう), 孔子(こうし)に悟道(ごどう)

(석가에게 설법하고 공자에게 사람의 도리를 설법하다)

○ 猿(さる)に木登(きのぼ)り(원숭이에게 나무타기를 가르친다)

• 釈迦(しゃか) 석가모니 • 説法(せっぽう) 설교, 설법 • 悟道(ごどう) 불교의 진리를 깨달음

• 木登(きのぼ)り 나무타기

6. 구르는 돌에는 이끼가 안 낀다.

○ 転(ころ)がる石(いし)には苔(こけ)が生(は)えぬ

○ 流(なが)れる水(みず)は腐(くさ)らず(흐르는 물은 썩지 않는다)

• 転(ころ)がる 구르다 • 苔(こけ) 이끼 • 生(は)える 돋아나다 • 腐(くさ)る 썩다

7. 그림의 떡

- ○ 猫(ねこ)に小判(こばん)(고양이에게 엽전)
- ○ 豚(ぶた)に真珠(しんじゅ)(돼지에게 진주)
- ○ 高嶺(たかね)の花(はな)(높은 산봉우리의 꽃)

• 小判(こばん) 옛날 엽전(돈)　• 真珠(しんじゅ) 진주　• 高嶺(たかね) 높은 산봉우리

8. 긁어 부스럼

- ○ 寝(ね)た子(こ)を起(お)こす(자는 아이를 깨워서 울린다)
- ○ 薮(やぶ)をつついて蛇(へび)を出(だ)す(덤불을 뒤져서 뱀을 나오게 하다)

• 起(お)こす 깨우다　•突(つつ)く(가볍게) 쿡쿡 찌르다　• 薮(やぶ) 덤불　• 蛇(へび) 뱀

9. 금강산도 식후경

- ○ 花(はな)より団子(だんご)(꽃보다 경단)
- ○ 花(はな)の下(した)より鼻(はな)の下(した)(꽃나무 아래서 풍류를 즐기기보다는 코밑의 입에 풀칠할 방법을 찾는 것이 중요하다)

• 団子(だんご) 경단

10. 급하면 돌아가라

- ○ 急(いそ)がば回(まわ)れ(급하면 돌아가라)
- ○ 遠道(とおみち)は近道(ちかみち)(돌아가는 길이 지름길)

• 回(まわ)る 돌다, 우회하다　• 遠道(とおみち) 먼길　• 近道(ちかみち) 지름길

11. 남의 떡이 더 커 보인다.

○ 隣の花は赤い(남의 꽃이 예뻐 보인다)

○ 隣の芝生は青く見える(남의 잔디가 더 파랗게 보인다)

• 芝生 잔디

12. 낮 말은 새가 듣고 밤 말은 쥐가 듣는다.

○ 壁に耳あり障子に目あり(벽에는 귀가 있고 장지에는 눈이 있다

○ 昼には目あり夜には耳あり(낮에는 남의 눈이 있고 밤에는 남의 귀가 있다)

• 障子 장지(미닫이문)

13. 눈 가리고 아웅 한다.

○ 頭隠して尻隠さず(머리만 감추고 꼬리는 감추지 않는다)

○ 臭いものに蓋(썩은 냄새가 나는데 뚜껑만 덮는다)

• 隠す 감추다 • 尻 꼬리 • 臭い 썩은 냄새가 나다 • 蓋 뚜껑

14. 돌다리도 두드려서 건너다

○ 石橋をたたいて渡る(돌다리를 두드려서 건너다)

○ 浅い川も深く渡れ(얕은 강도 깊은 강 건너듯이 조심해서 건너라)

• 石橋 돌다리 • 叩く 두드리다 • 渡る 건너다

15. 등잔 밑이 어둡다

○ 灯台下暗し(등잔 밑이 어둡다)

○ 足下の鳥が逃げる(발밑의 새는 도망간다)

• 灯台 등잔 • 足下 발밑 • 逃げる 도망가다

16. 떡줄 사람은 생각지도 않는데 김칫국부터 마신다.

○ 捕らぬ狸の皮算用(잡지도 않은 너구리를 보고 돈 내어 쓴다)

○ 海も見えぬに船用意(바다도 보이지 않는데 배를 준비한다)

• 捕る 잡다, 포획하다 • 狸 너구리
• 皮算用 어떤 일이 확실하게 결정되기도 전에 그 결과를 기대하고 이런저런 계획을 세움

17. 로마에 가면 로마의 법을 따르라

○ 郷に入っては郷に従う(그 지역에 가면 그 지역의 풍습에 따르라)

○ 人の踊るときは踊れ(다른 사람이 춤을 추면 같이 추어라)

• 郷 고향, 지역 • 従う 따르다 • 踊る 춤추다

18. 말 한마디로 천 냥 빚을 갚는다.

○ 口は禍/災いの元 /門 (말은 재앙의 근원)

○ 鳥も泣ずば撃たれまい

○ 蛙は口から呑まれる(개구리는 울기 때문에 뱀에게 잡혀 먹는다)

• 災い/ 禍 화, 재앙 • 元 근원 • 撃っ총을 쏘다 • 門 문 • 蛙は 개구리
• 呑む 삼키다

19. 모난 정이 돌 맞는다.

○ 出る杭は打たれる(튀어 나온 못은 얻어 맞는다)

○ 高木は風に折らる(키가 큰 나무는 바람이 세기 때문에 부러지기 쉽다)

• 杭 못 • 高木 키가 큰 나무

20. 모르는 게 약이다.

○ 知らぬが仏(알면 화가 나지만 모르면 부처님처럼 마음이 평온해 진다)

○ 聞けば気の毒、見れば目の毒(들으면 마음의 독, 보면 눈의 독)

• 知らぬ 모른다 • 仏 부처, 석가 • 毒 독

21. 믿는 도끼에 발등 찍힌다.

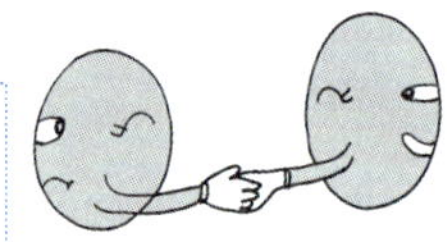

○ 飼い犬に手を噛まれる(기르는 개에게 손을 물린다)

○ 後足で砂をかける(신세진 사람에게 은혜를 갚기는커녕, 떠나올 때 폐를 끼친다)

• 飼い犬 (집에서) 기르는 개 • 噛まれる 물리다 • 後足 뒷발

• 砂をかける 모래를 뿌리다

22. 발 없는 말이 천리 간다.

○ 悪事、千里を走る(나쁜 일은 천리를 달린다)

○ 人の口に戸は立たぬ(다른 사람의 입에 문짝은 달지 못한다)

• 悪事 나쁜 짓, 악행 • 千里 천리, 아주 먼 거리 • 戸 문

23. 백문이 불여일견

○ 百聞は一見に如かず

(다른 사람의 말을 듣는 것보다 자기의 눈으로 확인하는 것이 알기 쉽다)

• 百聞 많이 들음 • 一見 한번 봄 • 如かず 미치지 못하다

24. 뱁새가 황새를 따라가면 다리가 찢어진다.

○ 蟹は甲羅に似せて穴を掘る(게는 자기의 몸 크기와 비슷한 구멍을 판다)

○ 鳥は翼に従って巣を作る(새는 날개 크기에 맞춰서 둥지를 짓는다)

• 蟹 게 • 甲羅(거북이나 게 등의) 등딱지 • 似せる 모방하다, 흉내 내다, 비슷하다

• 穴を掘る 구멍을 파다 • 翼 날개 • 巣 집, 둥지

25. 범에게 날개(힘이나 능력이 있는 사람이 더욱 힘을 얻게 된 경우)

○ 鬼に金棒(도깨비에게 쇠방망이)

○ 獅子に鰭(사자에게 지느러미, 즉 땅위의 강자인 사자에게 지느러미까지 달아주면 물에서도 강자가 된다는 뜻)

• 鬼 도깨비, 괴물 • 金棒 쇠몽둥이, 쇠방망이 • 獅子 사자 • 鰭 지느러미

26. 벼는 익을수록 고개를 숙인다

○ 実るほど頭を垂れる稲穂かな

• 実る 익다 • 頭 머리 • 垂れる 숙이다 • 稲穂 벼이삭

27. 불난 데 부채질한다.

○ 火に油を注ぐ(불에 기름을 붓다)

○ 駆け馬に鞭(달리는 말에 채찍)

• 火 불길, 불 • 油 기름 • 注ぐ (물 등을) 붓다, 따르다.

• 駆ける 달리다 • 鞭 채찍, 회초리

28. 빈대 잡으려다 초가삼간 다 태운다

○ 角を矯めて牛を殺す(비뚤어진 소뿔을 바로 잡으려다 소를 죽인다)

• 角 뿔 • 矯める 고치다 • 殺す 죽이다

29. 빛 좋은 개살구

○ 見掛け倒し(겉보기에는 훌륭해 보이지만 안은 초라하다)

○ 花多ければ実少なし(꽃이 많이 피면 열매가 적다)

○ 独活の大木(땅두릅나무의 줄기는 장대하나 물러서 재목으로 쓸 수 없다. 즉, 덩치만 크고 쓸모없는 물건이나 사람의 비유)

• 見掛け 겉모습 • 倒す 무너뜨리다, 타도하다 • 独活 땅두릅나무 • 大木 큰 나무

30. 산 넘어 산

○ 一難(いちなん)去(さ)ってまた一難(いちなん) (하나의 재난이 지나가자 또 다른 재난이 닥치다)

○ 前門(ぜんもん)の虎(とら)、後門(こうもん)の狼(おおかみ)(정문의 호랑이 침입을 막았더니 후문에 늑대가 또 침입한다)

• 一難(いちなん) 하나의 재난 • 去(さ)る 떠나다, 가다 • 前門(ぜんもん) 앞문, 정문
• 虎(とら) 호랑이 • 後門(こうもん) 후문 • 狼(おおかみ) 늑대, 이리

31. 싼 게 비지떡

○ 安(やす)かろう悪(わる)かろう(값이 싸면 그 만큼 품질이 나쁠 것이다)

○ 安物買(やすものか)いの銭失(ぜにうしな)い(싼 물건은 수리를 하거나 금방 다시 사야 하기 때문에 결과적으로 손해다)

○ 安(やす)い物(もの)は高(たか)い物(もの)(싼 물건은 수리를 하거나 금방 다시 사야 하기 때문에 결과적으로 비싼 물건이다)

• 安物(やすもの) 싼 물건 • 銭失(ぜにうしな)い 금전손해

32. 서당 개 삼년에 풍월을 읊는다.

○ 門前(もんぜん)の小僧(こぞう)習(なら)わぬ経(きょう)を読(よ)む(절의 앞에 살거나 스님 옆에 있는 아이는 평소에 스님이 읽는 독경소리를 들으므로 어느 새인가 불경을 읽게 된다)

○ 鄭家(ていか)の奴(やっこ)は詩(し)をうたう(한학자 정현(鄭玄) 집의 하인은 배우지도 않은 시경(詩経, 중국最古의 시집)을 읊조린다.)

• 門前(もんぜん) 문 앞 • 小僧(こぞう) 나이 어린 중(동자승) • 経(きょう) 불경
• 정현(鄭玄) 중국 후한시대의 유명한 한학자 • 奴(やっこ) 하인 • 詩(し) 시, 한시, 시경

33. 세 살 버릇 여든까지 간다.

○ 三(み)つ子(ご)の魂百(たましいひゃく)まで(세살 때의 성격, 습관은 나이를 먹어도 변하지 않는다)

○ 雀百(すずめひゃく)まで踊(おど)り忘(わす)れず(참새는 죽을 때까지 날갯짓 동작을 잊어버리지 않는다)

• 三(み)つ子(ご) 세 살 된 아이, 어린애 • 魂(たましい) 근성, 정신 • 雀(すずめ) 참새

34. 소 잃고 외양간 고친다(有備無患).

○ 転(ころ)ばぬ先(さき)の杖(つえ)(쓰러지고 나서는 지팡이를 준비해도 소용없다)

○ 泥棒(どろぼう)を見て(捕(と)らえて)縄(なわ)を綯(な)う(도둑을 보고/잡고 나서 새끼줄/오라줄을 꼰다)

• 転(ころ)ぶ 넘어지다 • 杖(つえ) 지팡이 • 泥棒(どろぼう) 도둑 • 縄(なわ)を綯(な)う 새끼줄(오라줄)을 꼬다
• 捕(と)らえる 붙잡다

35. 쇠뿔은 단김에 빼라

○ 善(ぜん)は急(いそ)げ(좋은 일은 주저하지 말고 바로 시작하라)

○ 思(おも)い立(た)ったが吉日(きちじつ)(뭔가를 하려는 기분이 들면 그날이 길일이라고 생각하고 바로 시작하는 것이 좋다)

• 善(ぜん) 선함, 좋은 일 • 思(おも)い立(た)つ 생각나다, 결심하다 • 吉日(きちじつ) 길일

36. 썩어도 준치

○ 腐(くさ)っても鯛(たい) (썩어도 도미)

○ 大川(おおかわ)に水(みず)絶(た)えず(큰 강은 마르지 않는다)

• 腐(くさ)る 상하다, 부패하다 • 鯛(たい) 도미 • 大川(おおかわ) 큰 강 • 絶(た)える 끊어지다

37. 서면 작약, 앉으면 모란, 걷는 모습은 백합(미인을 일컫는 말)

○ 立(た)てば芍薬(しゃくやく)、座(すわ)れば牡丹(ぼたん)、歩(ある)く姿(すがた)は百合(ゆり)の花

(서면 작약, 앉으면 모란, 걷는 모습은 백합)

• 芍薬(しゃくやく) 작약 • 牡丹(ぼたん) 모란 •百合(ゆり) 백합

38. 아닌 밤중에 홍두께

○ 寝耳(ねみみ)に水(みず)(자고 있는데 강이 범람하는 물소리가 들린다)

○ 藪(やぶ)から棒(ぼう)(덤불에서 갑자기 몽둥이가 나온다)

• 藪(やぶ) 덤불 • 棒(ぼう) 몽둥이

39. 업어주면 안아 달라고 한다.

○ 負んぶすれば抱っこ(업어주면 안아 달라고 한다)

• 負んぶ 등에 업다(유아어) • 抱っこ 안다(「抱く」의 유아어

40. 엎친데 덮친 격(설상가상)

○ 泣き面に蜂(우는 얼굴에 벌)

○ 傷口に塩(아픈 상처자리에 소금을 바르면 더 아프다는 의미)

○ 弱り目に祟目 (약해진 상태에 그 위에 화를 당하는 경우)

• 泣き面 우는 얼굴 • 蜂 벌 • 傷口 상처 자리 • 塩 소금 • 弱り目 해진 상태(때)
• 祟目 화를 당할 때

41. 오는 말이 고와야 가는 말이 곱다

○ 売り言葉に買い言葉(상대의 난폭한 말에 대해서 똑같이 대응한다)

42. 우물 안 개구리

○ 井の中の蛙大海知らず(조그만 우물에 사는 개구리는 큰 바다가 있는 것을 모르다)

○ 鍵の穴から天を覗く(열쇠 구멍으로 하늘을 본다)

• 蛙 개구리 • 覗く 들여다 보다

43. 원숭이도 나무에서 떨어진다.

○ 猿も木から落ちる(원숭이도 나무에서 떨어진다)

○ 弘法にも筆の誤り(「弘法」대사도 글씨를 잘못 쓸 수 있다)

○ 河童の川流れ(「河童」도 물에 떠내려 갈 수 있다)

• 猿 원숭이 • 弘法 「弘法大師」의 약칭으로 본명은 「空海(774-835)」이며, 진언종(真言宗)을

일으킨 헤이안 시대의 승려. 일본 3대 명필가의 1인.

- 筆 붓, 글씨 · 문장이나 그림 • 誤り 실수, 잘못
- 河童 수륙양생(水陸両生)의 전설상의 동물, 수영을 잘 하는 사람
- 流れる 흘러가다

44. 윗물이 맑아야 아랫물이 맑다

○ 源清ければ流れ清し

- 源 물이 흘러나오는 근원, 수원 • 清い 깨끗하다, 맑다 • 流れ 흐름, 냇물

45. 이기면 충신, 지면 역적(강한 것이 정의)

○ 勝てば官軍、負ければ賊軍(이기면 관군, 지면 적군)

- 勝つ 이기다 • 官軍 관군 • 負ける 지다 • 賊軍 적군

46. 종로에서 뺨맞고 한강에서 눈 흘긴다

○ 江戸の敵を長崎で討つ(에도의 적을 나가사키에서 무찌르다)

- 敵 적 • 討つ 무찌르다, 토벌하다

47. 지렁이도 밟으면 꿈틀한다.

○ 一寸の虫にも五分の魂(몸길이가 一寸(약3cm)의 작은 벌레에게도 그 반(五分)에 해당하는 영혼이 있다)

- 一寸 한 치, 아주 사소한 것 • 五分 5푼(50%) • 魂 영혼, 넋

48. 콩 심은데 콩 나고 팥 심은데 팥 난다

○ 撒かぬ種は生えぬ(뿌리지 않은 씨앗은 나지 않는다)

○ 瓜の蔓に茄子は生らぬ (오이 덩굴에 가지는 안 열린다)

- 撒く (씨를)뿌리다 • 種 씨앗 • 生える 돋아나다 •瓜 오이 •蔓 덩굴
- 茄子 가지

49 티끌모아 태산

○ ちりも積(つ)もれば山となる(먼지도 쌓이면 산이 된다)

○ 雨垂(あまだ)れ石(いし)を穿(うが)つ(낙수 물이 돌을 뚫는다)

• 積(つ)もる 쌓이다 • 雨垂(あまだ)れ 낙수물 • 穿(うが)つ(구멍을) 뚫다

50 호랑이도 제 말하면 온다

○ 噂(うわさ)をすれば影(かげ)がさす(남의 험담을 하면 그 사람이 우연히 나타난다)

• 噂(うわさ) 소문 • 影(かげ) 그림자 • さす 비치다

정답 및 해설

◈ 사자성어

1 골육상쟁(骨肉相爭) → 骨肉相食む

- 「骨肉の争い」「骨肉相争う」라고도 한다. 관련어로서 「相続争い(상속다툼)」「遺産(유산)」「財産(재산)」「生前贈与(생전증여)」「贈与税(증여세)」 등이 있다.

2 군계일학(群鷄一鶴) → 鶏群一鶴

- 「掃き溜めに鶴 쓰레기더미에 두루미」, 즉 지저분한 곳에 어울리지 않는 훌륭한 것이 들어있음을 비유한 말. 쓰레기통에 장미라고도 한다.

3 궁여지책(窮餘之策) → 窮余の策

- 「窮余の一策」라고도 하며 유사표현으로 「窮境に陥る(곤경에 빠지다)」「窮状」「窮地に陥る(궁지에 빠지다)」「窮迫(궁핍한 생활)」「困窮した生活(곤궁한 생활)」「生活が窮乏する(생활이 궁핍하다)」「貧窮にあえぐ(빈궁에 허덕이다)」 등이 있다.

4 근검절약(勤儉節約) → 質素倹約

- 관련어로 「簡素清貧(간소청빈)」「勤倹質素(근검검소)」「節約(절약)」「節倹(절약)」「倹しい(검소하다)」「約やか(검소함)」 등이 있다.

5 금의환향(錦衣還鄕) → 衣錦還郷

- 「故郷に錦を飾る(금의환향)」
- 立身出世して生まれ故郷に帰る。

(입신출세해서 태어난 고향으로 돌아가다)

6 기정사실(旣定事實) → 既成事実

- 「既定の事実」라고는 하지만 「既定事実」라고는 하지 않는다.

7 대서특필(大書特筆) → 特筆大書

- 「大書特筆」라고는 하지 않는다.

8 동서고금(東西古今) → 古今東西

- 과거부터 현재까지 그리고 동서사방, 즉 시간과 공간을 망라한 모든 것을 말함.

9 미풍양속(美風良俗) → 良風美俗

- 「公序良俗」라고도 한다.

10 변화무쌍(變化無雙) → 千変万化

- 「変幻自在」라고도 한다.

11 사자성어(四字成語) → 四字熟語

- 「故事成語」는 한일양국의 한자표기가 동일하나 「四字成語」는 일본어로 「四字熟語」라 한다.

12 산전수전(山戰水戰) → 海千山千

- 「海千山千(해천산천)」은 「海に千年、山に千年」의 줄임말, 바다에 천년, 산에 천년 산 뱀은 용이 된다는 것을 인간에게 적용한 것인데, 이 말은 산전수전 다 겪은 교활한 사람이라는 의미로 통용되기 때문에 반드시 좋은 의미로 쓰이는 것은 아니다. 동의어로 「海千河千(해천하천)」이라는 말도 있다.

13 상전벽해(桑田碧海) → 滄海桑田

- 뽕나무 밭이 바다로 변했다는 의미로 세상의 변화가 빠르다는 의미를 나타내는 말로 「桑田碧海」라고도 한다.

14 시종일관(始終一貫) → 終始一貫

- 유사어로 「首尾一貫(수미일관)」 「徹頭徹尾(철두철미)」가 있다.

15 심사숙고(深思熟考) → 沈思黙考

- 「熟思黙想」라고도 한다.

16 양자택일(兩者擇一) → 二者択一

- 「二者選一」라고도 한다.

17 예의범절(禮儀凡節) → 礼儀作法

- 「小笠原流」무가(武家)의 정식예법

18 오합지졸(烏合之卒) → 烏合の衆

- 까마귀가 많이 모여 까악까악 소란만 피울 뿐 규율이나 통제가 전혀 이루어지지 않는 집단, 즉 전혀 질서가 없고 규율이 없는 무통제의 군대를 말함. 유사어로 「有象無象(어중이떠중이)」 「衆愚(어리석은 군중)」 등이 있다.

19 이구동성(異口同聲) → 異口同音

- 관련어로 「口々に(저마다, 제각기)」 「口をそろえて(입을 모아)」 등이 있다.

20 일희일비(一喜一悲) → 一喜一憂

- 「一喜一悲」라고는 하지 않는다.

21 자초지종(自初至終) → 一部始終

- 관련 표현으로 「終始(처음과 끝)」 「一から十まで 하나에서 열까지」 「ピンからキリまで(하나(처음)부터 열(끝)까지)」 등이 있다.

22 작심삼일(作心三日) → 三日坊主

- 머리를 깎고 절에 들어간 사람이라도 절의 엄격한 규율에 견디지 못하고 3일 만에 내려온다. 즉 작심 3일의 의미이다.

23 천태만상(千態萬象) → 千状万態

- 「千態万状」도 사전에 수록되어 있기는 하나 「千姿万態」가 일반적이다.

24 현모양처(賢母良妻) → 良妻賢母

- 제2차 세계대전 이전의 일본여성교육의 이념으로 공포된 것이 「良妻賢母主義(현모양처주의)」이다.

25 호언장담(豪言壯談) → 大言壮語

- 「放言高論」이라고도 한다.

26 호화찬란(豪華燦爛) →絢爛豪華

- 「豪華絢爛」라고도 한다.

◈ 앞뒤가 바뀐 2자 한자

1 기강(紀綱) → 綱紀

- 「紀綱」도 사용하며 관련표현으로 「綱紀粛正(기강확립)」 「粛清(숙청)」 「綱紀の乱れを正す(흐트러진 기강을 바로잡다)」 등이 있다.

2 시종(始終) → 終始

- 「始終」도 사용하며 관련표현으로 「自己弁護に終始する(자기변호에 시종일관하다)」 등이 있다.

3 약혼(約婚) → 婚約

- 「約婚」이라고는 하지 않으며 관련어로서 「結納」 「縁起物」 등이 있다.
- 「結納」는 약혼성립의 징표로서 신랑 신부 당사자나 양가 부모가 교환하는 예물이나 금전을 말하는데 남성이 여성에게 보내는 「結納金」은 남성 급여의 2~3배가 일반적이며 평균 86만엔 정도로 알려져 있다. 「結納金」을 関東지방에서는 「御帯料」, 関西지방에서는 「小袖料」라고 하는데 이는 옛날에 「結納金」으로 「着物」를 보낸 것에서 유래한 것으로 현재는 약혼준비 비용으로 사용해 달라는 의미가 있다.
- 좋은 일이 있도록 기원하는 물건을 「縁起物」라고 한다. 예를 들어, 수험생은 시험에서 이기라는 의미에서 「勝つ」가 들어있는 「豚カツ」를 먹는 습관이 있고, 장사를 하는 점포에는 앞발로 사람이나 돈을 끌어들이는 모양을 하고 있는 「招き猫」를 점포 입구에 놓은 풍습이 있다. 약혼이나 결혼의 징표로서 교환하는 「結納」에 넣는 「縁起物」로서는 장수를 기원하는 「干しアワビ(전복)」, 자손번영을 기원하는 「昆布(다시마)」 등이 있다.

4 영광(榮光) → 光栄

- 「優勝の栄光(우승의 영광)」처럼 「栄光」라고도 하며 관련어로서 19세기 영국이 경제력과 해군력을 바탕으로 취한 대유럽 대륙정책으로 많이 알려진 「光栄ある孤立(영광스러운 고립)」라는 말이 있다.

5 위협(威脅) → 脅威

- 「威脅」라는 말도 사전에 있지만 잘 쓰이지 않으며 「脅威」가 일반적으로 사용된다.

6 잉여(剩餘) → 余剰

- 「剰余」라는 말도 사전에 있지만 잘 쓰이지 않으며 「余剰」가 일반적으로 사용된다.

7 제작(製作) → 製作/制作

- 일본어의 「製作」에는 「製作(제작)」의 의미 외에 '영화나 프로그램의 제작자'라는 의미도 있는데 이런 경우에는 「制作」라고 쓴다.

8 탄생(誕生) → 生誕

- 「生誕」도 「誕生(탄생)」의 의미이지만, 주로 위대한 사람의 탄생에 대해서 사용한다.

9 평화(平和) → 和平

- 일본어의 「平和」는 '다툼이나 분쟁이 없는 평온한 상태'를 말하고 「和平」는 평화의 의미도 있지만 평화로운 분위기를 조성하거나 상태를 만든다는 의미로 주로 사용한다. 따라서 「平和工作」 「平和交渉」 「平和会談」이라 하지 않고 「和平工作」 「和平交渉」 「和平会談」이라고 한다. 평화로운 분위기 조성의 의미로 사용할 때는 「的」를 넣어 「平和的工作」 「平和的交渉」 「平和的会談」이라고 한다. 이와 같은 의미의 차이가 있기 때문에 「和平」는 주로 국제회의에서 정치적으로 사용하며 일반적으로는 「平和」를 사용한다.

10 풍파(風波) → 波風

- 「風波」도 사전에 있고 「かぜなみ」 「かざなみ」 「ふうは」 등 으로 읽는다. 그러나 일반적으로 「波風」를 많이 사용하며 유사어로서 「争い事(분쟁, 다툼)」 「揉め事(분쟁, 다툼)」 등이 있다.

11 해당(該當) → 当該

- 「該当」는 「該当する箇所に丸をつけてください(해당하는 곳에 동그라미를 해주세요)」처럼 「する」를 붙여서 '해당된다'는 의미로 주로 사용한다. 「当該」는 「当該年度(당해년도)」 「当該部署(해당부서)」와 같이 주로 명사 앞에 붙어 '해당' 또는 '당해'의 의미로 뒤의 명사를 수식해 주는 역할을 하는 경우가 많다.

12 형량(刑量) → 量刑

- 「刑量(형량)」라는 말도 사용되며 관련어로서 「刑罰(형벌)」 「実刑(실형)」 「刑期(형기)」 등이 있다.

13 화초(花草) → 草花

- 「花草」와 「草花」는 '예쁜 꽃이 피는 풀'이라는 의미로 동일하게 사용된다. 「花草」는 「かそう」라고도 읽고 「草花」는 「そうか」라고도 읽는다.

14 흑백(黑白) → 白黒

- 일본어에서 「黒白」은 사용하지 않는다. 「白黒をつける(흑백을 가리다)」의 「白黒」은 「決着(결말, 매듭)」 「判断(판단)」 「判定(판정)」의 의미이다.

◈ 「~필(畢)/완료(完了)」→「~済み」

1 검사필(檢査畢) → 検査済み

2 등록필(登錄畢) → 登録済み

3 사용완료(使用完了) → 使用済み

4 설정완료(設定完了) → 設定済み

5 송신완료(送信完了) → 送信済み

6 예약완료(豫約完了) → 予約済み

7 지불완료(支佛完了) → 支払い済み

8 확인필(確認畢) → 確認済み

◈ 「~처(處)/지(地)」→「~先」

1 거래처(去來處) → 取引先

2 근무처(勤務處) → 勤務先

- 「仕事先」「勤め先」라고도 한다.

3 구입처(購入處) → 購入先

4 문의처(問議處) → 問合わせ先

5 배송지(配送地) → 届け先(とどけさき)

6 송신처(送信處) → 送信先(そうしんさき)

7 수신처(受信處) → 宛先(あてさき)

8 연락처(連落處) → 連絡先(れんらくさき)

9 접수처(接受處) → 受付先(うけつけさき)

10 제출처(提出處) → 提出先(ていしゅつさき)

11 출장지(出張地) → 出張先(しゅっちょうさき)/出先(でさき)

12 행선지(行先地) → 行き先(いきさき)/行先(ゆきさき)

◈「~신고(申告)」→「~届(とどけ)」

1 도난신고(盜難申告) → 被害届(ひがいとどけ)

2 변경신고(變更申告) → 変更届(へんこうとどけ)

3 분실신고(紛失申告) → 紛失届(ふんしつとどけ)

4 사망신고(死亡申告) → 死亡届(しぼうとどけ)

5 입국신고(入國申告) → 入国届(にゅうこくとどけ)

6 전입신고(轉入申告) → 転入届(てんにゅうとどけ)

7 전출신고(轉出申告) → 転出届(てんしゅつとどけ)

8 주소이전신고(住所移轉申告) → 転居届(てんきょとどけ)

9 출국신고(出國申告) → 出国届(しゅっこくとどけ)

10 출생신고(出生申告) → 出生届(しゅっしょうとどけ)

11 폐업신고(廢業申告) → 廃業届(はいぎょうとどけ)

12 혼인신고(婚姻申告) → 婚姻届(こんいんとどけ)

◈「~축하(祝賀)」→「~祝い」

1 개업축하(開業祝賀) → 開店祝い

2 결혼축하(結婚祝賀) → 結婚祝い

3 고희축하(古稀祝賀) → 古稀祝い

- 최근에는 「古希」라고 쓰는 경우도 많다.

4 미수축하(米壽祝賀) → 米寿祝い

- 「米寿」는 「八十八(88)세」를 일컫는 말로 「米寿」의 「米」를 파자(破字)하면 「八十八」이 된다.

5 백일축하(百日祝賀) → 百日祝い

6 생일축하(生日祝賀) → 誕生日祝い

7 승진축하(昇進祝賀) → 昇進祝い

8 약혼축하(約婚祝賀) → 婚約祝い

9 완쾌축하(完快祝賀) → 全快祝い

10 입사축하(入社祝賀) → 入社祝い

11 입학축하(入學祝賀) → 入学祝い

12 졸업축하(卒業祝賀) → 卒業祝い

13 출산축하(出産祝賀) → 出産祝い

14 취업축하(就業祝賀) → 就職祝い

15 회갑축하(回甲祝賀) → 還暦祝い

찾아보기

〈표제어〉 찾아보기

〈ㄱ〉

〈ㄴ〉

〈ㄷ〉

〈ㄹ〉

〈ㅁ〉

〈ㅂ〉

〈ㅈ〉

〈정답 및 해설〉 찾아보기

〈ㅇ〉

〈ㅈ〉

〈ㅊ〉

〈ㅋ〉

〈ㅌ〉

〈ㅍ〉

〈ㅎ〉